法と経済の心理学 III

― 快を求める人の行動 ―

立石孝夫 著

大学教育出版

はじめに

　本書は、快（安心や満足）を求める人の性質（恒常性維持）が法や経済にどのように作用するかを分析している。日常生活で、人は満足を求めたり、不安を避けたりするために自己中心的に振る舞うことがある。このため、法は守るべきルールを定め、守らない者に対して制裁を加えるが、必ずしも十分ではない。生産や消費といった経済は、人の積極的な活動で活発になる一方、身勝手な行動で混乱する。こうした問題を排除して適切な法制度や安定した経済社会を築くためには、快を求める人の行動を分析することが有効である。

　第1章では恒常性維持のルーツを人類の歴史に探り、日常の行動にもそれが現れていることを指摘する。第2章では、法や道徳などの規範を守らせて社会秩序を維持する方策を考える。第3章では人の心理と経済活動がどのように影響し合うかを分析する。第4章では心理テクニックを悪用する商売と法の対策について考察する。第5章では紛争解決における心の葛藤を検討する。

　前著からの変更点は、①新しい法理論・経済理論・心理学理論を加えて分析し直した、②法律の制改定を更新して解説した、③事件・事例を更新した、の3点である。ただし、本書から除外した部分もある。前著の「伝統経済学の限界」（第3章1節）、「地球温暖化」（第3章2節）、「知的財産権」（同）、「国際交渉と人の心理」（第5章）である。これらの分野については、引き続き前著を参照していただければ幸いである。

　最後に、本書を出版するに当たっては、今回も大学教育出版の佐藤守社長に特別のご配慮をいただいた。心より感謝申し上げたい。

2014年3月

立石　孝夫

法と経済の心理学 Ⅲ
―― 快を求める人の行動 ――

目　次

はじめに ……………………………………………………………………… i

第1章　人類の歴史と恒常性維持 ……………………………………… 1

1. 快を求めてきた人類の歴史 ………………………………………… 2

恐怖と進化の関係　2　　視覚と進化の関係　3　　食料確保と恒常性維持　3　　進化と肥満の関係　4　　進化と色覚の関係　5　　人類の進化と協力　6　　共感と長寿の関係　7　　遺伝子と文化の共進化　8　　言語表現の違い　9　　発想の違い　10　　ビジネスのセンス　11　　生物の行動は合理的　12　　動物も利得を変える　13　　人の合理性　14　　幸福感の多様化　15

2. マズロー欲求階層と社会の発展 …………………………………… 16

原始時代と生理的欲求　17　　4大文明と安全の欲求　18　　ポリスと社会的欲求・自尊の欲求　20　　歴史による遺伝子への刷り込み　22　　農民自尊への道は遠く　23　　絶対王政 vs 商人の自我　24　　自尊の欲求と近代市民革命　25　　経済効率の修正と自己実現　27

3. 恒常性維持ゆえに生まれる行動 …………………………………… 29

理性と感性の協業　29　　求める感性・比べる理性　31　　感性と理性の葛藤　31　　経済は理性で動く　33　　論理学と不安の解消　33　　演繹と信頼　35　　恒常性維持と誤解　35　　因果関係と相関関係　37　　ビッグデータと相関関係　38　　問題解決とは何か　39　　日常生活の心理　41　　物理学と心理学　42　　自信と学習　43　　論理と説得力　44

第2章　規範と人の心理 …………………………………………………… 49

1. 歴史・経済の発展と権利意識 ……………………………………… 50

古代と中世の法思想　51　　合理的思考と社会契約論　52　　近代法思想と功利主義　53　　功利主義と経済学　54

2. 社会と規範の役割 …………………………………………………… 55

社会規範と人の社会化　56　　教育と違法の熱意　56　　法規範の形式と分類　58　　法規範と制裁の3分野　58　　基本的人権と憲法　59　　基本的人権と刑事法　61　　民事裁判 vs 刑事裁判　62　　法的制裁と被害者心情　63　　法の社会化は続く　64

3. 大陸法と英米法の立場と相違 ……………………………………… 66

大陸法と英米法の司法　68　　裁判官の法解釈　70　　正義の法　71　　正義の判断規準　72　　東西の法文化の違い　73　　法文化と因果関係　74　　約

束は守るべきか　*75*　　契約を破る自由　*77*　　英米法の影響と法的行動　*78*

4. 人の心理と規範の限界 …………………………………………………… *80*
ジレンマの発生形態　*80*　　法規制のジレンマ　*81*　　アメリカ型手法の限界　*82*　　違反を生む現在志向バイアス　*83*　　法規範と長期的視点　*84*　　法規範と心理の協業　*86*　　社会規範との相乗効果　*87*

5. 人の記憶や一貫性 ―自白と証言の心理― ………………………… *88*
心理学の誕生　*88*　　法と心理学の3分野　*90*　　自白の心理　*91*　　恒常性維持を満たす行動　*91*　　冤罪の背景　*93*　　証言の心理　*94*

第3章　経済活動と人の心理 …………………………………………… *99*

1. 合理性から限定合理性へ ………………………………………………… *100*
アダム・スミスに揺り戻す　*100*　　市場主義の功罪　*101*　　限定合理性の登場　*102*　　ゲーム理論と人の心理　*103*

2. 「法と経済学」……………………………………………………………… *105*
コースの定理と正義の法　*106*　　製造物責任法の心理学　*108*

3. 行動経済学 ………………………………………………………………… *109*
参照点依存性　*109*　　損失回避性と現在志向　*110*　　進化人類学的な説明　*111*　　損失回避性の質的変化　*112*　　購買者の心理　*113*　　サンクコスト　*114*　　コースの定理と参照点依存性　*115*　　支払額をめぐる葛藤　*117*　　損失回避性とWTAシフト　*118*　　好ましい行動への誘い　*120*

4. 経済活動と人の心理 ……………………………………………………… *121*
タクシーの相乗りと外部効果　*121*　　環境税と排出権　*123*　　地球温暖化の背景　*124*　　欲望とスポーツビジネス　*125*　　ルール変更と新たな勝者　*126*　　株価変動　*128*　　ギャンブルと男女の心理差　*129*　　税制と認知的不協和　*130*　　税金と参照点依存性　*132*　　風評と心理問題　*133*　　知的財産権　*134*　　著作権ビジネスと法　*136*

第4章　商売の法と人の心理 …………………………………………… *141*

1. 取引と契約の心理 ………………………………………………………… *142*
協力型取引のジレンマ　*142*　　企業活動と協力　*144*　　さまざまな交渉方法　*144*　　戦略的合意の実例　*145*　　支払いをめぐる心理　*147*　　価格をめぐる葛藤　*148*　　コミットメントとしての契約　*148*　　契約の申込と承諾　*149*

契約とは何か　*151*　　水運と水着メーカー　*153*　　コンビニのフランチャイズ契約　*154*　　再交渉を生む合意の曖昧さ　*155*　　詳細を後の合意に委ねる　*156*

2．商取引とトラブル ……………………………………………………… *157*

効果的な違約金条項　*157*　　契約違反の類型　*159*　　契約違反とクレーム　*160*　　契約違反と資源の効率分配　*161*　　契約違反のコスト　*162*　　契約不完備性　*162*　　逆淘汰と保険業　*163*　　モラルハザード　*165*

3．商売の心理テクニック ………………………………………………… *166*

アメリカ理論の影響　*167*　　欺しの心理術　*168*　　消費行動に関する分析　*169*　　好感度と購買意欲　*169*　　売り手企業の対応　*171*　　人の心理と営業テクニック　*172*　　参照点依存性の効果　*173*　　損失回避性とフレーミング　*174*　　買わせる販売テクニック　*175*　　広告・表示と法の規制　*177*　　不実告知・威迫と法の規制　*179*　　権威性と法の規制　*180*　　グレーゾーンの商売テクニック　*181*　　詐欺と悪質商法のテクニック　*183*　　非対称性と正義の法　*184*　　情報非対称性の解消　*186*　　交渉力格差の解消　*187*　　法規制の目指すもの　*189*　　法改正の動向　*190*　　社会規範との相乗効果　*191*　　信頼の法と心理学　*192*　　顧客満足度と販売方法　*194*

第5章　紛争解決と人の心理 ………………………………………… *197*

1．損害回収交渉の心理 …………………………………………………… *198*

欲求衝突の発展　*198*　　相手に付け込む行動　*200*　　トラブル解決の理念の相違　*201*　　損害発生時の心構え　*202*　　損害回収交渉のジレンマ　*204*　　紛争の回避策　*205*

2．紛争解決の心理 ………………………………………………………… *206*

紛争解決の理念の相違　*207*　　私的自治のパラドックス　*208*　　仲裁人に対する信頼　*209*　　積極関与の注意点　*210*　　仲裁途中の和解交渉　*210*　　引き延ばし戦術　*212*　　仲裁条項と転成　*213*　　和解の意義　*214*　　取下げは経営判断　*215*　　損害賠償額と満足度　*216*　　予見可能性と当事者自治　*217*　　予見可能性の危うさ　*218*　　当事者の納得できる解決手続　*220*

索　　引 ……………………………………………………………………… *223*

第1章
人類の歴史と恒常性維持

○ ● ○

【この章では】

　人は、不安を解消して安心したいという欲求を持つ。恒常性維持と呼ばれる。およそ700万年前の誕生時から人類は飢餓に脅かされてきた。以来、気の遠くなるほど長期にわたって食料確保の戦いを強いられてきた結果、恒常性維持が培われたと考えられる。そして、今日では、心の安定を求める恒常性維持も質的に変化している。第1節では、人類の歴史の中で人の性質や行動がどのように変化し、それによって快を求める恒常性維持も発達したのかを見る。

　第2節では、人の欲求が5つのレベルを進みながら成長するというマズロー欲求階層説に基づき、人類の歴史がこれら5つのレベルを満足させる道のりであったことを示す。第3節では、日常生活で頻繁に見られる人の行動を恒常性維持に基づいて解説する。現代においても、人が恒常性維持から受ける影響は多大で、さまざまな行動や心理となって現れる。たとえば、人は事故や犯罪が起きた理由を知りたいと思い、それが分からないと不安になる。

1. 快を求めてきた人類の歴史

進化論の歴史を簡単に見ると、まず1809年にフランスのラマルクが用不用説と獲得形質の遺伝説を柱に進化論を唱えた（『動物哲学』）。ついで、ダーウィンが突然変異・生存競争・自然淘汰を柱に『種の起源』(1859) を発表している[1]。遺伝学ではメンデルが唱えた「遺伝の法則」(1865) がある。

現在では、厳しい自然環境に適応できた種が淘汰を免れ、生存していくということは間違いないであろう。つまり、適者生存（survival of the fittest）である。たとえば、シマウマの肌の縞模様は、害虫から皮膚を守り抜いた種が獲得できた形質とされる。動物を刺す牛アブ（horsefly）が一様な色（solid color）に集まる習性があるためである。

初期の人類が生き残ってこられたのも、種として淘汰されないために生物的な適応をしてきたからに他ならない。この視点で、人類が適応の結果として獲得してきたさまざまな性質と恒常性維持の関係を考えてみよう。なお、生物学では体の状態や機能を一定に保つ性質はホメオスタシス（恒常性）と呼ばれる。

恐怖と進化の関係

動物は淘汰を逃れるために、身の危険を避ける基本的な機能（本能）が必要とされたことであろう。これを担うのが、大脳辺縁系にある扁桃体である。危険を素早く察知する役割、つまり不安・恐怖感を司る。扁桃体を含めて、大脳辺縁系では本能を司る。記憶や予測に関わる海馬、喜びや報酬を管理する腹側被蓋野などが位置する。一般に、恐れ・喜び・悲しみ・快・不快・怒りなどは情動と呼ばれ、大脳辺縁系で生まれると考えられている。一方、こうした本能を抑えようとするのが、大脳新皮質にある前頭葉の前頭前野である。よって、前頭葉は理性を司るともいえる。理性的な判断や創造性が生まれる部位である。

多くの動物は、それまでに経験したことのない状況に遭遇すると、緊張して動かなくなる（動悸や発汗といった生理的な反応も現れる）。扁桃体が不安を感じている状態で、一方で理性を司る前頭葉が状況判断もしている。こうした

動物の臆病さは、危険をやり過ごして生き残るための最も重要な性質である。ただし、それが度を超して恐怖の状態になったとき、後頭の本能的な部位にあるPAG（脳幹にある中脳水道周囲灰白質）が活性化して攻撃的になる[2]。人間も動物である以上、こうした最も基本的な恐怖心という本能を継承している。危険を逃れ、安心したいという恒常性維持の機能である。

視覚と進化の関係

　危険の多い外界を知覚する際に視覚は最大の情報源で、人の感覚では7割を占めるとされる[3]。まず外部の刺激は網膜の視細胞で電気信号となり、この視覚情報が視神経を通じて視床から大脳皮質（視覚野）に送られ、知覚が起きる。怖い対象の視覚情報は扁桃体に送られ、不快と認識される。そこには表情の情報も送られる。脳が行動を起こすべきと判断すると、視床下部の指令で交感神経が刺激される。強いストレスの場合には、下垂体から副腎に命じてホルモンの分泌を促す。これらの結果、反撃または逃避のために筋力が増強される。

　具体的には、自律神経系の作用として、緊張状態にあるときは交感神経が刺激され、瞳孔散大（情報収集のため）、血管収縮（出血を最小限にする目的も）、気道拡張、心拍数増加、血圧上昇、血糖値上昇、発汗、皮膚収縮などが起こる。この結果、反撃または逃避のため運動筋肉への血量が増す。副腎からアドレナリンやストレス・ホルモンのコルチゾールなどが分泌されると交感神経はさらに刺激され、血糖値も上がる。いわゆる臨戦態勢を作ることになる。臨戦態勢に入るとテストステロンの値も上がり、これが血中のヘモグロビンを増加させる（酸素摂取量を増加させるため）。一方、リラックスしてよいときには副交感神経が活発になり、気持ちは緩み、食欲も進む。

食料確保と恒常性維持

　食欲、睡眠欲、性欲は人の3大欲求と呼ばれることもあるが、いずれも、生き残って子孫を残すために必須といえる。逆にいえば、こうした欲求に乏しい人々は淘汰されたのである。最近の脳科学では、睡眠も、疲労の回復というより、情報を整理するために必要と考えられている。睡眠中には理性を司る前頭

前野が活動を緩める一方で、後頭葉が活発になって情報を視覚的・象徴的に処理する。このため、現実にはあり得ないような内容の夢も見るが、ひらめきが生まれることも多い。なお、年を取ると記憶力や頭の回転の速さは衰えるが、代わりに創造性が増す。fMRI（機能的磁気共鳴映像法）を使った実験によると、これは大脳の左脳と右脳が協調して働くためという[4]。

　最も重要なのは、食欲を満たすために食料を確保することである。しかし、飢餓状態は人類の歴史約700万年のうち、つい最近といえる1万3,000年前まで続いた。これを1週間に引き直せば、月曜から飲まず食わずが続いて、日曜も終わる午後11時45分頃になってやっと食事にありついた状態である。人類はその歴史のほとんどを飢餓との戦いに費やしてきたことになる。遺伝子を残すために、食料を確保したいという欲求はいぜんとして強いはずである。

　このため、現代でも、人は食料を確保することに最大限の努力を払う。貨幣経済では食料を得るにはカネが必要になるので、カネに執着する。さらに、モノを持っていないと不安を覚えるので、手に入れないと落ち着かない。知性面では、物事に対して理由を付けて安心したい。一般には、納得や満足をして快を得たいという欲求を持つことになった。これが恒常性維持の本質である。

　快は生理学的には脳の報酬系といわれる部位（側坐核や腹側被蓋野）から神経伝達物質のドーパミンなどが放出されることで起きる。ただし、欲求充足作用が行き過ぎると過剰反応や副作用となって人を悩ます。たとえば、安全を確保したい過剰な欲求で強迫神経症になる。また、酒や薬物摂取により快楽を感じる神経伝達物質の放出と報酬系への刺激が繰り返されると、自然な放出が滞って酒・薬物依存症になる。数百万年に及ぶ生存のための適応の過程で身に付けた人の心理は、たかだか2～3千年の文明生活では変わらないのであろう。

進化と肥満の関係

　人類が長期にわたって戦ってきた飢餓と、肥満・糖尿病の関係は容易に想像がつくであろう。約1万3,000年前まで人類は採取・狩猟生活で食うや食わずの生活を強いられた。この後、農耕や牧畜を発明したため、比較的安定した食料の確保が可能になる。このとき以来の栄養摂取過多が肥満や糖尿病の原因と

いわれる。つまり、食料が確保できるようになると、それまでの飢餓感から腹一杯食べて快を満たすという習性を持った。これで脂肪を体内にため込む生理メカニズムが生まれ、肥満や糖尿病が生まれたと考えられている。

　一方で、人類は食物摂取で血糖値が上がると、膵臓からインスリンを分泌して血糖値を下げるという進化も遂げた。これにより、まず筋肉や肝臓にブドウ糖が取り込まれるが、貯蓄量に限度があるので、それを超えた分が中性脂肪として蓄えられる。そして、脂肪太りになるほど糖の取り込み方が鈍くなってしまうのである。ただし、ヨーロッパ人は早くから牧畜を営んだことから食肉の習慣を持ち、多量の脂肪摂取量に応じて大量にインスリンを分泌する膵臓を備えた（逆にいえば、そうでない人はここ数千年で病気のため淘汰されたのである）。このため、肥満の割に糖尿病患者は少ないとされる。

　一方、アジア人は植物の採取生活や農耕の歴史が長く、脂肪を取り込む生活はしてこなかった。このため、膵臓の機能は遺伝的に貧弱でも生き残ってきたといえる。現在、欧米並みの食文化に移行すると、脂肪摂取量も増えるので、肥満でなくとも糖尿病になる率が高まると危惧されている。厚生労働省の推計では、日本人の糖尿病患者は2025年度に1,500万人になるとしている。

　なお、肥満には性格も関係しているようである。肥満と脳の関係に関する調査で、肥満の人が高カロリーの食物の写真を見ると、脳の報酬系の活動が活発になり、その結果、渇望欲求が高まったという。一方、やせ形の人では理性を司る前頭前野の活動が増した[5]。

進化と色覚の関係

　動物はこれとあれとどちらが得かを瞬時に判断して素早く行動しなければ、食料を確保して生き残ることができない。たとえば、赤い実は食べ頃で青い実は「待て」である。ここでの選択は二者択一となる。基本的な欲求では選択は分かりやすい。こうしたことから、「人は青いものを見ると、脳内にセロトニンが放出されて冷静になる」という現象を説明することができる。

　われわれ哺乳類の祖先は2億2,000万年前の小動物であり、弱者故に夜間行動することを宿命づけられた。このため、目の網膜にある視細胞の桿体が発達

し暗所で青い物がよく見えるようになった。6,500万年前に恐竜が絶滅し、昼に活動するようになると、錐体も発達し明るい場所で赤い物がよく見えるようになる（プルキニエ現象）。昼の採取活動では、赤いものは熟していて食用に適するが、青いものはまだ早いといったことを学習したであろう。つまり、人は食物の色で滋養の効率を判断してきた結果、青色を見ると脳内にセロトニンが放出されて、冷静な判断をするという反応を身に付けたと考えられる。

青い色は食欲を減退させる効果があると考えられるので、ダイエットフードを青色にすると効果が高まり、爆発的に売れる。また、第2章（86頁）で検討するが、青色を基調にした町作りで犯罪件数が減ったという報告がある。逆に、赤に素早く反応できれば、おいしい果実を手に入れられ、生存率が高まったはずである。栄養価の高い肉類は赤く見え、食欲をそそる。

人類の進化と協力

数百万年前（遅くとも400万年前まで）に森から出た人類は二足歩行した。これで手が自由に使え、長距離の移動も容易になったため、食料確保を有利にした[6]。250万年前頃からは道具を使えるようになり、これに呼応するように200万年前頃からは脳が急激に大きくなっていく。これは運動神経が発達し、武器をうまく使って狩猟ができるようになったことと、食肉という最高の栄養源を得たことによると考えられている。一方で、二足歩行の代償として骨盤が横長になり産道が狭くなったため、未熟児で子を生んで夫婦が協力して育てるという宿命を負った。狩猟・採取社会では4年に一度子を産んだという。

非力な人類にとって、大型動物を狩猟するときにも協力と分業が重要であったと見られる[7]。狩りの方法だけでなく、情報交換においてもそうである。こうした協力が効率的に機能するためには、意志疎通の手段が必要である。その中でネアンデルタール人のように、腕力には勝っていたものの絶滅した種もある[8]。一方、現生人類（ホモサピエンス）は約20万年前に誕生し、6万年〜7万年前にアフリカを出て世界各地に拡散し今日に至る。最近の進化人類学の研究によれば、ホモサピエンスとネアンデルタールを分けたものは、意志疎通の能力の差であったという有力説がある。

その手段が言語であり、機能的な言語を持ったことが生き残りの条件であったと考えられる。脳の巨大化とも関係が深かったであろう。つまり、知力に長けた現生人類は言語を有し、道具の使い方の技術や狩りの仕方などの知識を伝承し、獲物の移動時期や場所に関する情報も共有したとされる。早くからモノの交換も行われた。乾燥したアフリカで食料を確保するために協力し分かち合ったのである（遅くとも10万年前）。言語は命令を伝達することができるので、主従関係の成立を促し、社会関係も形成される。言語は相対・抽象思考を可能にするので、創造性を生み、文明の発達にも必須であったことであろう。

共感と長寿の関係

　共感や満足感と長生きの間にも、密接な関係がある。ここ数十年の世界の研究結果で、それらは長寿の元とされる。たとえば、2012年のイギリスの研究では、イギリス人6万8,000人の調査で、うつ病の傾向のある人は心臓疾患で死亡するリスクが29％高く、かつ、ガン以外のその他の疾病で死亡するリスクも29％高いとされた。脳の働きの不調で、高血圧や糖尿病、肥満になったことが原因と考えられる。また、2013年のアメリカの研究では、病院や無料給食所などで人助けのためにボランティアで働き、対面接触度が高い人々は、そうでない人々に比べて死亡率が22％低くなるとされた[9]。共感や満足感が孤独感や気分の落ち込みを和らげ、上記疾患の原因を打ち消しているのであろう。

　その際に有効に作用するのが、キスやハグなどのスキンシップで分泌が促進されるオキシトシンである。このホルモンはテストステロンに対抗して働くもので、共感を生むと考えられている。一方、ストレスには良いものと悪いものがあるが、後者が過度になると心配・不安をもたらす。上で見たように、人は緊張状態になると副腎からストレス・ホルモンのコルチゾールなどが分泌され、神経過敏（とくに痛みに敏感）になる。過剰分泌はうつ病の元とされる。ホルモンの変化で新陳代謝も変化するため、食欲・カロリー消費に影響し、肥満の要因にもなる。ストレスが過剰になると、免疫力が低下（細菌・ウィルスとの戦いの優先度が低下）したり、細胞分裂活動の低下で不妊になったりする。

遺伝子と文化の共進化

　本能は生まれ付きの適応方法・行動の型ではあるが、これは生まれたときに完成しているものではなく、環境や生活習慣によっても変化する。人の性質は遺伝的要素と環境要因が組み合わさり、遺伝×環境で決まることになる。進化生物学や心理学では、どちらの要因が人の性格・行動を決定づけるのかについて、「遺伝か環境か」という論争（nature v nurture debate）がある。しかし、近年の研究では、たとえば「蛇を怖がる」という人の行動（蛇を怖がらない人もいる）は、遺伝子と後天的な経験が複合した結果、形作られるという[10]。

　見方を変えると、人は生来の本能的な性質を遺伝子により伝承するが、そうした性質も結局は長い社会経済という環境（広い意味での文化）の中で形成されたものといえる。一方、遺伝子を受け継ぐ人の行動で広い意味での文化も変化する。それを担うのが言語である。異なる種が相互に影響しながら進化することを共進化というが、人間社会についていえば、人の遺伝子と文化も互いに影響し合って進化するといえる。遺伝子と文化の共進化と呼ばれる。東洋と西洋では、文化の歴史的な発展の仕方も現在の仕組みも異なるので、そこで生まれ育った東洋人と西洋人は互いに異なる遺伝子を継受し、違った文化の影響を受け、そしてその文化を担っていくことになる。

　遺伝子レベルの進化は単純である。より環境に適合する遺伝子を持てば、ほかのものより食料の確保が容易になるか、そうならないまでも、健康で生きられる期間が延びる。子孫すなわち遺伝子が受け継がれる確率が増し勢力を得る。たとえば、アフリカから出発した現生人類は、メラニン色素を失い、肌を薄色化した人種が日光の少ない北半球でも生き延びてきた。日光を効率よく吸収しビタミンDを生成することで、骨太で健康な体を持てたからである。

　なお、遺伝子の働き方が変わる現象はエピゲノムと呼ばれる。細胞を形成する際には、遺伝子情報を読み取る必要があるが、これはあるタンパク質がDNAに付着することで行う。しかし、DNAにメチル基などの分子が付着すると、このタンパク質は付着できず、情報を読み取れないので、当該遺伝子は働かなくなる。メチル基の付着の仕方は環境や生活習慣によって変わるとされ、この結果、性格や体質も異なることになると考えられている。

言語表現の違い

　英語という国際的なコミュニケーション・ツールも、英米人が遺伝や環境の要因に影響されながら、独特の認識と分析のプロセスを経て形成してきた。このため、その表現や発想、ロジックは東洋人にとって理解しにくい面がある。逆に、東洋人が自らの発想や思考に基づいて直訳英語を使うと、英米人から誤解されることがある。そのため、思わぬトラブルに発展しかねない。

　アメリカ人（西洋人）は、対象物を属性に応じてカテゴリーに分け、ラベルを付ける習慣がある。ラベルは名詞によって表される。その言語は名詞を多用することになる。たとえば、BSE（bovine spongiform encephalopathy：狂牛病）とかPTSD（post-traumatic stress disorder：心的外傷後ストレス障害）、ほかにもTOB（take-over bid：株式公開買付）とかCSR（corporate social responsibility: 企業の社会的責任）、などとラベルを付ける。

　文章表現でも、名詞を中心に構成される。語順も異なる。たとえば、状態を記述するのに、"I have a stiff shoulder."（「私の肩は凝っている」ではない）。同様に、動作や行動に関しても、"You are a good dancer."（「ダンスが上手ですね」ではない）とか、"I went skiing at Hakuba last week." などという。後者については日本人の英語では、"I went to Hakuba to ski last week." とすることが多い。

　一方、東洋人は関係を重視するため、関係の記述のために動詞を必要とする。たとえば、日本語では紅茶を勧めるときに「もっと飲む？」と動詞が主体になる。英語では名詞を重視し、"More tea?" と聞く。英語では飲むという行為について話しているのは自明なので、"drink" に言及するのは奇妙とされるのである[11]。また、日本語では動詞を目立たせる。たとえば、「（彼は）ボールを投げる」。英語では、重要とされない動詞は文章の中に隠れ、"He throws a ball." となる。

　英語では動作についての動詞のバリエーションも乏しくなる傾向がある。まず、対象物とそれを直接制御する動詞の記述に縛られ、後から、バリエーションを補足する。たとえば、「彼を捕まえた」という場合、"I caught him." といってしまってから、その後でどのように捕まえたかという手段を補い、"I caught him by the arm/ clothes/ ear." などとする。同様に、"He hit a serve at 230 km/h."(「230kmのサーブを打った」ではない)。

発想の違い

英米人の発想や行動がわれわれ日本人とは正反対であることを示す事例は多い。日本 → 英米の順に記述すると、一般の印刷文の進む方向が「右上から左下」に対し「左上から右下」、本の始まりと終わりが「右から左」に対し「左から右」、数の数え方が「指を折りながら」に対し「指を開きながら」、手招きが「手のひらを下」に対し「手のひらを上」などがある。

言語表現でも、相手のところに向かう場合、日本語では自分を基準に「行く」というが、英語では相手を基準に"I'm coming."と表現する。年月日や住所の表記も、日本語では「大 → 小」へ記述するが、英語では「小 → 大」に向かう。

国際会議などのレセプションやパーティでは、日本人は失礼に当たってはいけないと、たいてい定刻の10〜15分前には会場に着き、まだ閉じたドアの前で待つ。英米人にはこの習慣はなく、開始時間の15〜20分後に悠然と到着する(ただし、個別に約束した時間にはそれほどルーズではない)。この場合、時間どおりに集合しないのがクールだと考えられており、逆に日本人の行動は(早く食べたいのかと)卑しく映る。

東洋と西洋の違いは、コミュニケーションにおけるコンテクスト(価値や情報の共有量、暗黙の了解)にも現れる。コミュニケーションは符号化と解読で構成される。コンテクストは発信者と受信者が意識的・無意識的に考慮する要素でもある。その1つが人間関係で、たとえば親しい人間関係では予備知識があるため、高コンテクストの状態にある。つまり、高コンテクストでは価値が共有され、情報は少なくて済む(日本や中国のような社会)。一方、低コンテクストでは多くを要することになる(アメリカのような社会)[12]。

コンテクストの低いアメリカ社会では、くどいほどはっきりと論理的に話す必要があるが、日本のようなコンテクストの高い社会では、いわずもがなの上品な会話が成立する。したがって、英語では、たとえば、"I don't know why I did what I did."などという。一方、日本語では、「つまらないものですが」といっても、本意が通じてしまう。このため、アメリカ人にとって日本人の（直訳）英語は因果関係が読み取れず、非常に理解しにくくなる。

　逆にいえば、アメリカ人に対して説得力のある英語を使うためには、論理性を重視しなければならないことになる。日本人同士はコンテクストが高いので、曖昧で優雅な表現を用いてきた。このため、日本語を直訳した英語は曖昧になり、アメリカ人には論理的でないと受け取られてしまう。日本的な表現として、「急がば回れ」「負けるが勝ち」などがある。こうした諺は、長期的利益を見ることのできる東洋思考ならではの表現である。もともと微視的・近視眼的な思考をするアメリカ人には、この種の表面的に矛盾する表現はこのままでは理解不能である。コンテクスト（前後関係）を補う必要がある。

ビジネスのセンス

　このほか、発想の違いは英語のビジネス・レターの書き方や表現にも表れる。個人主義の世界の英語では主体として"I"が多用されるが、日本のような調和型社会にいると、つい"We"を多用してしまう。個人としてリスクを取る覚悟ができているかどうかということでもあろう。ただし、会社全体を指す場合にはどちらでも"We"が用いられる。また、積極姿勢をとるアメリカ人はダイナミックに響く能動態を使うことを常とするが、性格的に受け身で、主体を明らかにしたくない日本人は受動態を好む傾向がある。

　ビジネス・レターの書き出しも徹底的に異なる。日本人は儀礼を重んじるので、日本語の手紙では時候の挨拶から始めて、日ごろの愛顧に対する感謝を長々と書く。これをそのまま英語のレターにも持ち込むことが多い。しかし、英語のビジネス・レターには仰々しい挨拶はない。簡単な呼びかけの後、直ちに本題に入るのが常である。同様に締めくくりの表現に歯の浮くようなお愛想を使わないのが、英語流である。「今後ともご好誼のほどよろしくお願いします」といった表現に当たる英語は存在しない。これは対等な取引関係でありたいという理想に基づく。直訳して"Please give your favor for us."などとしてしまうと、（なぜ特別扱いを求めるのかと）怪訝な顔をされることになろう。せ

いぜい、"We would appreciate your continued support." 程度にとどめるべきである。

生物の行動は合理的

　生物は種の保存という単一の目的のために本能的で、極めて合理的な行動を取るといえる。具体的には、食料を確保してより多くの子孫、より多くの遺伝子を残すことである。そうした生物の例を見てみよう。

　生物は状況によって行動を変えるが、2個以上の生物が存在する場合には、それぞれの行動が他方の利益に影響を及ぼす。この場合の利益は食料を確保し子孫を残すことである。状況によって行動を変える理由は、それによって得られる利益が状況によって変化するからである。その意味で生物は合理的に行動する。しかし、一般に生物は自らの選択が合理的かどうか意識していない。

　たとえば、コウテイペンギンはマイナス60℃にもなる南極大陸の厳寒期に繁殖期を迎え、卵を抱えてみなで1か所に固まり寒さを凌ぐ。しかし、外周にいるペンギンはそのままだと凍え死ぬので、交代で外周に立つ習性を持つ。外側の仲間を見捨てれば最大の利益が得られる。一方、交代で外側に出れば、利益は多少減るが、全体としてまずまずだ。問題は、みなが外側を嫌って争うことで、悪い結果を招く。交代してもらえないペンギンは最悪で、間もなく凍え死ぬ。このジレンマの利益を大きい順に不等式に表せば、独尊（見捨てる）＞協力（交代する）＞抗争（交代を嫌い合う）＞犠牲（凍え死ぬ）となる。

　しかし、自分だけが暖まろうとして交代しないと、やがて外に立つ仲間がいなくなり、自分も死ぬことになる。おそらくは独尊的なペンギンも多少いるのであろうが、種として滅亡しない程度にその比率は均衡していると考えられる。結果として、コウテイペンギンは社会的ジレンマ（個人の利益と全体の利益の葛藤状態）を戦い、見事に克服している（と人間の目には映る）。

　ただし、これは淘汰の結果であろう。裏切りと協力が繰り返され、最終的に落ち着いたといってもよい。独尊的な選択をすると、いずれは守ってくれる仲間がいなくなり、長い進化の過程で、そのような種は絶滅するか、少数派として（隠れて）共存することになる。このほかの行動を取る種もいたのであろう

が、適者生存で当然ながら絶滅し、現在の種が残ったということになる。

動物も利得を変える

　北海道などに生息するエゾアカガエルのオタマジャクシは、頭の部分を約2倍の体積に膨らませ、捕食者のエゾサンショウウオに丸飲みされないよう防御するという。一方、捕食者のエゾサンショウウオの幼生も、オタマジャクシを捕まえやすいよう、アゴを大きく発達させた[13]。ところが、オタマジャクシもサンショウウオも捕食するオオルリボシヤンマのヤゴを一緒にすると、今度は共にヤゴから逃げるため尾びれが大きくなり、頭胴部やアゴはあまり大きくならなかった。こうした行動も利益の不等式を用いて合理的に説明がつく。

　最初の点について、オタマジャクシが頭を大きくすることは完全な防衛策にはならないのであろうが（実際には飲み込まれるものもいるだろう）、飲み込まれにくくすることで、敵に学習させる効果も持つものと見られる。オタマジャクシが頭を膨らませるという生物学的な適応は生存のためで、適者生存の法則により飲み込まれにくい種が生き残ることになる。1対1でいるときの利益の不等式は、独尊＞協力＞抗争＞犠牲となる。つまり、自分だけが頭を大きくしたり、アゴを大きくしたりするのが1番良い。その次は互いにそれをやめて共存することである。だが、そうもいかないので、互いに頭やアゴを大きくして抗争する。1番悪いのは、頭やアゴを変化させないで絶滅することである。

　この状態では、頭やアゴを大きくして純粋に対立する行動を取るが、共通の敵であるヤゴが現れたときに休戦するという、混合動機（対立と協調の同居状態）で動いている。つまり、頭やアゴを大きくするのは素早い動きには不利なので、ヤゴという共通の敵の出現で利得が変わり、抗争を止めて協調して逃げる。自分たちの戦いに気を取られればヤゴにやられる。この場合の利益の不等式は、協力＞独尊＞抗争＞犠牲に変わったことになる。

　また、ウイルスは自力では遺伝子を複製できないので、必ず宿主となる生物の細胞などに取り付き、その自己複製機能を借りて自らも増殖する。したがって、ウイルスが生き残るためには、宿主の免疫で死滅してもいけないが、宿主に元気な細胞を失わせてもだめである。絶妙な共存関係が進化を生んだ。

人の合理性

　一般に、動物が人間の目から見て合理的と映るのは、多くが生理的な欲求や安全を確保したい欲求のみに基づいて、種の保存のために行動しているからである。合理的に行動する種は適者生存の法則により適応力を増して進化し、それが遺伝子に組み込まれ、受け継がれ繁栄する。逆にいえば、合理的でない行動を取った種は淘汰され存在しなくなるので、われわれの観察できる種はほとんどの場合、われわれが合理的と思う行動を取っている種になる。

　基本的に人間も同様に繁栄してきた。人は、自分の内部からの欲求や外部からの刺激があると、それを感知して、それに応じた活動を示す。心理学ではこれを反応と呼ぶ。それは発汗や動悸などの生理的な変化から、恐怖感や空腹感などの精神的・意識的な経験、さらに微笑や逃走といった身体的な動作まで及ぶ（順次つながっている）。刺激に対して反応するという「刺激－反応」系の解釈である。一方、人間を情報処理をするシステム系と捉えれば、人は感情による部分と理性による部分で行動を決定するともいえる（二重自己モデル）。結局は、快を求める恒常性維持が根本にある。

　環境に対応する方法には、本能、習慣、知性がある。異なる環境に応じて適応を完全にし、生き残るための方法が知的行動である。知的行動の持つ性質が知性、その能力が知能と呼ばれる。知性はチンパンジーなどの高等生物も持つ[14]。伝統経済学は、人は自己の利益を最大化するために合理的に行動するという前提で理論化を進めるが、これは、知性を含めた人間の本能的な行動が合理的であるという前提で論じているわけである。

　しかし、人間は進化的に後から発達した前頭前野の理性を持つ。ここでは、理性を、知性を凌駕する能力と考える。理性は、さまざまな目的・価値観・公平意識などを創出し、多様な行動を取らせるため、それらは一見すると合理的でないように見えることが多い。これは、快を得ようとする恒常性維持が高度に変化しているからである。とりわけ、理性はより大きな理念を実現するために近視眼的欲求を抑えるのであり、その意味では、理性は「非合理的」であり得る。しかし、大きな枠で包括的に眺めれば、理念や正義の実現のために取る理性の行動は、長期的には社会の利益になり、合理的である。

幸福感の多様化

　幸福感は生理学的には脳の報酬系から神経伝達物質のドーパミンが放出されることで起きる。動物では、3大欲求の満足を意味する。しかし、人間の脳は進化の過程で前頭前野や報酬系が発達し、他の動物以上に快を感じやすくなった。たとえば、褒められるとドーパミンが放出され、意欲ややる気が起き、より高い目標に向かって成長する生き物である。さらに、発達した人間社会・文化を介して報酬系がさまざまな形で刺激され、物財の多い少ないだけではない多様な幸福感が出現しているはずである。

　幸福感の役割については、ブータン政府が国民総幸福（GNH：gross national happiness）を提唱する。しかし、近年はブータンにも経済発展の波が押し寄せ、いわゆるイースタリンのパラドックスが現出しつつあるとされる。これは、米経済学者のRichard Easterlinが提唱したもので、「一定水準を超えると、所得の上昇は幸福をもたらさなくなる」というものである[15]。

　事実、人の満足の対象は、心理的なレベルに応じて、家族に向かったり、プライドに向かったり、正義感に向かったりする。つまり、恒常性維持はさまざまな現れ方をするのである（第3節で見る）。そうすると、自分が満足するための行動、つまり恒常性維持を満たす行為はすべて合理的ということになる。この場合、伝統経済学の仮定とは全く違う意味で、人間は極めて合理的に行動しているといえる。この合理性を経済学などの理論で予測できるだろうか。しかも、自然淘汰という制裁は知的な行動を取ることである程度回避できる。合理性はますます多様化していくであろう。心の安定を求める欲求が根本にあることを念頭に、課題の解決策を探っていくことが重要である。

2．マズロー欲求階層と社会の発展

　人は、自己保存の欲求と自我の欲求を持つ。自己保存の欲求は自分の生命を守ろうとする欲求で、敵を恐れ逃避したり、逆に攻撃したりすることに現れる。こうした動物的な自己保存の欲求に加え、人間はさらに自我（精神的人格）を守ろうとする。これは、自分の物にする、自慢する、嫉妬する、負け惜しみをいう、対抗意識を持つといった行為になる。さらに、マクレランドは、生理的欲求と心理的欲求（安全を求め、自尊心を満たす）のつぎに来るものとして、社会の中で形成される人の達成動機を上げる。

　こうした人の欲求をより細かく分析・分類したのが、マズローの欲求階層説である。1960年代にアメリカを中心に人間らしさを追求する学問が広まる中、マズローがこの説を唱えて注目された。それによれば、人の欲求は低レベルから高レベルへと5段階に分かれ、1つが満たされるとつぎのレベルに進むという（ただし、低レベルの欲求も常に満たされている必要がある）。なお、マズローは晩年には自己実現を越えたより高い可能性（自己超越）を考えた。

　レベル1が生理的欲求（食欲や睡眠欲、性欲）、レベル2が安全の欲求（生命や生活の安全・安定を求める）で、以上が基本的欲求とされる。これらの欲求を満たすための適応は、生存にとって不可欠である。レベル3が社会的欲求（社会的な活動をし、愛し愛されたい）、レベル4が自尊・承認の欲求（自分を大切にし、尊敬されたい、地位を得たい）である。レベル1～4は人として欠くことができないので、欠乏欲求ともいわれる。そして、レベル5が自己実現の欲求（能力を出して自己を高めたい、目標を創造的に達成したい）である。

　欲求は幸福すなわち快を求めることである。それぞれのレベルにおいて欲求が満たされると人は幸せを感じ、満足する。しかし、ふつう幸福感は一時的で、間もなくつぎの欲求が頭をもたげ、その欲求を満たそうと努力することになる。これは悪いことではない。以下に見るように、人類の歴史は快すなわち恒常性維持を追求してきた成果といえる。

　しかし、レベル1～4では人々の利害は対立することが多く、紛争が起こり

がちになる。とくにレベル4は権利欲、独占欲、金銭欲などの俗な欲求であり、悪い意味できりがない。これに対し、レベル5は、それより低いレベルの欲求が満たされないと出現しないという意味では他のレベルと同じだが、成長し続ける欲求であり、人の最終的な目標となる欲求である。良い意味できりがない。つまり、レベル5では、もはや下世話な地位・権力とか名誉とかカネは目的とはならず、自己を脱して利他・公平・調和などを考えるところに特徴がある。紛争の防止や平和を考えるカギになりそうである。

　実際に人類の歴史を見ると、その時々の人の心理は経済や権利の発達と相互に影響し合い、階層的に高まってきた。以下のとおり、それはマズローの5つの欲求階層とほぼ一致するのである。遺伝子と文化の共進化により、歴史的に形成された欲求が、遺伝子によってわれわれに受け継がれているといえる。

原始時代と生理的欲求

　原始共同体社会（700万年前～前3,500年頃）の特徴
- 生理的欲求（マズローのレベル1）と平和の時代
- 植物の採取や狩猟などの獲得経済
- 「ヒト」による「モノ」の分配と消費
- 法はなく、慣習が社会秩序を保つ
- 物を排他的に直接支配できる権利（所有権を主とする物権）は認識されず
- ただし、無主物先占の法理の芽生え

　原始共同体社会では、マズローのレベル1の生理的欲求（食欲や睡眠欲）を満たすだけの生活をしていた。ただし、地球環境の大変動でこの欲求ですら必ずしも満たされない時期が長く続いた。人類の誕生したおよそ700万年前頃から1万3,000年前頃までは厳しい自然環境の中で、木の実や根を採り、狩猟や漁労をして生き延びた（獲得経済）。この食料難の時代はいつ生命が脅かされるか分からなかった。天敵や他部族との戦いもこれを加速したであろう。

　しかし、現生人類は言語という利器を持った。言語は命令を伝達することができるので、主従関係の成立を促し、これを基に社会関係が形成される。この

ため、一般に採取・獲得した物は共同体社会や首長のために進んで差し出された。血縁関係による結び付きが強く、共同体社会で伝承される慣習が秩序を保っていた。したがって、自分の採取した物を排他的に直接支配できるという権利（所有権を主とする物権）は認識されていないことになる。ただし、自然界の物については、先に手にした者が獲得できるという漠とした権利意識（無主物先占）は芽生えていたものと考えられる。これが現代の民法に温存されている無主物先占の法理である（民法239条1項）。

やがて後氷期に入ると、気候が温暖化し、農耕や牧畜をすることができる状態になる（生産経済）。古代オリエント（西アジア）で1万3,000年前頃から麦や豆を栽培する初期の農耕が始まったが、これは雨水を用いる乾地農法であり、肥料を施さないため移転を繰り返した。しかし、灌漑農法が開発されると生産性が上がり、併せてやがて山羊や羊の牧畜が始まると、肥沃な土地に村落の定着化が進む。人口増加、大集落の始まりである。パンは1万年前頃、チーズも9,000年前頃から生産された。

生産経済において食料が確保され、マズローのレベル1が満たされる限り、共同体内部では諍いは起こらず、人々は総じて平和な生活を送っていたものと見られる。ただし、採取や狩りで自分だけ手を抜き、みなの成果に預かろうとすること（社会的ジレンマ）は避け得なかったであろう[16]。また、他部族から食料を守るための闘争も始まっていた。狩猟の投擲具が制裁や闘争の手段としても機能するようになる。

4 大文明と安全の欲求

- 安全の欲求（マズローのレベル2）とジレンマ
- 獲得経済から生産経済に完全に移行
- 「ヒト」による「モノ」の交換と消費
- 所有権の萌芽
- 征服者の登場
- 支配者のための法

生産経済と定住化により、生産物や土地への所有権の概念が萌芽した。紀元前四千年紀には、血縁関係にある部族の共同体を基に、西アジアとエジプトの古代オリエント文明に代表されるような専制国家が誕生することになる。この時代は農耕・牧畜の発達により、マズローのレベル1の生理的欲求は満たされていた。一方で、武器の発達にともない、略奪・侵攻の時代となっており、力に勝る者はマズローのレベル4の自尊・承認の欲求に目覚めて征服を繰り返した。欲望に駆られた征服者の登場で、人々はレベル2の安全の欲求を意識せざるを得なくなったといえる。安全を確保するために、人々は力に優る王の下に集まり専制国家を形成することになるのである。

　たとえばメソポタミアで、沃土をもたらす大河を治水し、灌漑に用いるという大事業のためには、強制労働を用いるのが手っ取り早く、武力による専制化を促すことになった。エジプトの専制都市国家ノモスでも、王がファラオとして君臨し、その権力の偉大さは巨大なピラミッドの建設に現れている。しかし、そのおかげでレベル1の生理的欲求は十分に満たされたのである。

　また、専制王の下では官僚である貴族と、平民、奴隷という身分階級が生まれてくる。経済生活（食料分配）はかなり不平等になり、貧富の差が生ずる。すでに古代農耕期に格差は生まれていたのである。それでも他民族の侵略に備えることができた。一応はレベル2の安全の欲求が満たされたのである。

　そうした専制国家の体制を支える法の役割は、支配者の利益を保護するためのものであり、被支配者に重い地代を課し、被支配層を一方的に裁判した。とくに安全を脅かす反社会的な行為を罰することが必要となる。世界最古の法典とされるバビロニア王国（前1830年頃成立）のハンムラビ法典は、神の意志による裁判（神判）をしたが、その特徴には「目には目を」といった報復主義があった。これは被害者の身分に応じた刑罰を規定していたもので、王を頂点に身分制を維持し、中央集権をがっちりと固める接着剤のような機能も担った。

　こうして、権利意識も希薄な原始共同体社会では総じて仲良く平和に暮らしていた人々も、マズローの基本的欲求の充足と引き替えに、支配者と被支配者に分かれ、前者が後者を搾取するようになった。

ポリスと社会的欲求・自尊の欲求

古代奴隷制社会（紀元前3,000年頃〜紀元5世紀頃）の特徴
- ポリスと社会的欲求（マズローのレベル3）
- 平民と承認の欲求（レベル4）
- ギリシャ、ローマの典型的な都市国家
- 農耕、牧畜、漁労などの採取産業（第1次産業）
- 「ヒト」による「モノ」の交換から「カネ」を介した売買へ
- 情報交換で分業・専門化、市場が発達
- 支配者である王・貴族の権利保護（領土、財産、奴隷所有）のための法
- 私有財産という概念
- 人の欲求を規律して秩序を保つ法の役割（ローマ法）

　獲得経済では、無主物先占という考えに基づいて早い者勝ちで獲得物を支配してきたが、食料を生産する生産経済に移行したことで、生産物や生産資源（奴隷や土地）について私有財産という概念が生まれる。土地や家財といった財産が保護されると、財産を保護された人々は安心できる。土地や住む家を追われなくなり安全が保障されると、生産性も上がる。農産物や手工業品の商取引は活発になり、生活はさらに豊かになっていく。人々は集まって村落や都市を形成し、マズローのレベル3の社会的欲求（社会的な活動をし、愛し愛されたい）を確認し合った。

　このレベルは、わが国では飛鳥時代が代表例として上げられるが、ここでは古代ギリシャとローマを見てみよう。前三千年紀の初め頃から古代オリエントに影響されて、エーゲ文明が築かれた。貴族や市民は土地と土地を耕作する奴隷を所有し、都市共同体が成立する。これが古代奴隷制社会である。乾燥した地域のため、オリーブ、ブドウなどの果樹栽培や牧畜に適した。

　前8世紀半ば頃に鉄器が普及して生産力が向上すると、貴族や市民戦士は周辺に農村を持つ都市国家ポリスを多数形成した。古代ギリシャのアテナイでは前7世紀頃に銀貨（ドラクマ）が発明されて貨幣経済に移行し、市民の格差が顕著になる。コインは何にでも交換可能であり、富としても蓄積されたため、

将来を思い描く抽象思考や個人の自立を促したと考えられる。

　生産物の余剰を効率的に分配するのが貨幣の支払いによる交換（貨幣経済）である。物々交換では、欲求の偶然の二重一致（double coincidence of wants）が必要である。定期市を開催して生産物を持ち寄ることで、たいてい欲しい物は手に入ったのであるが、時間的・距離的な不便さは残った。貨幣を介することでこの問題は解消する。貨幣は現在と将来の消費をつなぐ媒体となる。

　一方、ローマでは外国貿易で経済力を高めた貴族が前6世紀末に共和政のポリスを確立する。貴族が官職を独占した。しかし、王や貴族は平民自身に芽生えたレベル4の自尊・承認の欲求（自分を大切にし、人から認められたい欲求）を抑えきれなくなる。古代と中世は戦争・略奪の歴史であり、平民戦士なくしては成り立たない。とくに富裕化した平民（戦士）は参政権を求め、あるいは戦争の功労に対して合法的な報酬（土地の分割など）を要求した。

　そこで、当時の慣習を成文化した十二表法（前450年、「善良の風俗」や「信義誠実義務」があった）やホルテンシウス法（前3世紀）により調和が図られた。ただし、実際に法を担い、市民法を形成したのは法務官による法務官法であった（判例法の起源）。さらにローマ勢力拡大とともに、外国人にも適用される法として万民法ができる（前242年頃、すでに衡平と善という概念があった）。とくに商取引法の分野では時代に適う精緻なものであった。

　前2世紀には、富裕平民が新貴族ノビリタスとなり、私腹を肥やした。新貴族と騎士身分（資本家）に資本・土地・労働力（奴隷）という生産資源がすべて集中し、市民共同体が崩壊していく。このため貧富格差が激烈になった。歴史は繰り返す。入れ替わり立ち替わり支配層が現れて被支配層を搾取する。レベル3の社会的欲求が満たされると、レベル4の自尊・承認の欲求を満足させるために、権限・権力を使いたがるのであろう。

　帝政期の思想家セネカはいう──「もともと人間は平和な共同生活を営むが、私利・私欲により堕落し、共同生活が破綻する。人間の欲を規制して秩序を回復するために、国家権力や法制が必要になる」[17]。

歴史による遺伝子への刷り込み

　東洋人は巨視的に物事の大きな枠組みを把握するのに対し、西洋人（とくに英米人）は微視的に物事の構成要素の動きに注目するといわれる。東洋人が森を見ているのに対し、西洋人は木を見ているといえる。こうした性格は、遺伝的な要素、すなわち東洋と西洋の歴史の違いから説明できる。

　古代オリエント的な農耕文化では、大型河川を持つ肥沃な耕地を治水灌漑技術と大量の労働力を駆使して管理したので、中央集権的な支配を容易にした。管理されるとはいえ、人々はマズローの基本的欲求が満たされる限り、比較的平和に暮らすことができる。しかも、農耕は人々に相互に協力することを要請した。中国南部や日本によく見られる稲作においては、技術や気象情報を共有し、農繁期に一致協力すれば、継続して最大の利益を上げることができた。

　これは、争いを避け、協調することが結局は得なのだという信念に結びつく。他の人も同じだという信頼感も生まれやすい。為政者もこれを促進するように、和を規範とする法制を敷いた。つまり、東洋型の人々（とくに日本人や中国人）は調和を重んじ、利益を大きな視点から見るという、農耕民族としての習性が遺伝子に刷り込まれているといえる（インプリント）[18]。このため、一般に東洋人は対象を広い文脈の中で捉える。中国哲学は、道家思想、儒家思想、仏教思想の3つよりなるが、調和を強調する一方で、抽象的な思索はあまり重んじられず、万物は互いに影響し合うと考えられていた。

　一方、西洋社会の始まりといえるヘレニズム文明（古代ギリシャ・ローマ）は、古代オリエントの影響を受け農耕も広がったものの、特徴的には環境の違いからまったく異なる道を歩む。肥沃な土壌をもたらす河川は乏しく、山岳地帯が多いため、狩猟、牧畜などに適していた。早くから貿易も栄えた。

　狩猟や牧畜、外国貿易を行う民族にとって利益の源泉は一過性であるものの、多くの人との協力がなくとも最大の利益を上げることができた。狩猟の穴場や方法は家族や限られた仲間内で秘密にし、相手を出し抜いてきた伝統があるといえるであろう。また、定住して協力関係を築く必要性が乏しければ、遠慮なく議論や批判をし合う精神が醸成されたことであろう。

　古代ギリシャでは紀元前6世紀頃から「万物の根源」について探究が始まっ

た。ギリシャ哲学の基本姿勢は、世界を有限個の独立した対象物として捉えることであった。周囲から切り離された対象物それ自体を観察する。そして、個々の対象物・事例（動物や物、天災など）の属性を分析し、属性ごとにラベルを付けてカテゴリーに分けた。単体と捉えれば、あとはそれを支配する単純な規則を発見すればよいと考えられた。現代においても、対象物をそれぞれの属性によってカテゴリーに分ける手法は、西洋人の特徴である[19]。

そこでは社会的ジレンマに陥って裏切っても、長期的関係はないので、その場を去れば済むことである。このような社会では信頼は生まれにくい。一方、貿易の発達により権利意識も芽生え、交易の要衝は異なる考えを持つ人々にとって格好の意見交換の場ともなった。このため、個性を尊重し、短期的利益を追求するという遺伝的な刷り込みが生じたものと見られる。現在の西洋社会では、個人主義で互いの独立性を重んじる傾向がある。

農民自尊への道は遠く

中世封建制社会（5世紀頃〜17世紀後半）の特徴
- 荘園を通じて、領主と小作（農民）という階級が成立
- 身分に応じた法があった
- 第2次産業（製造業、建設業などの加工業）に移行
- 土地を耕作する用益物権など所有権以外の物権の概念
- 生産物・加工品の商売の発達から債権の概念が生まれる

中世封建制社会は、皇帝・国王 → 諸侯 → 騎士と順次、所領を与える見返りに軍役や忠誠を求める仕組みである。その意味では、古代奴隷制社会のように、土地所有者に芽生えたレベル4の自尊・承認の欲求が利用されたといえる。しかし、農民にとっては自尊への道は遠く、まだまだ先である。

西ヨーロッパの中世封建制社会では、まず土地を所有する領主とこれを耕す農民とが村落共同体を形成した。農民の権利は土地を占有（保有）できることだが、一方で共同体の慣習や領主の定める規則・裁判権に従わざるを得なかった。とくに、労働地代（直営地での賦役）や生産物地代（保有地に対する税）、

その他の税金に苛まれた。ただし、地代を払えば生産物は自由にできた。荘園の規模拡大や耕地制、農法の改良といった合理化と相まって、農民は安心して生産性を上げたのである。また、これは帰属意識を生んだ。レベル3の社会的欲求を満たす条件になる。

12～13世紀頃から純粋荘園制（地代荘園制）に移行すると、大所領が分裂して騎士領が現れ、有力諸侯が誕生する。自由人・非自由人という生まれながらの身分に代わり、聖職者・貴族・騎士・市民・農民という身分制が生まれる。経済面では、10～11世紀頃から農業技術革新により農業生産量が飛躍的に伸び、村落共同体は発展し、生産物の取引のために貨幣経済（交換経済）が急速に普及していった。商人や手工業者が都市に集まり、農産物の需要が高まると農村と都市が相互依存関係に立って発達した（都市経済の形成）。これにより、荘園の内部でも農奴を解放し、領主・農民の契約関係への移行が進んだ。

つまり、貨幣経済に移行したことで、何でも手に入る貨幣の便利さが認識された。領主は自給自足の時代には農民に強制労働させる必要もあったが、いまや貨幣に動機づけられており、賦役や地代の金納化を便利と感じたのである。これは、土地を貸して使用料を取るという現代の賃貸借契約と本質的に変わらない。したがって、貨幣経済は封建的な荘園制の崩壊をもたらした。

絶対王政 vs 商人の自我

絶対王政は国王が封建領主の制約なしに絶対的に権力を行使した時代であり、ヨーロッパで16～18世紀に起きた。身分制は温存していた。地代低下や農村工業の勃興で封建領主が没落し、これに教皇権弱体化が重なって中央集権化されたのである。また、大航海時代を経て重商主義に向かっていた。このため、市民階級の代表は商人であり、国王は商人に芽生えたレベル4の自尊・承認の欲求を満たすべく、独占権を賦与する。ただし、その代わりに上納金・特許料を納めさせ、貴重な財源とした。

国王は王権神授説をとって権力を絶対化した。イギリスでは、ピューリタン革命は共和政を実現したが、選挙権は有産者に限られ、制限選挙制であった。領主と農民の関係はあまり改善されなかった。つまり、革命は有産者（ブル

ジョワジー)と地主のためのものと位置づけられる。その後、1689年、名誉革命で「権利宣言」を認めさせ、イギリス立憲君主政の基礎とする。議会は「権利章典」を公布、国民の生命、財産、言論の自由など基本的人権を保障した。

　イギリスの革命は、ヨーロッパの市民革命に先行するもので、動機としてはブルジョワジーがレベル4の自尊の欲求に強く駆られたことにある。とくに17世紀後半から商業革命の時代を牽引したブルジョワジーと地主層が、搾取する絶対王政を許せなかったのである。こうした自我の芽生えは、自分のものを自分のものと認識することから始まる。それは思想によっても覚醒したであろう。ルネッサンスや宗教改革、ロックの自然法思想・フランス啓蒙思想である。

　一方、革命を経て実際に実現したのは、議会が立法権を得て、地租の大幅増税を含む財政上・金融上の改革をしたことである。これは、国家財政を安定的にし、産業資本を集中して重商主義を推し進めたが、その利益は有産者すなわちブルジョワジーが享受した。マズローのレベル4を満たしたことになる。しかし、一般市民や農民は革命によってもあまり利益を得ていない。見方を変えれば、革命は支配構造を再編成し、支配する者を入れ替えただけともいえる。

自尊の欲求と近代市民革命
　近代法の時代(17世紀後半〜19世紀)の特徴
　●圧政からの解放と基本的人権の保障が叫ばれる
　●市民革命により立憲民主主義、資本主義社会へ
　●基本的人権、私有財産、経済自由の保障
　●近代法の3大原則
　　① 自由と平等(身分制廃止、経済活動の自由、職業選択の自由)
　　② 所有権絶対(人権宣言17条、生産物を本人に私的に所有させる)
　　③ 契約自由(生産物の流通促進)、過失責任主義
　●「カネ」による「モノ」の取引と賃労働経済
　●イギリスで18世紀後半に産業革命が始まる

　フランス革命に代表される近代大陸の市民革命においても、新興のブルジョ

ワジーが絶対王政に代わって支配するようになるという構造の再編は基本的に同じである。フランス革命による土地所有で利益を得たのはブルジョワジーとわずかな小土地所有農民であった。確かに、革命の直接のきっかけは、財政難による増税で一般市民が窮乏したことやフランス啓蒙思想によって動機づけられたことであった。大義名分では、封建制度下の身分制を廃し、基本的人権に基づく法の下での平等が叫ばれる。

しかし、本質は、イギリス革命と同様に、商業で力を付けた新興ブルジョワジーがマズローのレベル4の自尊・承認の欲求を強く持ち、権力志向に走ったものである。一般農民も重税に苦しんではいたが、こちらはレベル2の欲求が脅かされる状態であった。不公平は感じていたのであろうが、自らの生産物に対する権利主張まではしていない。絶対王政が搾取を強める中、2つの階層が別々の欲求を実現するために、結果的に協力したことになる。

革命により、①身分制・特権が廃止され、自由・平等という自由権的基本権が保障される、②土地所有を含む私的所有権と経済活動の自由が確立する、③立憲民主主義が実現する。これらは、資本主義社会誕生の要素である。つまり、ブルジョワジーにフリーハンド（経済活動の自由、所有権絶対、契約自由）が与えられると、折からの産業革命を背景に工業生産と供給が飛躍的に効率化され、生産物または商品は所有者が市場で自由に売買するようになる。

完全な所有権と契約の自由がないと私有財産に付加価値を付け、これを有利な条件で取引するといった心理は生まれない。経済も発展しない。所有権の絶対と契約自由の原則を認めたことで、法は、資本主義経済の発展をバックアップしたのである。さらに、大陸法系国では過失責任主義をとった。これは、自己に帰責事由があるときだけ責任を負えばよいという原則であり、取引する者を安心させ、経済活動をさらに促した。

また、従来の貨幣経済に基づくモノの取引から、資本と労働が契約に基づいて生産する経済に構造変換する（資本と賃労働関係の成立）。労働者は賃金で商品を購入し消費する。法制度はこれらを具現化し、個人主義・自由主義を基調とすることになる。ただし、革命により経済自由を勝ち取った人々は、今度は資本主義という大波の中で、企業経営者として労働者を搾取する側に回る。

マズローのレベル4の欲求は支配者の交代を繰り返す。オーストリアのカール・レンナーはいう——「中世の所有関係は法的にも経済的にも物に対する絶対的な支配権であったが、資本主義社会において経済的には人の人に対する搾取的支配に変化した」[20]。

ルソーは『人間不平等起源論』（1755）で旧体制を批判した。まず、原始の自然状態では土地・作物は豊かで、人々は自己愛と憐れみの情を本性として持ち、自由・平等・平和であったとする。ところが、私有財産制が導入され商工業が発達すると、人々の間に労働関係が生ずる。法律が所有権を確立すると、財産の不平等も固定化する。やがて権力は専制化して、強者の理論によって動かされ、支配と服従、暴力と搾取がはびこる。そこで、富者は他の人々と団結して国家を形成すべきと主張した（社会契約論）。

『社会契約論』（1762）では、自然法に反する不平等を解消する方法を論ずる。人民は社会契約により自己のすべての権利を国家に委譲し、自然状態での自由を失うが、代わりに所有権や市民的自由を得る。ただし、人民の総意である一般意志が規制を敷くとする。

所有権の概念は明らかにマズローのレベル4の欲求を満たす。さらに対立と搾取をもたらす。ルソーは、これを防ぐために社会契約論を持ち出す一方で、昔のレベル3の社会的欲求に戻ろうよ（「自然に帰れ」）と叫んだのであろう。ルソーはいう——「多数の人々が飢えて必要なものにも事欠いているのに、ほんの一握りの人たちには余分な物がありあまっている、ということは、明らかに自然法に反している」[21]。

経済効率の修正と自己実現

現代法（19世紀後半～現代）の特徴
- 法による社会づくりと自己実現の欲求（マズローのレベル5）
- 第3次産業（商業、運輸通信業、金融・保険）が中心
- ヒト・モノ・カネに「情報」が加わった時代
- 「情報」（知的な創造物）に知的財産権を付与（特許権、著作権など）
- 経済恐慌、社会的弱者（女性、貧困者、失業者）などの資本主義の問題、

社会的不公正が表面化
- 古典的自由主義（所有権絶対、契約自由、過失責任）の3原則を修正し、公共の福祉に反してはならないとする
- 国家が、個人の実質的平等・尊厳を守るための権利（社会権）を保障
- 社会保障法や労働法（社会法）、独占禁止法や環境法などの経済法を制定

　近代には、所有権絶対と契約自由の原則により市場のプレーヤーに自由な取引を任せれば（レッセ・フェール）、効率的な資源の分配が行われ、社会経済は豊かになると考えられた（イギリス古典派経済学）。ただし、国家は経済活動に自由放任主義をとる一方で、治安は維持した（夜警国家）。なお、契約自由の原則とは、契約の相手・内容・方式、契約を結ぶ結ばないの自由を指す。
　しかし、企業に自由に経済活動を行わせる資本主義は、20世紀になると予期せぬ弊害に直面することになる。独占資本主義の進展もあり、所有権絶対・契約自由というフリーハンドを与えられたブルジョワジーは、それまでの支配層に代わり自らが経済を支配し、経済効率を冷徹に追求した。このため、労働者を劣悪な条件で酷使する一方で過剰生産を生む結果となり、経済恐慌や、貧困者・失業者などの社会的弱者（貧富格差）を生んだ。資本主義の問題、社会的不公正が表面化することになったのである。
　古代や中世では武力を背景にした支配がなされたが、近代以降の資本主義社会では経済力に優る者が支配する構造に置き換わっていた（植民地侵略戦争や両次の世界大戦も、つまるところ国内で過剰に蓄積された資本が外国に向かったものである）。どちらも結果は被支配層の搾取である。支配される側は歴史的に反乱や革命で支配体制を覆し、権利を獲得してきた。
　つまり、社会的・経済的に追い詰められた弱者は、マズローのレベル2（安全の欲求）を脅かされ、反乱・暴動が起こることは、歴史が証明している。これを放置すれば、社会・経済が安全でなくなり、経済的な発展も損なわれる。現代法の時代には（反乱や革命を回避するためにも）、古典的自由主義の3原則（所有権絶対、契約自由、過失責任）を修正する必要に迫られた。憲法、さらに社会法（労働法・社会保障法）や経済法により、自由主義を制限し、経済

危機の回避や社会的弱者の保護・救済を目指す（福祉国家・社会国家）。近年は、自動車損害賠償保障法、製造物責任法などで過失責任主義を修正する法律も制定される。なお、これまで経済は、モノとカネという有体物を扱うことで発展してきたが、現代は情報という無体物に対しても権利を認めた。

　皮肉にも、近代に自由権的基本権を認めたため、より根本的な個人の生存権が脅かされるようになった。マズローのレベル4を満たすために、レベル1～3の欲求が脅かされたのである。このため、現代は生存権的基本権（人間らしい生活を営む権利）の保障に向かう。ただし、こうした法による社会づくりは、他人のことを考えられるようになったという証でもある。一般に、社会が豊かになって人の欲求が満たされ、心理状態が成熟すると、他者の利益（利他）を考えるようになるものと見られる。そして法律にもその考えが盛り込まれる。ようやくマズローのレベル5の自己実現の欲求が現れたといえる。

3．恒常性維持ゆえに生まれる行動

　ここまでに見たとおり、人は満足して精神的に落ち着きたいという恒常性維持の性質を持っている。ほとんどの行動が、この欲求から生まれることは容易に察しがつくであろう。社会・文化の発展にともない、さまざまな快を得る手段が実現されているが、そのためには行動を起こさなければならないからである。本節では、日常生活で頻繁に見られる人の行動や最近の行動理論が恒常性維持に基づいていることを解説する。

理性と感性の協業
　よく、物事の結果について「頭では分かっても、心では納得できない」といわれることがある。これは、論理的な思考（頭）で判断すれば、結果は正当だと理解できるのだが、好き嫌いや快不快の気持ち（心）からすれば「ナンか」納得できない、という意味であろう。

まず、頭（理性）で理解することと、心（感情）で納得することとはどのように違うのか考えてみたい。脳科学などでは、理性も感情も大脳の機能として現れるとする。先に見たとおり、理性を司るのが前頭葉にある前頭前野である。恐れ、悲喜、好き嫌い、快不快などの感情は、大脳辺縁系が担う。同じ大脳ではあるが、人類の初期の段階では、辺縁系で恐れなどの感情を発達させることで素早い行動を取り、生命を脅かす敵から逃れてきた。慎重に頭で考えてから対応を取っていたのでは遅い。このせっかちさは現代でも同様で、たとえば振り込め詐欺ではないかと疑っても、とりあえずカネを振り込んでしまう。

　これは、マズロー欲求階層でいえば、レベル1（生理的欲求）と2（安全の欲求）の基本的欲求段階である。そして、しだいに生活が安定すると、レベル3（社会的欲求）と4（自尊・承認の欲求）に進む。そこでは理性の主導で長期的視点から慎重な行動を取ったり、より儲かる選択をすることで、家族や富を増やして、種として繁栄することができたと考えられる。

　つまり、大脳辺縁系で生まれる本能的な感情は、何かに恐怖を覚えたり、欲しいと望んだりする。直感的でリニアな欲求である。好き嫌いは本来、相対的な感情ではない。一方、前頭前野の理性は、相対的・抽象的な思考を行い、本能的欲求を抑えようとする。2つ以上のものをパラレルに比較し、損得の計算をする。理性と感情の共同作業によって意思決定が行われるといわれる。

　本書では、理性と協業するものを感性と捉える。そして、「感性は求める」「理性は比べる」と定義することにしよう。感性と理性の協業による意思決定とは、たとえばこうである。人は、進路の決定にせよ、新規事業の立ち上げにせよ、未知の状況に遭遇すると、一般の動物と同様に恐怖心を覚える。恐怖を察知した扁桃体が、リスクを避けようと小脳に影響し体を萎縮させる。これを抑えるのが、信念とか意欲、集中力を司る大脳新皮質の理性である。米大リーグ野球のイチロー選手は、感性の緊張を和らげ集中するために、バッターボックスに入る前と入ってから、いつも決まった仕草をすることで知られる。

求める感性・比べる理性

　約1万3,000年前までの獲得経済では、自然界に存在するほとんどの物は所有者のない無主物であり、「求める感性」は先を争ってモノを獲得したことであろう。そして、他の家族・種族と獲得物の所有権を争うときは、おおむね武力による解決が行われたはずである。それ以外の解決方法に分配と交換がある。交換は、物々交換のように、自分の所有物と相手の所有物を交換する交渉である。獲得された無主物とか戦利品を仲間で分け合うのが分配である。まだ誰の所有物でもないので、自分のモノを差し出すことはない。ただし、対象物に対する選好度が高いと、自分のモノも差し出す交換分配の交渉も行われる。

　どちらの交渉も、欲しいモノを手に入れて恒常性維持を満そうと、純粋にモノそのものに獲得の欲求が向かう。「求める感性」が働いているといえる。ただし、将来の出来事は相対的・抽象的である。たとえば、交換で乾し肉を手に入れて帰ったとき、家族団らんがいつもと比べてどれだけ楽しくなるかを想像するのは「比べる理性」ということになる。

　分配においても、たとえば、1個のオレンジを分け合うときに理性が登場する。どちらかが、自分の取り分と相手の取り分を比較して公平でないと感じると、満足せず、取引は成立しにくくなる。つまり、自分の満足は相手との比較において得られるというのが分配交渉の本質といえる。はじめは純粋に求めても、決め手となるのは「比べる理性」である。

感性と理性の葛藤

　意思決定は理性と感性の共同作業であるが、人類は、進化的に後から発達した大脳新皮質の理性を持つため、「求める感性」の選好と「比べる理性」の判断が異なることが多い。感性は直感的に危険を避け、安心を求めるが、理性は長期的・複眼的な視点からリスクや可能性を比較する。結局、状況に応じて、より満足が得られる決定に落ち着くことになる。つまり、人の満足は感性だけでなく理性によっても達成されるようになったのである。恒常性維持が理性で高度化したといってもよいであろう。

　選択肢として比較されるのは、食料の多寡の次元から、物理的な安全性、精

神的な安寧度を経て、プライドの充足度、倫理や善悪の判断へと進む。それぞれマズロー欲求階層のレベル1〜5に対応し、レベルが上がるほど、感性のみでは満足は得られにくくなり、理性による選択が必要になる。たとえば、獲得経済では食料の確保もままならず、安全も安寧も危うい。本能的な感性に基づく弱肉強食の世界であり、なんとか食料にありつこうと必死だったことであろう。ただし、食料をわずかでも増やそうと、相手と自分の所有物や取り分を比べる理性が働き始めたかもしれない。理性に基づく交渉の始まりである。

また、怠ける者や秩序を乱す者がいると、その者の得る利益と全体の損失が比較され、制裁が導入される。現代では、道徳に反する行いをしたり、故意に契約に違反したり、犯罪をおかしたりする者達であるが、彼らとて、感性で取る行動と規範とを比較し、理性が勝れば踏みとどまることになる。

生産経済に移行すると食料は確保され始め、純粋にモノに向かっていた感性が少し和らぐ。自分のモノと相手のモノを冷静に比べる理性が働くと、多様な交換が成立し食生活も豊かになる。理性は、これまで以上に家族団らんが楽しくなるとか、互いに相手の存在を脅かすことは得ではないと比較考量するようになり、交渉が持たれる。安全や安寧が近づいたことであろう。

人類は調達・生産・流通・販売・消費へと経済活動を複雑化させて、レベル4の欲求を満たせる分野も広がった。知的財産など楽しむ対象も多岐にわたる。選択肢が多くなると、自分の快を求める恒常性維持の働きも変化し、生活必需品から離れて嗜好品を買い求めたり、一方で、日用品などでは、種類や情報が多すぎて何を買って良いか決定を下しにくくなったりする。このため、喫茶店などで「本日のコーヒー」があると、選択の煩わしさが軽減されるので、客足が伸びる（店の売上も伸びる）。

また、高次の欲求の方が高い満足を与えてくれるので、そのためには低次の欲求を犠牲にもできる。たとえば、家族のために死ぬほど働いたり、矜持のためにやせ我慢して財産を失ったりする。貨幣経済移行後では、人はとくにカネによって動機づけられる。労働の対価として賃金を得るが、自分の給与と他人の給与を比べる理性が働く。相対的にカネが多いほどプライドは満たされ、幸せを感じる。そして、会社の利益と従業員の賃金を比べ、隣近所の生活水準を

比べて、その格差を是正するために賃金交渉が持たれる。

　マズローのレベル4を満たした後、残るのはレベル5である。この欲求は、利他・調和・公平などを特徴とする。このため、同じ仕事をしている自分と同僚でも給与額を比べるが、ときとして、同僚の方が不当に低いと不快になる。他者を思いやるのがレベル5であり、それによって最高レベルの満足が得られる。しかし、見方を変えれば、これは究極の自己満足である。自分の快を満たす恒常性維持が最も進化した形で現れている。

経済は理性で動く

　近年は、自分の利得だけを合理的に最大化するのが人の性であるとする伝統経済学に異を唱え、「経済は感情で動く」などといわれる。しかし本書の定義では、逆に、伝統経済学は動物的な感性（合理性）を扱ってきたといえる。理性は、たとえ自分の食料が減っても困窮者に分け与えたり、他人に付け込んで全体の利益を脅かす者を多大な費用をかけても罰したりする。これらは、伝統経済学では非合理な行動とされる。一方で、こうした行動を含めて人の経済活動を大きく見ると、伝統経済学の仮定とは違う意味で合理的であり、「感情」で動いているとはいえない。それは、やはり理性で動いているのである。

　米投資家のジョージ・ソロスはいう──「経済現象は自然現象ではなく、思考する主体が存在する。これが自然現象にはない不確実性を生む」。

論理学と不安の解消

　人は未知のことや不可解なことに遭遇すると、恐怖や不安を抱き、原因を解明して不安から逃れようとする。恒常性維持を満たすためである。逆にいえば、それに無頓着だった種はすでに自然淘汰で絶滅しているのである。

　原因を分析するのが論理学の1つの役割である。論理的な思考方法（論証）には帰納と演繹がある。帰納は知覚された事象から共通の特徴を取り出すことであり、抽象思考を用いる。われわれが知覚できる事象は何らかの原因の結果として現れているので、共通の特徴を抽象化すれば原因を示すことになる。一方、演繹は、帰納により抽象化された共通の特徴を個別の事象に当てはめて理

解することである。帰納により導かれた仮説はさまざまな現実で試され、適用範囲が広いことが認識されると、信頼度を増し理論として法則化される。すると、今度はその理論（対策）が演繹されて、新たな難問に対応する処方箋となる。帰納と演繹とは車の両輪のように連動してわれわれの活動を支える。

　たとえば、地面を転がるボールとか雪上を滑るソリといった事象を観察すると、動く物体は（物理的抵抗さえなければ）一定の速度で真っ直ぐに動き続ける性質を持つのではないかと抽象化（仮説化）される。あるいは、この性質が原因となって、ボールは転がりソリは滑ると推測される。仮説は検証を経て法則となる（この例ではニュートンの運動第1法則または慣性の法則）。

　したがって、帰納は結果から原因（因果関係）を後ろ向きに推測することである。大きく見れば、事例観察 → パターン蓄積 → 共通項抽出 → 仮説 → 検証 → 法則化が帰納を構成する。一方、演繹は抽象化された法則から具体的な意味を取り出すことである。法則を別の表現で言い直して、個別の事象を説明しようとする。したがって、帰納の一部である「仮説 → 検証」の過程では演繹手法が用いられている。原因から結果を導くともいえる。一般的には、確立した法則を個別の事例に適用するのが演繹である。

　たとえば、慣性の法則を演繹して、「抵抗のない宇宙空間で取り出した道具箱は、つかみ損ねるともう戻ってこない」と推測される。よくテレビ番組では、適者生存という法則の意味を取り出して（演繹して）、「この動物は子供の頃は保護色を出して天敵から身を守る」と解説する。逆に、現在の結果に至った原因に言及して、「この動物は子供の頃に保護色を出せた種が生き残ってきた」と述べるのが帰納的な叙述になる。

　帰納の危うさは、結果を生む原因は1つとは限らないということに尽きる。一般に仮説は結果を一応説明できる原因を示しているに過ぎず、相関関係にある要因や近視眼的な原因（近因）であることも多い。たとえば円錐の展開図は1つではなく、正解は無数に存在する。逆に、真因を突き止められれば、現象を説明しうる汎用性の高い演繹理論となるであろう。

演繹と信頼

　企業の信頼についても同じことがいえる。消費者や顧客は企業と取引する際に、企業の行動を観察して結果に対する評価を積み重ね、共通項として信頼に足るという仮説を帰納する。企業が顧客から信頼を得るのに時間がかかるゆえんである。一方、企業の信頼という仮説が法則化されれば、今度はその法則が人々によって演繹されるようになり、「あの企業がすることだから安心だ」というように、個別の取引行動の指針として適用されるであろう。たとえば、料亭では、客の評判（個別の事例）から帰納により「あの料亭は素晴らしい」という信頼（法則）が導き出される。料亭が支店を出すことになると、法則が演繹され、「その店もいいに違いない」ということになり、商売は繁盛する。

　しかし、法則化された信頼もチェックされ続ける。2007年に発覚し、その後廃業した高級料亭の食材偽装や料理の使い回し問題のように、信頼は法則に反するたった1つの事例で根底から覆る。信頼構築には時間を要するが、信頼をなくすのは一瞬である。目先の利益のために、長期の利益を失ってしまう。

　2013年10月～11月、有名なホテルや百貨店のレストランで長年にわたるメニューの食材虚偽表示が次々と明らかになった。消費者庁は景品表示法違反（優良誤認）でホテル3社に再発防止などを命じた。有名というブランド力には格調の高さや神秘性があるが、そこには秘密主義も潜む。ひとたび、食材偽装などでブランドへの信頼が失われると、そうした不可視な部分が逆効果として働きがちである。積極的で正しい情報開示が求められるゆえんである。

恒常性維持と誤解

　人には誤解がつきまとう。これも恒常性維持のなせる技である。先に見たとおり、人は分からないものを放置できず、理由を知りたがる。理由を知ることは原因を究明することであり、因果関係を重視するが、その分析は甘くなりがちである。これは、危険を素早く察知して難を逃れてきた生物としての適応の結果といえる。確かに、ここ2～3千年は比較的恵まれた「文明生活」になった。しかし、それは、過酷な生存競争を生き抜いてきた数百万年の歴史から見ればあまりに短い。自己の利益のために、不可解なものをいち早く理解したい

という、「せっかちな遺伝子」はそれほど変わっていないであろう。

このため、とくに複雑な現代社会では物のワケについてなかなか正確には的を射にくいのである。結果と原因の間には因果関係があるが、結果同士の間には相関関係があるだけである。正しい原因をつかめば、理解も正しい。しかし、人は性急に正しい原因のように誤認識しやすく、相関関係を因果関係と混同しがちである。アリストテレスがいったように、人は時間的前後関係を論理的因果関係と取り違えることも多い。たとえば、人は自分の良い判断の結果、好ましいことが生じたと考えやすい（レイク・ウォビゴン効果）[22]。

心理学の理論を例に取ろう。たとえば、アメリカの社会心理学者ジャニスによれば、集団の行動を左右するバイアスに集団思考があるという。第1が不敗の幻想で、強い団結心・結束の強さを組織としての力と勘違いして楽観的になってしまうという。だが、「団結した」と感じたために、「楽観的」になるという結果が生じるのだろうか。心を安定的に保ちたいという恒常性維持の性質を演繹すれば、団結心と楽観とは、安心の欲求の結果として現れた2つの相関関係にある現象に過ぎなくなる。

集団思考の第2は満場一致の幻想で、親密な集団内で反対すると集団としての結束が乱れると思い、反対の発言を控えてしまうという。その結果、現実的で有効な解決策を見いだせなくなるとする。確かに、結束を乱したくない気持ちと発言を控える行動の間には、近因の関係がある。しかし、結束を乱したくないという近因に着目しすぎると、「心を鬼にしてでも反対意見をいうべきだ」といった近視眼的な議論に終始してしまいがちである。

このように、アメリカ人は心理にバイアスとか幻想といったレッテルを貼るのが得意である。また、彼らの主アプローチは帰納であるため、結果つまり現象に着目して、背後にある原因つまり因果関係を推論するが、せっかちな遺伝子ゆえに近因であることが多い。結果同士の間には相関関係しかないのに、これを因果関係のようにも見てしまう。木を見て森を見ないからである。

一方、日本人は演繹することに慣れていて、森の中に個々の木があると把握する。「満場一致の幻想」の真因は、親密な集団で心を平穏に保ちたいという恒常性維持であると分析される。近視眼のアメリカ人の法則化が、日本人に

「その背後には何がある？」と思わせるのは、こうした理由からであろう。

因果関係と相関関係

とはいえ、単なる相関関係を因果関係と性急に結論づけて、安心してしまいがちなのは人類共通の性質である。たとえば、未成年者の喫煙と学業成績不振の関係である。統計的に見て、喫煙する高校生ほど学業成績が悪い傾向は明らかである。すると、せっかちな遺伝子は、「喫煙」（つまりニコチン摂取）が原因で「成績不振」（つまり脳力低下）になったと結論づけたがる。果たしてそうだろうか。真の原因として規律を欠いた生活実体があり、このために「喫煙」と「成績不振」という2つの同列の結果を生んだともいえる。この場合、喫煙と成績不振の間に因果関係はなく、相関関係が存在するのみである。

恒常性維持ゆえに、人は直接の因果関係の呪縛にはまりがちだという欠点に気づくことは重要である。皮肉なことに、こうした落とし穴に気づいているのは英米人に多い。彼らの得意とする帰納で法則に当てはまらない事例が多く発見されると、それらをフィードバックして修正する仕組みを持つためであろう。したがって、睡眠時間が5時間未満の人の肥満率が1.4倍になっているという調査結果が出たとして、新聞の見出しにあるように「睡眠不足は肥満のもと」といえるかどうかは、直ちには分からない。

乳酸と疲労の関係では、筋肉が疲労したと感じたとき、乳酸値が高まっていることから、筋肉内に乳酸がたまると疲労を感じるという因果関係が考えられてきた（乳酸で筋肉が動きにくくなるのは事実）。しかし、最近では、疲労を感じる真因は、酸化の過程で発生する活性酸素が細胞を傷付けるためという説がある。乳酸値が増えるのは、疲労により痛んだ筋肉繊維を修復しようとするためで、筋肉の疲労感と乳酸値の増加は相関関係にあるだけになる。

真っ暗な部屋で乳幼児を寝かせるとその子が近視眼になる率は10％未満だが、5ワットの常夜灯（豆電球）を点けて寝かせていると34％が、明るい電灯を点けた部屋では55％が近視になったという調査結果がある。これから、「明るい部屋で子供を寝かせるとその子は近視眼になりやすい」と断定できるだろうか。明るい部屋で寝かせるのは、近視眼の親が子の寝姿を気遣うためで、子

の近視眼は遺伝によるものとも考えられる[23]。

　わが国の自殺者は近年では3万人前後で推移し、先進国では高止まりしている。これは、よくいわれているように、経済状況悪化などと因果関係にあるのだろうか。真の原因は、高齢化・少子化でそうした世代の人々の絶対数が増えていることによるとも考えられる。

　天才には長男・長女の人が多い（事実である）。では、長男・長女だから天才になる確率が増すのだろうか。一般的には長男・長女の絶対数は次男・次女や三男・三女より多い。天才が生まれる比率は同じでも、絶対数の多い長男・長女の方が有利になるといえる。一方で、第1子はまだ他の子と食料を分け合う必要がないので、ふつうは大きく健康に育つ。親の世話も高まるので、IQが他の子に比べて平均で3ポイント高いという統計がある[24]。

　親には複数の子をもうけた場合、特定の子供を偏愛する傾向があるとされる。まず、人は生物学的にナルシストであり、自分と同じ個体の子孫を残したい。ふつうは体が大きく健康な子を好む。生物一般でも、たとえばペンギンの親は小さい卵を巣から蹴り出してしまう。2つ目の個体は単なる保険に過ぎない。つまり、通常は第1子が好まれることを意味する。これはサンクコスト理論（使ったカネを惜しむ心理）によっても説明可能である。より時間と費用をかけたものに人は執着心を抱くのである。

ビッグデータと相関関係

　近年は、インターネットのツイッターやフェイスブックの投稿、ポイントカード等の各種カードの使用履歴、携帯電話の位置情報、気象データなど、大量で非構造のデータ（ビッグデータ）をコンピュータで短時間に処理できるようになった。解析技術とハードウェアの性能が向上したためである。データを基に消費者等の特性を解析すれば、有効な商品開発や販売方法、在庫管理に役立てられる。疾病発生状況や災害対策の基礎データとしても有益である。

　また、2000年頃までは、たとえば、犯人を捜索する手法はデータのサンプルを抽出したり、アルゴリズムを使ったりするような手法だった。現在はほとんどのデータが入手可能でそのすべてを解析する性能もある。

犯罪捜査の考えも変わった。それまでは、犯罪はなぜ起こるのかという視点、つまり原因を探した。現在は犯罪に先行するような行動や関連する出来事は何かを監視し、犯罪を未然に防ごうとする。情報を知識に変える際に、因果関係から相関関係にシフトしたのである。たとえば、給料日、スポーツイベント、拳銃ショウなどとの関連である。また、（2013年6月に発覚したが）米政府は世界各地で盗聴したデータの解析をテロ防止に役立てると説明している。

問題解決とは何か

　確立した法則は因果関係の精度が十分であることを意味する。原因の分析と結果への過程が明らかになっているので、後はそのルールを演繹すれば、結果である事象を説明できる範囲が広まる。ルールに則れば、決められた目的を達成することもできる。たとえば、マニュアルを作成して作業の標準化を行う。

　一方、抽象思考を行う帰納は、それまでのルールが通用しないときに、原因を分析して新たなルールを仮説し、問題の解決策を探る。帰納と演繹は車の両輪である。ただし、抽象化が足りない仮説では、もっともらしい原因には見えるが、相関関係にある要因であったり、近因であったりするために、現象を説明するには十分ではない。原因は複数あることもある。これまで見たように、恒常性維持はさまざまな行動（結果）の基にあるので、真の原因といえる。こうした真因を突き止められれば、演繹は汎用性が高まるであろう。

　多くのアメリカの理論は近視眼的な抽象化のため、相関関係にある要因や近因に根拠を据えているように見える。これで本当の問題解決になるだろうか。2007年のサブプライムローン問題のように、自分の手元を離れた債券のリスクに考えが及ばない近視眼のアプローチは、逆に世界的な経済危機を引き起こした。集団思考とギャンブラーの幻想を基に問題解決を考えてみよう。

　ジャニスの集団思考の第1が、強い団結心・結束の強さを組織としての力と勘違いして楽観的になってしまうという不敗の幻想だが、恒常性維持を演繹すれば、団結心と楽観とは相関関係にある2つの結果に過ぎない。そうすると、そもそも集団の決定が左右される心理問題は、集団の「楽観」を排除すれば解決するのかどうかが疑わしくなる。このアメリカの理論に基づいて、楽観的に

ならないためにはどうすべきかという解決策を模索しても、つぎつぎと相関関係にある要因が頭をもたげ、本当の問題解決にはならない可能性が高い。

ここは、恒常性維持の真因で演繹して、危機的状況に直面したメンバーの心の安定を確保する手段を講じることで、問題の根本解決を図るべきである。

集団思考の第2は満場一致の幻想で、親密な集団内では反対の発言を控えてしまうとする。先に見たとおり、両者には近因の関係が認められるが、そこにこだわりすぎると、「心を鬼にしてでも反対意見をいうべきだ」といった議論になりがちである。親密な集団で心を平穏に保ちたいという恒常性維持に真因があるとすれば、むしろ、敵対的にならないような議事・議論の進め方を工夫して有意義な発言を促すべきである。

さらに、参加者全員がそうした真因を理解して会議に臨めば、他の参加者の取る行動の心理が理解しやすくなる。理由を知れば納得できる。原因の理解は行為者そのものの理解にもつながるであろう。敵対関係の悪化の軽減、紛争の回避、あるいは合意の形成に役立つと考えられる。

つぎに、ギャンブラーの幻想は、社会心理学者レオン・マンが実験結果に基づいて提唱した。コンサート会場への入場で自由席の列に並ぶとき、かろうじて入れそうな人は「無理だろう」と答える傾向があるが、入れそうもない人々は「大丈夫だ」と答える傾向があることが分かった。後者が「幻想」とされるものだが、果たしてそうだろうか。

どちらの発言も自己防衛によるものであろう。人は、期待が外れても不安が的中してもショックを受ける。これを事前に軽減するために、本心とは逆の言動を取っているのである。つまり、その真因は心の安定を求める恒常性維持にある。たとえば、プロゴルフのタイガー・ウッズ選手は、優勝のかかったプレイオフで相手のパットが入ることを願うという。自分で制御できない要因について、「外せ」と願っても、「入れ」と応援しても結果は同じである。入った後の自己の心を安定的に保つには、「入れ」と願うことになるのである。

近因の分析では人間の言動はいぜんとして不合理なものとして映るため、「幻想」という異様なラベルが付けられることになる。真因をもって演繹すれば、そのような表面ではなく、より深層を見て、整合性のある状況分析をする

ことができる。問題の解決が容易になると考えられる。

日常生活の心理

　恒常性維持を演繹すると、人の日常生活の行動も容易に説明できる。たとえば、①理由を知り安心したい（被害者は犯行の真相を知りたい）、②損をしたくない、③満足していれば変化を好まない、④大勢の人の意見が正しいと思う、⑤権威者の意見に従う、⑥最初の感覚・決定に固執する、⑦性急に判断した後で、それが正しかったと自己弁護する、などである。

　心理学では、④は同調性の法則または社会的証明の原理、⑤は権威性の法則などと呼ぶ。大勢の人や権威者は成功するなどして生き残ってきたので、彼らに同調したり追従したりすることで、安心しようとする。恒常性維持の現れで、そこに利益がある（食料がある）と思い込む（のけ者にもされたくない）。なお、多くの人が取る行動や意見には拡散効果（希釈効果）があるとも分析される。「赤信号、みんなで渡れば怖くない」といった具合である。

　つぎに、アメリカ人がいう「最初の決定に拘束されるバイアス」。まず、人は危険を直ちに察知し、または食料を素早く見付けて生存してきた。現存する種には、このせっかちな遺伝子が保存されている。性急に判断する性質は人類が取ってきた適応の当然の結果である。最初の決定は重要となる。つぎに、危険を避け、食料を確保して安心したい欲求は、恒常性維持として備わった。このため、変化を嫌い、自分の行動にも一貫性を保って精神的に落ち着きたくなる。それで最初の決定に固執してしまうのである。たとえば、最初に少額の借金を申し込まれ承諾すると、その後は額がエスカレートしても断れない。

　さらに、最初の決定が間違っていると心の平穏が乱れるので、決定は正しかったと自己弁護したくなる。第1印象に縛られる心理も同様で、社会心理学者アッシュによれば、後に得た知識や印象は、最初に受けた全体像に合うように無意識にゆがめられる。同様に、カルト集団に一度すがると抜け出せない。

物理学と心理学

　われわれが抽象思考をすることができるのは、高度な言語を持ったからである。事象から共通項を抽出したり、そこから仮説を打ち立てたりする際には抽象的・相対的な言語が必要である。言語能力は明らかに後天的に習得されるので、文化の影響を受ける。共通項の取り出し方や仮説の打ち立て方は、文化を背景にした言語表現の制約を受けるであろう。つまり、独自の文化および言語表現を超える仮説はありえない。では、多様な原因を抽象化して、たとえば「慣性の法則」という表現を考えつくメカニズムは何であろうか。

　まず、「静止していようと、等速直進運動していようと、物は現状を維持するのでは」とひらめくためには、これまでの経験や観察に基づいて蓄積されたパターンが必要である。こういうときに物はこう動いたとか、また別のときにはこうなったという情報が記憶される。つぎに、その原因・性質を括るのに最適な言語表現を選択し、抽象化しなければならない。この場合には、「慣性」という抽象化言語を選択することになるが、われわれの心理とかけ離れた表現を思いつくものだろうか。

　行動を引き起こす精神的なメカニズムが心理であるとすれば、行動という結果には必ず原因となる心理が働いている。抽象化を行う行動にも、われわれ自身の心理が影響しているはずである。よって、物の「慣性」に考えを及ぼすとき、われわれ自身の中にもそうした性質があると考えられる。

　ニュートンの運動法則には3つあるが、面白いことに、すべてが人の心理に明確に対応している。運動第1法則（慣性の法則）に当たるのが、恒常性維持である。人は恒常性維持により本質的に安定を好み、変化を嫌う。

　第2法則（物体に加わる力と加速度の関係の法則で、たとえば、ミットを手前に引きながらボールを受けると衝撃が和らぐ）は、ピークエンドの法則（またはピークエンド効果）として理論化されている。これは、絶頂期と最後こそが記憶に残る（ピーク時とエンド時で全体の印象が決まる）という現象である。実験により、同じ強度の痛みを与えられても、ピーク時の痛みから徐々に弱くなって終わる方が、刺激の期間が長くなっても苦痛が和らぐとされた。

　第3法則（作用反作用の法則）は、心理学では返報性の法則と呼ばれる。自

分が相手に好意を示せば、相手もそれに返礼するという法則である（悪意にもいえる）。これは譲歩の法則とも呼ばれ、ドア・イン・ザ・フェイス法などの営業テクニックに応用されている（第4章3節参照）。

自信と学習

　人は将来起こることを完全に予測することはできない。たとえば、自然現象で農作物が不作になったりする。不測の事態に限らず、未知のことに遭遇すると、恒常性維持ゆえに人は一般に戸惑い、その仕組みを解明して不安から逃れる手立てを考える。さらに、度重なる不快な失敗経験が記憶されると、そうした状況を未然に回避しようとする。人は本能的な要素を基に、学習により後天的に行動様式を獲得する。学習とは、経験によって行動を変化させる過程である[25]。逆に、成功経験もフィードバックされ、つぎの成功率も高まる（勝利者効果：winner effect）。非力な人類はそうして生き残ってきたと考えられる。

　一方で、人類は長い飢餓との戦いを勝ち抜いてきたので、成功したのは自分の努力の賜物と考え、力を過信しがちである（レイク・ウォビゴン効果）。自分を正当化し、自尊心を保とうとする（セルフ・サービング）。価値・状況判断をする脳の部位が霊長類に見られる眼窩前頭皮質（OFC）である。前帯状回皮質も感情・記憶の整理や価値判断をする。過去の甘い経験や苦い経験がこれらの判断に影響を及ぼすとされる[26]。

　成功が自分の力によると考えるのは、快を満たしてくれた好ましい体験から学習したものともいえる。成功と失敗のどちらをよく覚えているかといえば、成功の方になる。しかも美化される。ただし、心地良い結果のみが記憶され、成功の理由の解明は甘くなりがちである。逆に、人は失敗するとそれを他人のせいにしがちである。原因が自分にあると思えば、心の平穏が乱れるからである。このため、一般に失敗は思い出したくないであろう。

　脳科学の実験では、積極的な言葉（たとえば、「君にはできる」）を聞かされた後でミスをすると、理性を司る前頭前野が活性化し、反省としてフィードバックされた。逆に、消極的な言葉の後では、前頭前野はミスを予期し、驚き・葛藤として認識しないため学習しなかったという[27]。

しかし、複雑な人間社会では、これまでの成功法則が効かない新たな問題がつぎつぎと持ち上がる。成功体験がかえって失敗を導く。具体的な対策はどうあるべきか。結局はイギリスのフランシス・ベーコンがいったように、それまでの経験から類推するしかない。つまり、経験的事実を積み重ね、その中から共通項を取り出して（帰納して）応用しようとする。

　実際、そのようにしてできあがった経験則は個別の課題に対して簡便な判断基準になっている。あらゆる情報に基づいて個別の可能性を考えるよりも、手っ取り早く判断して安心したいからである。この基準はヒューリスティクス（heuristics）と呼ばれ、有益な生活の知恵などを指すことが多い。端的な例が諺である（結局は帰納により導き出された法則である）。「急がば回れ」とか「人を見たら泥棒と思え」といった言い伝えは、すべての状況で当てはまるわけではないが、人の行動の一応の基準として有効と考えられる。

論理と説得力

　アメリカ人は直接の因果関係に着目するため、「急がば回れ」とか「負けるが勝ち」といった一見、矛盾する表現は理解に苦しむ。逆に、日本人はより大きな枠組みの中で広い因果関係を見るので、理由を省略したり、理由だけ述べて結論を示さなかったりする。英語にする際には、結論とその根拠をセットにして述べるべきである。これが論理性である。たとえば、「傘を持っていきなさい」ではなく、"Take your umbrella. It will probably rain later." とする。

　結論について理由づけがないために、日本人の英語は論理がジャンプしているように響く例を見てみよう。論理のジャンプとは文脈（コンテクスト）を取り払えば矛盾のことである。直接の因果関係を補足することでこの問題は解消される。つまり、結論をいい、後に理由を付ける。たとえば、種のあるフルーツなどのパッケージに注意書きを記載する場合に、「種抜きをしておりますが、気を付けてお食べください」だけでも、日本語ならOKだが、英語にする場合にはなぜ気を付けるべきか理由を補う必要がある。「種抜きをしておりますが、稀に種が残ることがありますので、歯を痛めないようにご注意下さい」などと表現しなければならないのである。

ビジネス・レターでも、英訳したときに論理がジャンプしていることは多い。意見や依頼の中で原因と結果の間に直接の根拠を加える必要がある。これは交渉で説得を試みる場合にも重要である。つまり、理由を補うということであり、アメリカ人は結論に続けて直接的な理由を述べたがる（聞きたがる）。

たとえば、外国の顧客から5月初めに日本の当社を表敬訪問したいという打診を受けたとき、日本語なら「弊社訪問のご意向をお知らせいただき、誠にありがとうございます。あいにくですが、お申し越しの時期はゴールデン・ウィークに当たりますので、日程を変更して下さるよう、お願い致します」というであろう。しかし、この文章には英語に直訳したとき、論理のジャンプがある。つまり、ゴールデン・ウィークだとなぜだめなのか、という疑問が生じてしまう。「休日で事務所が閉じるので」という理由を付ける必要がある[28]。

つぎに、理由だけ述べて結論をいわない例では、たとえば、日本人がアメリカに出張中に航空会社のストライキが発生したというニュースを聞き、航空会社のカウンターで帰りの便の運航状況を確認するとする。よくある聞き方として、"I heard that some strikes are going on at your airline."（ストをしていると聞いたんですが）と原因だけを述べ、何をして欲しいのかの結論は航空会社の担当者の判断に任せてしまう。ここは、結論も添えて、"Would you check my flight back to Tokyo please, because I heard they went on a strike?"とすべきである。

一方で、英語では表面的に論理性が保たれていれば、よく考えると矛盾する表現でも受け容れられるという側面がある。たとえば、同僚が今度の週末に飲みに行こうと誘ってくれたが、あいにく先約があるような場合、「また誘って」という意味で、"Please give me a rain ticket."という気の利いた表現を使うことがある。これは、野球の試合が雨天順延したような場合に、球団が入場券と引き替えに渡す次回入場券を真似た使い方である。しかし、大きな因果関係を見る日本人にとって、この表現は理解に苦しむ。なぜ、自分から誘いを断ったのに、次回のチケットをせがめるのかと。

【注】

1) ダーウィンの時代は、イギリスが産業革命を経て「世界の工場」として資本主義社会をまっしぐらに進んでいた。ダーウィンの理論は適者生存を軸としたので、経済学の効用説（utilitalianizm）として応用され、資本主義をバックアップしたとされる。また、アメリカが世界一の工業国に上り詰める1870～1890年にかけては、適者生存を人間社会にも適用する進化論的社会観（social darwinizm）が盛んになり、自由放任主義が唱えられた。
2) 池谷裕二・鈴木仁志『和解する脳』（講談社、2010) 58, 130頁参照。
3) なお、心理学者アルバート・メラービアンは『Silent Messages』(1971) において、実験の結果、人の第1印象に影響する要因として、①視覚・外観（服装、ジェスチャー、表情）55％、②聴覚・声（声の大きさ、早さ、質）38％、③その他（言葉のニュアンス、内容など）7％、と分析。メラービアンの法則と呼ばれる。
4) Time, September 23, 2013 at 43.
5) Time, October 3, 2011 at 16.
6) 「地図が読めない女」といわれるが、実際に空間認識力は男の方が高い。これは、男は狩猟時代に獲物を追って遠出せざるを得ず、獲物を持ち帰るために方角と距離の感覚を身につけたためであろう。一方、言葉を操る能力では、女の方が優る。男は議論で感情を逆なでされると、テストステロンが放出されて血圧が上がるので、それ以上は話を聞きたがらない。
7) 2006年9月、京都大学霊長類研究所の松沢哲郎所長（霊長類学）らは、調査でチンパンジーが道路を渡る際、先陣、見張りなど役割分担しながら危険を回避していることを発見した。
8) 人類と最後に枝分かれしたネアンデルタール人は30数万年前に出現し、20万年以上にわたってユーラシア大陸を席巻したが、最後の氷河期が勢いを増した2～3万年前に滅亡した。現生人類ホモサピエンスが、4万2千年前にクロマニヨン人としてヨーロッパに勢力を拡げていった時期とほぼ一致する。絶滅原因の通説は4万5千年前の気候変動（寒冷化）で狩猟地域が減ったこと。ホモサピエンスとの交配で吸収されたという説もある。狩猟の武器は、アフリカの草原を舞台にホモサピエンスが投げ槍を用いたのに対し、森を狩猟地としたネアンデルタールは突き槍を用いた。この武器の違いで、ネアンデルタールはホモサピエンスとの戦いで絶滅したとする説もある。
9) Time, September 23, 2013 at 44.
10) Matt Ridley, "What Makes You Who You Are - Nature or Nurture?" Time, June 2, 2003 at 36. ただし、京都大学の正高教授がバラとヘビの比較をした実験（2010年）では、本能によるとする。
11) リチャード・ニスベット（村本由紀子訳）『木を見る西洋人　森を見る東洋人』（ダイヤモンド社、2004) 180頁参照。

12) 大渕憲一編著『紛争解決の社会心理学』(ナカニシヤ出版、1997) 360～361頁〔大渕〕参照。
13) 2006年3月、北海道大学の西村欣也助教授(当時、行動生態学)らの研究でわかった。
14) たとえば、チンパンジーがバナナを棒で取ることが知性である。宮城音弥『新・心理学入門』(岩波書店、1981) 7～9頁参照。
15) 後に見る行動経済学を始めたカーネマンの調査によると、幸福感は年収7万5,000ドルで頭打ちになるという。カネですべては買えないのだろう。
16) 社会的ジレンマは、個人の利益と全体の利益の葛藤状態である。これを防ぐ仕組みが早くから存在した。現在では環境破壊が社会的ジレンマの代表例である。山岸俊男『社会的ジレンマ』(PHP研究所、2000) 25, 36頁参照。
17) 田中成明ほか『法思想史』(有斐閣、第2版、1997) 26頁〔竹下賢〕参照。
18) 現代の未開地における大規模な民族学的調査によれば、最後通牒ゲーム(最後提案ゲーム)を行った結果、焼畑農業を行う民族では30%以下の取り分でも提案は受諾され、一方で狩猟採集民は50%以上の取り分を差し出されてもしばしば拒否したという。友野典男『行動経済学』(光文社、2006) 316頁参照。
19) TIME誌の西洋人筆者の記事から、これを如実に示す個所を拾ってみよう。"It is human nature to put things into categories, but nature rarely cooperates. What, precisely, is the dividing line between a hill and a mountain? A rock and a boulder? A stream and a river?" Time, October 24, 2005 at 48.
20) 田中・前掲注(17) 143頁〔田中〕参照。
21) 同上64頁〔深田三徳〕参照。
22) Lake Wobegon effect：誰しも、自分は平均以上の能力があると考える(自信過剰になる)傾向のこと。Garrison Keillor が考えたミネソタ州の架空の町名にちなむ。そこでは女性はみな強く、男性はみなハンサムで、子供はみな平均より抜きん出ている。
23) 池谷裕二『進化しすぎた脳』(講談社、2007) 369頁参照。
24) Time, November 14, 2011 at 38.
25) 宮城・前掲注(14) 5, 79頁参照。
26) 池谷・鈴木・前掲注(2) 156, 160頁参照。
27) Time, June 6, 2011 at 38.
28) "Thank you very much for letting us know of your planned visit to our firm. We would of course welcome you at our office. However, since your itinerary coincides with the "Golden Holiday Week" here, when most Japanese companies, including ours, close their offices for vacation, we suggest you reschedule your plan for the following week." などとすべきである。

第2章
規範と人の心理

【この章では】

　不安を回避し安心を求める心理に働きかけて、人の行動を律する規範（社会規範と法規範）について考える。その目的は社会秩序の維持である。まず第1節では、人類の歴史の発展過程で、権利意識や法がどのように生まれ、発達してきたかを概観する。初期には法は社会に追いつくこと（社会化）が遅れていたが、近代からは議会の立法により、より良い社会づくりを牽引する。

　第2節では、社会規範と法規範の役割、とくに制裁について考える。ただし、社会化した法は社会を直接、規制するので強い影響力を持つ。法を作ったり、法に基づいて権力を行使したりする国家の側を2次的に制御することが重要となる。刑罰は人々に秩序を守らせるために有効であるが、その際にも基本的人権は保障されなければならない。第3節では、日本法と英米法の立場と特徴を比較し、契約を破る自由や法の正義について研究する。

　第4節では、人の心理ゆえに規範がうまく機能しない点を分析する。人は快を求める気持ちが強く、現在を過度に重視してしまうためである。最後に第5節では、犯罪について人の予想外の行動を取り上げる。無実にもかかわらず犯行を自供したり（自白の心理）、違う人を犯人と証言する現象である（証言の心理）。しかし、これらが恒常性維持から生じていることを指摘する。

1. 歴史・経済の発展と権利意識

　人類の歴史700万年をたどり、法や権利がどのように発達したかを概観してみよう。人類は1万3,000年前頃までは厳しい自然環境の中で、獲得経済で凌いだ。この原始共同体社会では、無主物先占という暗黙のルールに基づいて早い者勝ちで獲得物を支配したはずである。その後、地球温暖化で食料を生産する生産経済に移行する。4大文明や古代奴隷制社会では、支配者には生産物（食料）や生産資源（奴隷や土地）について私有財産という概念が生まれる。所有権の萌芽である。法は支配者の利益保護を目的とし、被支配者に重い地代を課し、被支配者を一方的に裁判した。ただし、古代と中世は戦争・略奪の時代であり、富裕化した平民戦士は参政権などを求めた。

　時代は下り、物々交換を経て貨幣経済が発達し、大集落化が進んだ中世封建制社会では、農産物や手工業品の商取引が活発になる。土地を耕作する権利（用益物権）や土地所有権、物品売買にともなう債権といった法概念が生まれる。一方で農民は共同体の慣習や領主の定める規則・裁判権に従わざるを得なかった。近代には、権利取得を目指す新興ブルジョワジーと重税にあえぐ農民が自由と平等を求めて立ち上がった。この大陸市民革命により、基本的人権（自由権的基本権）、所有権絶対、契約自由などの権利が認められた。立憲民主主義が成立し、資本主義社会に突入することになる。

　近代で保障された身体の自由・精神的自由・経済的自由（生命・自由・財産への自然権）という基本的人権は、ルネッサンスや宗教改革などの思想と啓蒙思想が影響したものである。当時は自然法思想が優勢になり、人間本来の権利の保障が叫ばれた。これに呼応して、為政者が人民を搾取してきた苦く長い歴史に対する反省から、立憲民主主義が世界的に広まる。つまり、国民の意思に基づく法治国家の到来である。

　ただし、企業や私人に自由に経済活動を行わせる資本主義は、やがて経済恐慌や、貧困・失業者などの社会的弱者を生む。現代法の時代には、公共の福祉を優先させて経済自由の原則を制限するとともに、社会を安全・安定的にする

ために、社会法や経済法が制定されることになった。これは、法の受動的・事後的アプローチである。一方、法がさらに発展すると、より良い社会づくりのために目標を設定し、社会・経済を望ましい方向に進めようとする。これは、法の積極的・事前的アプローチといえる。

古代と中世の法思想

　ここからは、近代までの特徴的な法思想について述べる。古代ギリシャでは、戦争や交易で異なる考えが流入したため、法は神の意志に基づくという神話的な考えから、ノモスという人に課された掟を法や社会秩序の基本に据える思想に発展していった。さらに、ヘレニズム時代のストア派は、ノモス（法）とピュシス（自然）を統合しロゴス（宇宙理性）に高めた。ここから、自然発生的に当然に認められるべき法や権利があるとする自然法思想が生まれる。近代には、この思想をロックやルソーが人民主権擁護、絶対君主政批判に用いた。

　法社会学の流れとしては、ソクラテスが「悪法もまた法である」と述べたとされる。プラトンは『法律』において、法律に従わせるのは威嚇や強制によるよりも、説得や勧告によるべきと主張している。

　一般には中世までは政治権力の源泉を神に求め、支配者の権力は神から授かったものとして（王権神授説）、統治に都合の良い仕組みが作られた。私法と公法は一体化しており、個人の経済活動上の責任に刑罰が科されることもあった。封建制社会では、農民は領主に賦役や地代を提供する義務を負い、領主の支配権（人身支配権、裁判権など）に従わされた。裁判は統治の手段であった。村落の秩序を守るために規制や法が敷かれ、違反者に対しては科料、村八分などの制裁を与えた。

　しかし、貨幣経済の進展で領主の土地所有権は地代の収得権に変化し、これにともなって人身支配権も消滅に向かった。裁判権は低級裁判権が村や都市に、高級裁判権は上級領主に帰属した（16世紀頃）。領主の裁判権はしだいに国王の裁判権に吸収されたが、絶対王政の時代には国王の裁判所の権限が強化された。日本でも封建制の成立した鎌倉幕府の時代に所領の訴訟を中心に裁判制度が発達した（御成敗式目）。江戸時代には公事という金銭の貸借をめぐる紛争

などを扱う民事裁判があったが、内済や相対済令により紛争は丸く納められた。

思想上は、中世の秩序を保っていたローマ教会の権威を失墜させる背景としてイタリア・ルネッサンス（14～16世紀）と宗教改革（16世紀）がある。神の世界から人間の世界への脱皮であり、ローマ教会の変革である。これにより絶対王政（絶対主義）が形成されてゆく。中世の慣習法中心の法概念から近代の制定法中心の概念への転換もなされる。ただし、絶対主義を根拠づけるために、依然として便利な王権神授説をとった。

合理的思考と社会契約論

絶対主義全盛の17～18世紀には、市民文化として啓蒙思想や自然科学が盛んになった。とくにルネッサンス期の自然科学の発達は合理的な社会の見方をもたらし、中世的な世界観・自然観を変えた。人間と自然をありのままに見ようとするのがルネッサンスの精神であるから、中世の神の摂理という呪縛から逃れるきっかけとなる。こうした背景から、人として当然に備わっている権利（人権）に考えを及ぼすことになり、自然法という思想が生まれた。合理的な帰結として、生命・自由・財産といった基本的人権は自然法に基づいて認められるべきことになる。

近代自然法論（17～18世紀）は中世の神学的な自然法論から脱皮するもので、合理主義と個人主義に特徴がある。合理主義では、神の存在から自立した人間の理性を重視し、人間の本性に合致する自然法原理があるとする。個人主義は、自然権論や社会契約論に現れるが、自然の状態から個人が全員一致の社会契約により国家を形成し、国家によって自由や権利を保障されるとする。ヨーロッパ市民革命全体やアメリカ独立宣言、フランス人権宣言などに影響した。

自然法論や社会契約論の代表として、どちらもイギリスのホッブスとロックがいる。ホッブスは『リバイアサン』（1651）で、人間を自己の欲求を利己的に追求する合理的なものと定義し、こうした闘争状態の中で安定した国家を建設するために、個人は社会契約を締結すべきとする。社会契約で個人の自然権を国家に対して放棄し、代わりに主権者の定める市民法によって市民は規制さ

れる。結果として当時の絶対王政を擁護した。

　一方、ロックは『統治二論』(1690) において、立憲君主・議会主権をサポートし、人は生まれながらにして生命（身体の自由）・自由（とくに精神的自由）・財産（経済的自由）への自然権（自然的自由権）を持っているとした。財産権については、自然界の共有物に労働という手段を加えて生産したものに対する権利と定義しており、労働の価値や近代的な所有の概念が現れる。そして、これらの権利を保障するために人々は社会契約により国家を形成するとし、権力分立論も唱える。ただし、国家が圧政により人民の自然権を侵すときには、政府を取り替える権利を有すると結論づけ、名誉革命を理論的に擁護した。

　ロックの自然法論は18世紀フランス啓蒙思想に引き継がれ、市民革命を導いた。啓蒙主義は、人間の理性に絶対的な信頼を置き、理性を曇らせる迷信や伝統的偏見をすべて取り除こうとするものである。フランスのモンテスキューは『法の精神』(1748) で、事物はそれぞれ本性として法を持つとし、自然法、実定法としての万民法、政法（公法）、市民法（私法）などを定義する。さらに、イギリス立憲政治を高く評価し三権分立を唱えた。こうした考えはアメリカ建国者にも影響した。ヴォルテールもイギリスと比較してフランスの諸制度を厳しく批判した。なお、ルソーの社会契約論については第1章（27頁）参照。

近代法思想と功利主義

　近代自然法論は、18世紀後半、産業革命の進むイギリスにおいて新たな転回を見せる。これが功利主義、法実証主義へと発展する。自然法主義・社会契約論がマズローのレベル3の欲求に基づくのに対し、合理主義と功利主義はレベル4の欲求に基づいているといえる。18世紀末〜19世紀に法実証主義・法典化論を説くことになるのは、イギリスのベンサムやオースチンである。これに影響を与えたのが、先に見たホッブスである（人は利己的に利益を追求する）。

　まず、スコットランドのヒュームは社会契約論を批判し、正義は功利または効用（満足）に基づく人為的なものであり、政府や法律への服従の義務も社会の安全・秩序維持という功利のため（正義のため）に必要になるとした。

　18世紀末に自然法主義と社会契約論を否定し、功利主義を明確にしたのはイ

ギリスのベンサムで、道徳や立法の根元として最大幸福の原理または功利の原理（最大多数の最大幸福）を提唱した[1]。主権者の意志には命令と許可があるとし（法‐主権者命令説）、法は自然法のように理性で発見されるものではなく、法に役割を与えるために人間が積極的に作り出すものと主張した（法実証主義）。つまり、「最大多数の最大幸福」を実現するために、あらゆる法制度において法の合理化（法典化）が必要になるということである。

　ベンサムの法理論は、産業革命の進展にともなって効率面で不合理となった法制度を改革することを促した。つまり、レベル4の欲求は合理的に利己心を満たすことであり、資本主義経済はそれを実現する。これを合理的に実現するための制定法の役割を唱えたのである。その提唱のとおり、イギリスでは1870年頃までに個人主義の立法が優勢になり、さらに労働立法や社会立法を経て、1920年代からは議会立法で福祉国家への歩みを進めた。この流れから、現代になると、ホームズが自己の利益のために「契約を破る自由」があると主張するようになる（次節で詳述する）。

　近代自然法論の批判は19世紀に決定的になり、法実証主義が優勢になる。この背景には資本主義経済の進展があった。イギリスでは、オースチンが法の整備、法典化を目的として法理学を進め、道徳的に邪悪なものも法とみなした。オースチンによれば、法は命令・義務・制裁の密接な関係により機能する。実定法の源泉は主権者である（法‐主権者命令説）。

功利主義と経済学

　功利主義は経済学にも影響し、18世紀後半にアダム・スミスを祖とするイギリス古典派経済学として成立する（マルサス、リカード、ミルと続く）。スミスは、イギリスが立憲政を打ち立てた時期に『国富論』(1776)を発表し、絶対王政からの輸出偏重・重商主義の伝統で、産業が統制されている点を鋭く批判した。個人や企業が利己心に基づいて経済活動をしても、「(神の) 見えざる手 (invisible hand)」が働いて効率的な資源分配がなされ、社会全体の利益がもたらされると説いた。つまり、自由主義政策を理論的にバックアップした。

　伝統経済学は、この後「人は利己的に経済利益を追求するもの」という単純

な考え（合理的選択理論）に基づき、さまざまな理論を構築し発展させてきた。合理性により市場は活性化し、需要と供給は価格を通じて均衡し秩序が生まれるというメカニズムを理論化した。さらに、市場のプレーヤーに経済の運営を任せればすべてうまくいく、とするのが市場原理主義である。

　自由貿易によってこそ国は豊かになるというスミスの考えを継いだデイビッド・リカードは、「比較優位論」（19世紀初頭）を唱えた。各国は優位な分野に特化すべきであり、貿易相手国と協力することで、互いに経済発展するという。この理論が、イギリスの経済社会を背景に生まれたのは間違いない。イギリスが「世界の工場」として世界に君臨するという国益にあっていたのである。

　これに対し、当時まだ後進国の地位に甘んじていたドイツでは、フリードリッヒ・リストが『経済学の国民的体系』（1841）で保護貿易主義を唱えた。古典派経済学は先進国イギリスの理論であり、後進国はその実情にあわせた理論を適用すべきとする。19世紀には古典派経済学がヨーロッパ大陸を席巻することになるが、リストはこれを批判し、歴史派経済学の先駆となった。

2. 社会と規範の役割

　社会の秩序を保つカギは、人間の恒常性維持を満たす利己心と公共の福祉をどう調整するかである。ここまで見たように、先人たちは革命までして権利を勝ち取った。しかし、ほしいままに自己利益を追求させる自由主義の結果、社会的な弊害が生じてしまった。現代は社会のルールによって、自由をうまくコントロールする時代である（管理的な社会）。

　そのルールは規範と呼ばれ、社会規範と法規範に分かれる（ただし、大きくは法規範も社会規範に含まれる）。現代では、人はみなこのルールに従って行動することが求められる。規範は人々の利益を保護し、自由と権利を守ると同時に、その義務に違反する人々に制裁を加えることにより、規範を守らせ、社会の秩序を保とうとする。違反をすると制裁を受けるので、そのことが経済的

な負担や心理的な葛藤となる。一般に人はこの不安定な状態から逃れるために規範を守るようになる。

社会規範と人の社会化

　社会規範は道徳、教育、習俗、宗教などの集合体である。本書では情報を含める（匿名性を除去して誠実さを促すので）。人は発達の過程で社会化によりこの規範を伝承し、習得する。心理学的には社会化とは、原始的欲求（性欲など）が道徳的欲求に抑えられ変化する過程である（欲求の社会化）。規範を守れば誉められ、破れば不利益を被ることが習得の動機づけとなる。たとえば、道徳は、親から叱られることで内面化し、意志行為として形成される。規範が内面化されると快・不快の感情に対応する。快つまり恒常性維持のために規範を守るといってもよいであろう。なお、職業的適応は第2次社会化と呼ばれる。

　違反者に対する不利益は比較的に緩やかなものであり、社会的制裁と呼ばれる。地域社会で軽蔑・非難されたり、村八分にされたり、最近ではマスコミに叩かれたりといったことが主である。しかし、短期的な利益に目がくらんで非協力的な行動を取る者（たとえば職場の手抜き）を抑え込む効果もあるので、社会的ジレンマを予防しているともいえる。心理的には自尊心を傷付けられ、社会からの疎外感を味わうことになるので、マズローのレベル3（社会的欲求）やレベル4（自尊・承認の欲求）が妨げられる状態といえる。また、地域社会における地位を奪われたり、生活が滞ったりすることもあり、この場合には、レベル1（生理的欲求）と2（安全の欲求）すら影響を受けることになる。

教育と遵法の熱意

　社会規範である教育において、日本ではルールに従えば自ずと結果は出ると教える傾向がある。たとえば、算数では、たいてい「$2 \times 4 = \Box$」という問題を作り、ルールに従った証しとして、8という1つだけの正解をマスの中に書くように求める。これは、大前提の枠組みがあり、それを構成するルールを適用解釈して正解（個別の目的）を導くので、演繹・収束思考を訓練する。ここでは、乗算のルールを適用して、たとえば2つの引出しに4本ずつ入っている

鉛筆の総数という資産を知ることができた。

　あるいは、これは、2本の鉛筆が入ったパッケージが4つあったら、鉛筆は全体で8本あることになる、というように、大局的に物を見よ（森を見よ）と教えようとしているともいえる。日本の教育は、日本人の大局的・演繹的・収束的思考およびルール遵守の傾向と密接な関係にあるであろう。

　したがって、車一台通らない交差点で歩行者用信号が青になるまで辛抱強く待つといった法令遵守に熱心である。欠点は創造性に乏しくなることで、自分でルールを見付けたり、作ったりするのは苦手である。ルールの確立していない状況では（社会でしばしば遭遇する）、解決を導くのに苦労してしまう。

　一方、イギリスでは、この場合「□×□＝8」という問題を作り、空欄を埋めさせるという。既定の結論を構成すべき要素を考えさせる。鉛筆を8本得るという目的は同じだが、それを実現するために具体策はどうあるべきかは自分で考えるべきであり、個別に物を見よ（木を見よ）と教えたいのであろう。

　こうした教育方法は、英米人の帰納・拡散的思考と関係が深い。帰納思考では、個別の事象から全体を構成するルールを仮説し、現実社会で試してみる。正解に到達することもあるが、到達しないことも多い。フィードバックして仮説を修正し、ルールの確立を目指す。このため、創造性は豊かになるが、一方でルール遵守の熱意は薄れがちになるであろう。たとえば、アメリカのソフトウェア会社は、未完成のβ版を無料で公開して使ってもらい、フィードバックで完成度を高める。ミスをあまりとがめない社会風潮がある。

　国際的なスポーツで、日本人が勝てない理由について、「日本人はルールは守るが、独自の判断で動かない」と、ルール遵守が勝てないことの一因のようにいわれたことがある。しかし、ルールを守ることと勝利できないことの間には、相関関係はあるが因果関係はないといえる。スポーツのルールと勝利のためのルールは別物だからである。演繹思考の人々は既存のルールに基づいて正答を教えてもらうことが多い。一方、帰納思考の人々は自分で試行錯誤して勝つためのルールを探す。その違いではないか。

法規範の形式と分類

　立憲民主主義では国民の意思を基に法で国を納める。法の形式として、①制定法、②慣習法、③判例法、④条理、がある。制定法は、議会の制定する法律が代表である。ほかに政令、内閣府令、省令などがある。両者を併せて法令ともいう。慣習法は、人々が従うべきと認識する慣習で、国家により法として認められたものである。判例法は、裁判所の判決（先例）が積み重なり、その判断内容が個別事件の裁判官により準拠すべきものとして踏襲されるものである。条理は、社会通念や道理であり、裁判官が最終的によりどころとする。

　世界の法系は、制定法を中心とする大陸法系と判例法を中心とする英米法系に大きく分かれる。わが国は大陸法系国に入る。わが国で六法とは、重要な法律を意味し、憲法、民法、商法、刑法、民事訴訟法、刑事訴訟法を指す。

　国・地方公共団体と国民というタテの関係を規律する法（公法）と、企業や個人という私人間のヨコの関係を規律する法（私法）とに分けることもできる。公法には憲法、刑法、行政法、訴訟法、国際法などがあり、私法には民法、商法、手形・小切手法などがある。社会法は経済的・社会的弱者を保護する法律や民法の特別法で、借地借家法、労働法、経済法、社会保障法などをいう。

　実質法と抵触法という分類方法もある。抵触法は国際私法が代表であり、どの国のいかなる法が適用されるかという規則を定める。わが国では主に「法の適用に関する通則法」（法適用通則法）を指す。実質法は法律関係を規定し、法律関係の中身（権利義務の成立要件、内容、効果など）を定める実体法と、法律関係の実現のための手続きを定めた手続法に分かれる。実体法の代表は民法や刑法、商法、手続法の代表は民事訴訟法や刑事訴訟法、仲裁法である。

法規範と制裁の3分野

　法治国家では、私人が被った犯罪や不法行為に実力行使をすること（自力救済）は許されない。国家が法規範として権利と義務を定め、自由と権利を守り社会を安定させる。違反者に対しては国家権力による法的な制裁を加える。法的制裁は社会的制裁に比べて厳しく、①刑罰を科す刑事的制裁、②主として損害賠償を命じる民事的制裁、③営業停止などを命じる行政的制裁、がある。た

だし、私人間の取引について定める私法は、多くは私法に従うことを人に強要するものではない（民法・商法の任意規定）。私人間に合意がなく、当事者間で争いを解消できないときに、裁判所が私法の規定に基づき判断する。

　刑罰の主刑は、生命を奪う生命刑（死刑）、身体の自由を拘束する自由刑（懲役、禁固、拘留）、財産を奪う財産刑（罰金、科料）、に分かれる。ほかに付加刑として、犯行の凶器や盗品を取り上げる没収がある。これらは生命・自由・財産という基本的人権を侵すことであり、量刑の判断は慎重になされなければならない。心理的にはとくにマズローのレベル1と2が脅かされる。

　民事的制裁は、主として違反者が相手に与えた損害を金銭に換算して賠償させるものである。例外的に、あくまで契約を履行させる強制履行や、特定の行為をやめさせる差止めが命じられる。したがって、違反者に経済的な負担を強いることで規範を守らせようとする。違反者の経済状態によりマズローのレベル1〜レベル4まで、幅広く欲求不満が生ずるであろう。

　行政的制裁は、管轄官庁が違反企業に行政処分をする形式である。企業名を公表したり、収益の源泉である営業活動を停止させること等により、経済的負担を強いるという有効な方法である。ただし、社員には社会的制裁と民事的制裁の両方を与えることに等しく、心理的な葛藤が大きくなることもある。

　なお、社会的制裁を受けたことは、刑罰（法的制裁）の量刑に影響を及ぼす。たとえば、2009年11月、東京地裁は、覚せい剤取締法違反（所持、使用）に問われた元女優に懲役1年6月、執行猶予3年の有罪判決を言い渡した。判決は執行猶予の理由について、「夫との離婚を考え、芸能プロダクションも解雇されており、社会的な制裁を受けている」ことなどを上げている。

基本的人権と憲法

　公法には、基本的人権を守り、国家権力をコントロールする機能がある。その頂点に立つのが憲法で、国の義務と国民の権利義務、統治機構を定める。第1節で見たとおり、近世にフランス革命などを経て基本的人権が保障されると、為政者が人民を搾取してきた人類の辛く長い歴史に対する反省から、立憲民主主義が世界的に広まった。このときの法の重要な役割は、憲法で基本的人権を

保障した上で、三権を分立し、行政を厳しくチェックすることである。

　つまり、法は社会を統制すると同時に、法を作ったり使ったりする国家権力の側をも統制する。国家には必要最小限の権限を与える。そうしないと権力は暴走する、というトラウマが残っている。第2次大戦後、わが国に真の憲法が制定され、国民主権、平和主義、基本的人権尊重を明示した。政府の権力は、立法権（国会）、行政権（内閣）、司法権（裁判所）の三権に分立している。

　ただし、近代法の経済自由の原則が社会への多大な弊害を生んだことから、憲法12条および13条（基本的人権の総則規定）は公共の福祉が優先されることを明確にする[2]。最高裁はこれらの条文に着目し、基本的人権も公共の福祉に制約されると判断してきた。また、経済的自由の制約に対しては立法府の判断を尊重すべきであり、他方で表現の自由については民主主義に不可欠な権利として、立法府の判断を疑うべきとの二重の基準を示す。

　つまり、国民の利益のために統治者を制御する仕組みが重要である。2006年、権力に対するマスコミの統制（権力によるマスコミの統制ではない）の役割があらためて確認された。アメリカの健康食品会社が誤った課税処分で信用失墜などの被害を受けたとして、アメリカ政府に損害賠償を求めた訴訟の嘱託尋問をめぐって、新聞記者が取材源を秘匿したことの当否が争われた。この事件は、わが国の公務員が守秘義務に違反して、同社日本法人への課税処分に関する情報を新聞記者に漏らしたことが疑われたものである。

　東京高裁は6月、取材源を明かすよう命じた東京地裁決定を取り消し、証言拒絶を認めた（最高裁も10月にこれを支持している）。マスコミが取材源を秘匿できないとすると、情報が（違法とはいえ）出てこなくなる可能性が高い。したがって、公務員の義務違反が重大なのか、それとも国民の知る権利（憲法21条）、ひいては民主主義を守ることが重要なのかが争われたのである。

　高裁は、「取材源の秘匿が認められなければ、権力に対するチェック機能は果たせなくなる。民主主義社会において国民の知る権利に奉仕するもので、憲法上保護される。取材源に守秘義務違反があっても取材源は秘匿できる」として、報道の自由に軍配を上げた。ただし、安全保障に関してとくに重要な情報を特定秘密に指定し、これを漏らした公務員らへの罰則を強化する特定秘密保

護法が2013年12月に成立した。国民の「知る権利」や「報道または取材の自由」、さらに人権保障とのバランスをどうとるのかが課題となる。

基本的人権と刑事法

　権力者が一方的な裁判権を行使して人民を統制してきた苦い歴史の反省から、民主主義社会では裁判の適正・公平がはかられる。憲法31条（法定手続の保障）、32条（裁判を受ける権利）、37条1項（被告人の公正な公開裁判を受ける権利）により、刑事裁判を経なければ人は罰せられることはない。

　裁判の主な原則として、①公開裁判、②証拠による裁判、③当事者主義、がある。これは、憲法82条（公開裁判の原則）、37条（被告人の公正・公開裁判の権利）に基づく。刑事訴訟法317条は、事実認定を証拠によるとする。また、憲法31条により刑事裁判で有罪が証明されるまでは無罪であることが推定される。刑訴法1条は個人の基本的人権を保障する（無罪推定の原則の根拠）。

　憲法は国民の自由と権利を保障するが、実際に人権が侵害されたとき、犯罪者を罰し、社会の秩序を保つのが刑法である。何が犯罪で、どのような刑罰を科すべきかがあらかじめ定められている（罪刑法定主義）。これは、恣意を離れ客観的な法が支配する法治国家の基本で、犯罪と刑罰を具体的に法律で規定し、裁判官が刑罰で干渉する範囲を限定する（憲法31条）。

　刑事責任を問うためには、当該行為をした者に自由意思があったことを要す。つまり自分の自由意思で規範を乗り越えたかどうかが問題とされる。「罪を犯す意思のない行為は、罰しない」（刑法38条1項）。ただし、業務上過失致死傷罪（同211条）では、故意の存在を要さない（過失犯）[3]。

　刑罰を科すことには犯罪を予防するという目的がある（目的刑論）。犯罪の予防目的として、①一般社会人の犯罪予防（一般予防論）、②犯罪者が犯罪を繰り返すのを抑止し教育する（特別予防論）がある。後者の対応例として2013年8月、法務省は非行少年が再非行に走る可能性を数値化する診断手法・アセスメントツールを導入した。これを基に個々の少年に適した指導策を練り、再生に役立てる。一方で、刑罰は当然の報いという考え方もある（応報刑論）。これは、犯罪者の意図に対して被害者が怒りを感じ、制裁を求める心理を反映

しているものといえる。この場合、刑罰を受けるのが公平と感じられるのである。

民事裁判 vs 刑事裁判

　同じ事件でも刑事責任と民事責任が異なることがある。たとえば殺人事件で、刑事裁判では無罪判決を受けた者が、民事裁判では遺族に損害賠償することを命じられる場合である。この理由は刑事手続と民事手続では目的を異にし、責任を認定する基準も異なるからである。また、わが国の現行刑法では、刑事責任は経営者などの個人に限定され、企業・組織の責任を追及できないが、民事では企業としての監督責任を追及できるという違いもある。たとえば、2005年4月にＪＲ西日本福知山線で列車が脱線して乗客106人が死亡した事故で、同社としては責任を追及されていない。業務上過失致死傷罪に問われた同社元社長には、2012年1月、神戸地裁が危険性は認識できなかったとして無罪判決を出し、確定した。

　すでに見たとおり、刑事法は犯罪の予防を主眼とし、社会に対する責任である刑事責任の成立には原則として加害者に故意がなければならない。また、権力者が恣意的に人民を裁いてきた歴史の反省から、刑事手続においては被告人の人権を尊重する。このため、何が犯罪で、どのような刑罰を科すか判断する場合には厳格に法の規定によることを要し（罪刑法定主義）、裁判所の干渉する範囲を限定する。同様に「疑わしきは罰せず」という原則を持つ。被告の犯行は「合理的な疑いを越える」程度に証明されなければならない。

　一方、民事事件は私人間の私法上の争いであり、損害を当事者間でどのように分担するのが公平かという問題と認識される。当事者間に契約・合意がある場合にはその解釈により、ない場合には法の適用解釈により、裁判所が公平な負担という正義を実現する。両者の負担割合は「合理的な根拠」により判断される。ただし、損害賠償を命じられると、裁判で負けたという心理的な葛藤や経済的な負担が生まれるので、違法な行為が抑止される効果も期待できる。

法的制裁と被害者心情

　これらの法的な制裁に関して忘れてはならないことは、被害者が必ずいて、経済的・身体的損失だけではなく精神的苦痛も受けているという点である。とくに刑事事件において、違反した者が社会の一員として再び認められ復帰する際には、被害者との共生という問題が生ずる。この問題は、両者の心理の研究なしには解決し得ないであろう。

　法務省の犯罪被害者（遺族含む）へのアンケート（1997～1999年実施）に基づいて被害者の意識を見てみよう[4]。加害者への感情として「許すことができない」が64.3%、「許すことができる」は15.9%であった。殺人事件の被害者遺族では、それぞれ90.8%、4.6%となる。謝罪・賠償金支払いの有無で分けると、全体として「有」群では「許すことができない」比率が低下した。殺人事件の被害者遺族では、謝罪有では「許すことができない」は81%に下がる（謝罪を受けていない人では95%）が、賠償金の有無では差があまりない。

　殺人事件の被害者遺族が加害者を許す気持ちになった契機は、「判決を受けたり服役したこと」が多く75%。償いで一番必要なものは「刑に服すること」35%、「謝罪」14.6%、「社会で更生すること」10.4%の順だった。一方で、加害者を許せなくなったのは「反省の態度が見られない」の76%である。

　最近の被害者心情の傾向として、刑罰は当然の報い（応報刑論）という気持ちが強いのではないか。したがって、厳罰化を支持する声が高まっている。こうした怒りや羞恥心といった社会的感情は人の賞罰システムを発動させ、最終的に協力を促し社会秩序を安定化させているともいえる。ただし、最近話題になっている冤罪は、応報刑論の立場からは論理的に認めがたい。一方、犯罪を予防する目的刑論の立場からは、厳罰化で犯罪は減るのかという疑問も提示される。たとえば、アメリカでは州によっては死刑を廃止しているが、廃止した州の方がむしろ凶悪犯罪が減っているという統計がある。

　人は、生存を脅かすものから逃れて生き残ってきたので、恐怖や不安に敏感になった。より良い防御策を取るために、危険の原因や理由を解明して落ち着きたいという恒常性維持を持つ。犯罪との関係では、被害者や遺族は犯行の動機・理由を知って安心したい。犯罪被害者の心情を論ずるに当たっては、この

根本的な心理をおさえておく必要があるであろう。

　たとえば、アメリカでは、修復的司法（restorative justice）という方法が行われ、加害者を単に罰するのではなく、加害者が被害者にもたらした被害を回復する手助けをする。加害者は自らの罪を自覚し、双方とも同意の上で参加するが、その際に重要な点として、両者が事件の原因や理由などについて納得できるように意見を交換する。その結果、加害者は責任を取り、被害者に償い、謝罪することで両者が和解することを目指すという。

　わが国でも、保護観察となった加害者に、被害者の心情を伝える制度が導入された（2008年6月更生保護法施行）。さらに、2008年12月、刑事訴訟法改正で、犯罪被害者らが刑事裁判に直接関与できる「被害者参加制度」ができた。殺人や業務上過失致死傷などの被害者・遺族は裁判所の許可を得て、裁判で直接、被告人に犯罪の事実関係を質問したり、求刑の意見を述べたりできる。

　なお、謝罪や被害弁済などで罪を悔いる気持ちを示せば、量刑に影響を及ぼしうる。たとえば、2009年5月、大阪地裁は、音楽著作権の売却話を巡って5億円を詐取したとして詐欺罪に問われた音楽プロデューサーに対し、懲役3年、執行猶予5年の有罪判決を言い渡した。判決は、犯行の経緯や動機に酌むべきものはないとしながらも、「完璧に被害弁償を終え、真摯に反省している。すでに社会的制裁も受けた」などとし、「今回は社会の中で更生する機会を与えることにした」と述べた。

法の社会化は続く

　社会は常に変化し、経済は発展する。その過程で生ずる問題を解決し、新たな法律関係として規整するために、法律は社会化し続けていく必要がある。現在の新たな法分野として、情報（情報公開、個人情報保護、遺伝子検査）、ネット犯罪（サイバー攻撃、盗聴）、生命（生殖・再生医療、尊厳死）、環境（地球環境、生態環境）、国際社会（平和、人権）、などがある。

　憲法の民主主義・国民主権を実現するためには、国民が開かれた情報を得て政策を判断・決定していくことができなければならないとして、情報公開の必要性が認識され、1999年に情報公開法が制定された（行政文書の原則公開を義

務づけた)。また、憲法13条の保障する、個人として尊重される権利に基づき、プライバシー権が認められている。プライバシー権に基づき、行政や事業者が持つ個人情報を個人自らがコントロールできる権利があると認識され、2003年5月に個人情報の保護に関する法律（個人情報保護法）が制定施行された。

　個人情報保護法は個人情報を「（生存する個人の）氏名、生年月日その他の記述等により特定の個人を識別することができるもの」と定義する（第2条）。他の情報と容易に照合して個人を識別できる場合も含まれるが、そうした情報を第3者に提供するには原則として本人の同意が必要である（23条）。個人を特定できないように処理したデータは本人の同意を要さないことになる。

　2013年7月、JR東日本からICカード乗車券Suicaの匿名化情報を得た日立製作所が情報を分析し、小売業や広告代理店に販売する事業を開始した。しかし、「自分の乗降履歴を勝手に使うのか」といった利用者の抗議が相次ぎ、JR東日本は情報提供を一時停止し、利用するデータから自身の情報を除去する申込を受け付ける。NTTドコモも携帯電話の位置情報を販売しているが、2013年10月から同意を得る措置をとった。法が社会化していないといえる。

　プライバシー先進国のアメリカで、連邦最高裁は2012年1月、FBI（連邦捜査局）が麻薬流通者の嫌疑をかけられた男性の位置を令状なしにGPS（全地球測位システム）で追尾したのは合衆国憲法修正4条に違反するとした。

　iPS細胞（人工多能性幹細胞）の作製が2012年のノーベル賞を受賞し、再生医療が活気づいている。民間クリニックの自由診療では安全性や有効性が十分検証されていないとして、2013年11月、これを規制する再生医療安全性確保法が成立した。また、自己決定権は基本的人権の幸福追求権（憲法13条）から導くことができる。この権利は、安楽死（薬剤による積極的な死の誘導）や尊厳死（生命維持治療を中止して消極的に死を誘導）にも及んでおり、これを行う医師などが嘱託殺人の罪（刑法）に問われるか否かが問題となっている。

　人は生まれながらにして人権を有するとの考えに基づき、20世紀後半以降、国によって人権が制限されることを解消しようと、国際人権保障が叫ばれてきた。この基本を定めたのが、国連で採択された世界人権宣言（1948年）とこれを条約化した国際人権規約（1976年発効）である。しかし、わが国の民法900

条4号但書は「嫡出でない子の相続分は、嫡出である子の相続分の2分の1」と定め、法律上の夫婦間の子と、それ以外の男女間の子を差別する。このため、国連から差別を禁ずる同規約に違反すると再三勧告されてきた。

　ようやく2013年9月、最高裁大法廷は14人の裁判官全員一致の意見で、非嫡出子の相続分は嫡出子の半分という同規定は、「法の下の平等」を保障した憲法14条に違反し、違憲・無効とする決定を下した。なお、大法廷が法律の規定を違憲とするのは戦後9例目で、民法については初めて。1995年の最高裁大法廷決定では「法律婚の尊重と、婚外子の保護の目的があり、著しく不合理とは言えない」として規定を合憲としていた。変更までに実に18年を要した。これを受けて、同規定を削除する改正民法が2013年12月に成立した。

3．大陸法と英米法の立場と相違

　法律学は本来、争いについて正義・公平の理念から事後的な対応を考える。司法・裁判学の研究である。また、実務の先行で問題が生じたとき、判例法や制定法により事後的に対応する。これは法を社会に追いつかせるということでもある。一方で、近代法の19世紀以降は議会による立法でより良い社会を築くという理念から事前的な対応も考える。見方を変えると、法には、市民生活や経済活動を促進する一方で規制するという二面性がある。さらに、受動的・事後的アプローチと積極的・事前的アプローチという二面性がある。いずれも経済発展と社会秩序という、ときに相反する目的を達成するためである。

　わが国は制定法主義をとる大陸法系国である（ただし、第2次大戦後は英米法の価値体系に強い影響を受けている）。現実の争いは多種・多様であり、これらについてあらかじめ個別・具体的に記述することは不可能である。制定法の宿命として、可能な限り考えられる事例を定型化した、包括的で抽象的な規定になる。このため、法が予定していないような社会情勢の変化があると、原則として法を改正して対応せざるを得ない。制定法の改正には時間がかかるの

で、迅速さに欠けるきらいがある（ただし、本法で大枠を定め、政令や省令で詳細を規定して機動的に対処するという方法はある）。

　まず、裁判官や仲裁人は紛争を裁くに当たって、争いの背景にある事実を認定した上で、抽象的な法律のうち、争いの解決のためにどの法律を適用すべきかを決めなければならない。さらに、その法律を眼下の具体的な事件に当てはめて解釈し直さなければならない（法の適用解釈）。その上で判断する。この手法は論理学的には演繹または三段論法である。問題は、裁判官や仲裁人によって、事実認定だけでなく法の適用解釈も異なることである。結果、争いの解決策も違ってくる。解釈方法については学説上もさまざまな説がある。

　これに対して、判例法主義をとる英米法では、まず裁判官は個別・具体的な争いに公平（フェアネス）の観点から解決策を見いだすという、制定法主義とは正反対のアプローチをとる。この解決策（判決）が判例となり法則性が抽象化されると、その法則が後続の事件で踏襲される。この手法は帰納である。判例法は抽象化されているとはいえ、判断の根拠となった具体的な事実関係を参照できるので、一見すると、制定法主義の下での裁判官や仲裁人ほどには解決策にブレが生じないともいえる。

　しかし、制定法には社会づくりという最適の役割が見いだされている。このため、英米法系国においても制定法の価値が十分に認識され、法律が制定されている。一方で、社会の現実を反映させ、制定法とのギャップを埋めるために、大陸法系国においても判例法は重要な法源となっている。

　なお、個別具体的な事例で因果関係を立証できたとしても、アメリカの訴訟制度に特有の集団訴訟のように、多数の被害者を原告として一括して扱う場合には、被告の違反と、原告らに共通の損害との間に当然に因果関係を認めることはできない。2011年、ウォールマートの女性従業員への差別待遇をめぐる訴訟（原告女性3人、集団訴訟として150万人に影響が及ぶ可能性があった）において、米連邦最高裁は5対4の多数意見により、集団訴訟としては立証不十分（明らかな男性優遇策があったとはいえない）とした。

大陸法と英米法の司法

　つぎに、法を適用して争いを裁く作用である司法について、大陸法と英米法の立場を具体的に比較してみよう。上で見たとおり、司法に対する基本姿勢の異なる大陸法と英米法であるから、裁判官も心理的に異なる性向を持っていることであろう。絶対主義全盛の17世紀の思想がその可能性を物語る。時はルネッサンス末期に当たり、市民文化として啓蒙思想や自然科学が興る時代であるが、イギリスのフランシス・ベーコンは帰納法を唱えた。一方、同時期に大陸法系国の雄フランスのデカルトは演繹法を主張し、大陸合理論哲学の祖となる。これらは、英米法と大陸法の本質的な違いと符合する。なお、制定法中心の大陸法と判例法中心の英米法に分かれていった背景には、近代法の課題を解決するために、どう法整備するのかが強く意識されたことがある。

　大陸法の原則は演繹的アプローチである。まず立法により理念を創出する。個別の問題が出たときには、法律を適用解釈して対応する。争いを未然に防ぐという事前的アプローチでもある。理念すなわち法によって、より良い社会を形成していくという重要な役割を持つ。「こうあるべき」という社会の理想の姿を実現しようとするものであるから、法律の適用解釈は、往々にして「結果の平等」につながりがちである。制定法主義の欠点としては、争いの前提となる経済・社会・法システムに根本的な問題があっても、是正するためには原則として法改正を待たなければならないので、迅速な対応を欠くきらいがある。

　例として、2006年9月に出された最高裁の判決を上げよう。原告女性は凍結保存していた亡夫の精子で体外受精して男児を出産し、夫婦の子（嫡出子）として出生届を提出した。しかし、出生が夫の死から300日以上過ぎていたため受理されず、国に認知を求めていた。判決は、「現在の民法は死後生殖を想定しておらず、親子関係を認めるか否か、認めるとした場合の要件や効果を定める立法がない以上、法律上の親子関係は認められない」として、認知を認めた高松高裁判決を破棄、原告側の請求を棄却した。

　現在の民法は、772条1項で嫡出推定（父性推定）を規定し、母親が懐胎したときに婚姻していた夫を子の父親と推定する。夫が死亡した場合、婚姻関係は消滅する。ただし、婚姻成立200日以降で婚姻解消から300日以内に生まれ

た子は婚姻中に懐胎したものと推定される（同2項）。これ以外の子はこのままでは非嫡出子として法的な父親を持たないことになる。

そこで父親を確定する制度として認知がある（民法779条）。父親自らが認める任意認知（認知届を戸籍係に提出）と、子が裁判所に求めてする裁判認知（強制認知）に分かれる（787条、父親の死後3年以内であれば死後認知を申し立てられる）。認知された子は、のちに父と母が婚姻すれば準正により嫡出子となる（789条）。本件でも、出生が夫の死から300日以上過ぎていたため、嫡出子としての出生届は認められず、非嫡出子として戸籍を得た上で、787条による死後認知を求めて提訴した。

認知は本来、血縁が客観的に証明されれば認められる。しかし、保存精子を使う場合、勝手に使われるなどして男性の関知しない子が誕生する可能性があるため、体外受精などの場合は男性の同意が必要、という論理である。一方で最高裁は2013年12月、性同一性障害で性別変更した男性と妻が、第3者の精子を使った人工授精で生んだ子について、772条1項により父子関係を認めた。生殖医療が進歩する中、親子関係をきちんと規定する法整備が求められる。

ただし、このように、法律の制定後に経済発展や社会情勢の変化で一般市民の価値観が変わると、裁判所が法律の解釈を変えたり無効とすることがある。上で見た以外では、尊属殺に重罰を科していた刑法の規定が違憲とされた[5]。非嫡出子の相続分は嫡出子の半分という規定（900条4号但書）は、先述のとおり違憲とされ、民法が115年ぶりに改正された。2013年11月、大阪地裁は地方公務員災害補償法に基づく遺族補償年金において、受給者が男性の場合に受給に年齢制限を設けた規定を違憲とし、不支給の決定を取り消した。法律の制改定の動向があると、法を先取りすることもある。たとえば、製造物責任法制定前に、テレビの製造者に発火による損害の責めを負わせた[6]。

一方、英米法の原則は帰納的アプローチである。当事者の自律性に委ねて取引を促進し、そこで問題が生じて当事者間で解決できない場合に司法が乗り出す。争いの解決策（判決）が判例法になるという事後的アプローチである。また、判例に倣うとはいえ、個別の事件ごとに公平の観点から解決策を見いだすのであるから、社会の現実に法を追いつかせることともいえる。最大の利点は、

制定法主義に比べて問題に迅速に対応できることである。

　当事者自治により世界に先駆けて資本主義社会をスタートさせたイギリスのアプローチであるため、結果の平等は想定されない（効率的な者が利益を上げるべきで、全員ではない）。裁判所が介入する目的は、取引のアンフェアな前提を排除することであり、判決により不公正を正すことである。ここから、機会平等と敗者復活の理念や、訴訟における公正手続の保障の考えが生まれる。結果の平等は、ごく例外的に適用される衡平法（エクウィティ）が担う。

裁判官の法解釈

　裁判官は法の適用解釈でどのような立場をとるべきかについて見る。裁判官は法を適用解釈するだけではなく、自ら法も作る（司法立法）ということについても、両法系では思い入れが異なる。もともと具体的事例に対する解決策が判例法という法になる英米法では、裁判官は法を作ってきた。司法立法を否定すると自己撞着を起こすことになる。一方、大陸法では、所与の法律を忠実に適用解釈することが司法の役割なのかどうかについて、議論がある。

　近代法の時代からは社会づくりのための立法が重要となった。ヨーロッパ大陸を中心に18世紀半ばから19世紀初めにかけて、制定法が唯一の法であり、裁判官はそれを機械的・忠実に解釈すればよいという考えが広まった（概念法学）。これを批判したのがイェーリングであり、裁判官に法解釈の自由を与えるのが自由法論である。裁判官の法解釈を奨励する自由法論は、法の目的や方法を研究する法社会学にも発展した。とくにアメリカでは、司法立法を所与として、裁判官によるその方法論に重心がある。

　19世紀末になると、資本主義の問題が明らかになる中で、制定法中心の態度に批判が集まり、判例を尊重する機運が生まれた。裁判官は欠陥のある法律や矛盾や欠缺のある法源に解釈を加えるべきとされた。そして、20世紀前半にはヨーロッパ大陸の自由法論やアメリカのプラグマティズムが最盛期を迎える。プラグマティズム法学は、19世紀末に顕在化した社会的弱者、社会的不公正の問題を解決するため、旧来の固定的な法解釈を脱して、現実的な対応を提唱した。その先駆者であるホームズは判決の根拠を政策や社会の利益に求めた。

これを継ぐ社会学的法学はパウンドによって体系化された。パウンドは法の社会化を重視し、社会の相対立する利益の調整という役割（社会統制）を与えた。プラグマティズムを継ぐもう一方がリアリズム法学であり、その名のとおり法や裁判過程の現実性を論じた。最も急進的なフランクは、裁判官は明らかに法を創造するとし、その結論は勘（hunch）によるものであると主張した。

アメリカには建国以来、法の適正な過程（due process of law）という思想があり、契約自由（liberty of contract）の原則として捉えられる（自由放任主義を擁護）。この原則はニューディール政策の政府介入と衝突し、最高裁判所による政策の違憲判決につながった。そこで、ルーズベルト大統領は政策を擁護する裁判官を最高裁に登用し、政策の実現を図った（ルーズベルト裁判所）。

正義の法

法が実現すべき正義は、人の基本的人権（生命・自由・幸福追求）を軸に論じられる。これは法の下での平等とは何かを定義することともいえる。しかし、結局は個人の結果の平等を目指すのか（福祉）、社会全体の富を最大化するために機会均等で済ますのか（自由）というジレンマがつきまとう。資本主義社会では、国家と経済社会を分離して経済発展を目指そうとし、道徳に反する法も法であるとする考えもある（法実証主義）。一方、自然法に反する法は法ではないとするのが自然法論で、20世紀に共産主義革命やナチス全体主義の恐怖が襲うと、法と道徳の一体化が唱えられ、活発化した。

アメリカの思想の変遷で見てみよう。アメリカは世界一の工業国に上り詰める1870〜1890年には、適者生存を人間社会にも適用する進化論的社会観（social darwinizm）が盛んになり、自由放任主義が唱えられた。この結果、貧富格差は容認され、労働者は搾取された。しかし、20世紀初の経済恐慌で自由放任のリベラリズムは衰退し、失業対策、労働者保護が進む。大戦期を経て、人種差別撤廃や男女同権運動に見られるように、すべての人に平等の機会を与える考えが優勢になった。ベトナム戦争の負担や不況などで1960年代半ばからは、さらに優遇措置を講じても結果の平等を達成すべきとの考えが現れた。この福祉国家・大きな政府への流れに対して、80年代初に大統領についたロナル

ド・レーガンは、市場主義に基づく政策を実行し、再び格差社会に戻った。

正義の判断規準

　正義を判断する規準として、ベンサムの唱えた功利主義がある。これは「最大多数の最大幸福」を法により実現する理念である。人が感じる幸福という効用に基づいて、公共の利益、社会的福利の実現を図る。ただし、功利主義では少数派の個人の利益は無視または犠牲にされる可能性が高い。

　これに対して、個人の自由・平等という人権を尊重する立場から、実質的な正義を定義づけようとしたのがロールズである。その『正義論』(1971) は、自然権や社会契約論などの伝統的思想を取り入れつつ、道徳的な正義論を唱えた。公共の利益でも無視できない不可侵なものを個人は持ち、それは正義に裏打ちされると論じた。第1原理は平等な自由であり、これが最優先する。ただし、第2原理として弱者を救済する方策を規定し、格差を是正する原理と公正な機会均等を確保する原理を持つ。このため、累進課税制度、教育・職業分野で差別を是正するアファーマティブ・アクションなどは容認される。つまり、個人の自由を最大限に尊重しつつ経済活動を促進し、その収穫の分配が認められる規準を、みなが公正と認める「正義」に求めたものである。

　しかし、人がマズローのレベル4にとどまる限り、残念ながら所得の再分配の可能性は労働意欲を削ぎ、社会全体としての富は個人主義をとる場合よりも減少する可能性が高い。このため、個人の自由を極めるリバタリアニズムは、格差原理により強制的な再分配を行うことは、個人の自由に反し、恵まれた人に強制労働をさせるに等しいので、道徳的に正当といえないなどと論ずる。逆に自由主義を批判して、人間関係と個人の主体性を回復し、共同体の復権を目指すコミュニタリアニズム（共同体主義）といった考えも生まれた。

　なお、社会主義は1991年ソ連崩壊で破綻したが、究極には「各人はその能力に応じて働き、各人にはその必要に応じて分配される」と宣言した[7]。これは平等論・正義論であり、その「必要原理」は現代の正義論においても影響力を持っている。ただし、そうしたレベル5の欲求はレベル4までの欠乏欲求が満たされないと出現しない。一般には自我を満たし幸福と感じて初めて、他人を

思いやることができる。社会主義社会では、人は（支配者も国民も）まだそのレベルまで心理的に高まっていなかったといわざるを得ない。

一般市民の心理レベルとしては、自由主義政策時にはレベル４の自尊・承認の欲求を満たしやすい一方で、格差が生じやすい。逆に福祉政策がとられるときには、フリーライド（ただ乗り）が起こりやすくなる。人々の意欲を喚起するために、レベル５の自己実現の欲求をくすぐることが重要ではないか。

東西の法文化の違い

日本法と英米法の制度上の違いに加え、法文化の相違点も多い。一般に、歴史的背景から、西洋では個人が独立した主体性のある存在として社会を構成する。為政者が人民の人権を侵害してきたという苦い歴史認識から、国家の権力を制限し、国民が厳しくチェックするシステムをとる。その法は個人の権利を重んじ、権利の主張や権利を実現する手段を強力に保障する。個人と個人は権利義務を隔てて敵対構造にあるといえるほどとなる。その社会で争いが生ずれば、どちらが法的に誤っていると考えられるようになる。争いに黒白を決することこそが正義であり、社会存立の源泉であると認識される。公正のためには調和を犠牲にし、討論によって正邪を究明しようとする。

東洋ではおおむねこれとは逆の行動を取ることが多く、法律上の権利義務を主張することは少ない。人間関係を重視して調和を重んじ、争いを避けようとする。討論は控えられ、権威者の意見を容れる傾向がある。争いのない社会を前提としているので、白黒を付けたくない。長期的な利益から取引にも応じる。

また、ヨーロッパ人には、ルールやルール違反を自分勝手に解釈しない傾向が認められる。ソクラテスがいったとされる「悪法もまた法なり」を演繹すると、たとえ気に入らない法であっても自分勝手に法を解釈することは許されない、ということになるであろう。被害者は自力救済をしてはいけないという法治国家の大前提を述べたともいえる。この大前提の認識がヨーロッパ人には刷り込まれている。とくに、人民が不当な裁きや重税に苛まれてきた歴史とこれを革命で覆した経験から、民主主義にとって手続きが公正であることは、結果が公正であることより重要になる（国王に勝手に増税されないために）。この

ため、西洋社会では手続的な正義の実現を法の重要な役割に据える。これは教育などの機会均等という考えにも現れている（結果の平等に優先する）。

一方、日本人はルールは守るが、違反したかどうかを自分の判断で決めがちである。たとえば、サッカーで相手の荒っぽいタックルにあうと、ホイッスルも鳴っていないのに勝手に反則（でフリーキックになる）と判断してボールを追うのをやめていないだろうか。また、マスコミでは、最高裁で確定した判決について、真実は違うと軽々に口にしたりする。

さらに、アメリカは人種の坩堝という多民族国家の実体から、慣習・宗教といった社会規範が多様化するので、ルールを決めておくこと（法による規律）が重要になる。とくに、ある価値観に基づけば正当な行為も、別の価値観では不当な行為となり、解決策を両者が完全に受け容れるのは難しい。結果の妥当さは相対的になってしまう。解決策に納得を得るために、解決のルールを決めておくこと、つまり公正手続の保障が求められるのである。一方、日本は単民族国家で、そこに甘えもあるのであるが、ルール化がなくとも、社会規範（道徳・倫理教育）によって有効に自己規律をすることができるともいわれる。

また、一般に日本人は安定を好み、リスクを取りたがらない。創造性には欠けるが、決められたことを守ることは得意といわれる。一方、アメリカ人はリスクを取り積極的に勝ちに行く傾向が強く、無から何かを作り出すことに長けているが、ルール遵守の精神には欠けるようである。

法文化と因果関係

東洋と西洋では、原因と結果の関係（因果関係）の幅にも違いが出る。それぞれの事象を大きな枠の中で関連づけて見る東洋のアプローチ（森を見る）と、個々の事象は独立して存在していると見る西洋的アプローチ（木を見る）の差がある。たとえば、ニューズウィーク誌捏造事件（2003年）で、世界は執筆記者の職業倫理の欠如を問題視し批判した点では同じだったが、その原因分析では割れた。欧米のメディアでは、捏造の原因を本人の属性に結び付ける傾向があった。アジアでは、組織としての管理体制にも目を向けた。なお、行動は本人の特性・能力に基づくものであるとし、取り巻く環境の要因を軽視する現象

は、基本的帰属錯誤と呼ばれる。

　事故の因果関係に関する認識の相違は国際紛争にも発展する。2001年4月に起きた米偵察機と中国戦闘機の中国領空（?）での接触事故は、これをまざまざと見せつけた。アメリカの偵察機はやむなく海南島に無許可で着陸した。中国側はアメリカ政府に謝罪を求めた。アメリカは、米機のパイロットの取った行動（操縦方法）は接触事故の近因でない（相当因果関係がない）という契約法の一般原則に固執して、謝罪することに難色を示した。一方、中国当局および国民には、不時着した偵察機の扱いをめぐり、「経済的に劣る国はアメリカのいいなりにならなければならないのか」という感情とともに、もともとの原因（偵察行為）を作った当事者にも責任があるとの論理があった。

　文化や宗教の違いでも、取られる行動は逆になる。たとえば、海難事故で沈没した船の行方不明者の捜索について、欧米ではキリスト教の影響からか、霊と体は別々のものと考える傾向にあり、遺体の発見に熱意を示さない。2001年2月、米原潜との衝突事故で沈没した「えひめ丸」の行方不明者の捜索について、アメリカ側は事故後9日で捜索の打ち切りを打診したが、日本側は怒りのうちに拒絶した。日本人は2011年3月の東日本大震災後の親族の捜索でも明らかなように、遺体を発見するまでは死を受け容れない傾向が強い。

約束は守るべきか

　法は、経済の効率性あるいは社会の富の最大化を保証する役割を担うと考えると、当事者間の約束である契約を守らせるのがよいのか、あるいは非効率な契約は破棄する自由を与えるのがよいのかが問題となる。

　日本法など多くの大陸法では、ローマ法の伝統である「合意は守られなければならない」（"pacta sunt servanda"）という原則を維持する。このため、日本法では契約を履行し続けることが前提とされ、また、相手方の同意なしには契約を無に帰せない（解除できない）ともされる。財産の交換である取引において、取引の合意である契約が履行されない（債務不履行または契約違反）と、経済社会の円滑・安全な運営ができなくなる。つまり、契約は資本主義社会における取引の確実性を保証すると考えられているのである。ただし、強行法規

や公序良俗に反する法律行為は無効である。

このため、国家は法により契約を保護し、当事者は契約の履行（物品引渡や代金支払）を強要する強制履行を裁判所に求めることができる（民法414条）。損害が発生している場合には損害賠償を求めることもできる（415条）。ただし、契約の解除や代金の返還を求めることもできる場合がある（540条以下）。

日本人の法意識としては、約束は守るべきであるというのが一般的であろう。つまり、契約違反に対する倫理的プレッシャー、道徳的債務（moral obligation）があるものと見られる。その原因はさまざま考えられるが、協調しなければ成果を上げられなかった農耕民族としての歴史的・遺伝的な刷り込み、調和と義務を重んじてきた法制度は含まれるであろう。わが国には契約違反がされにくい伝統的な基盤があるといえる。なお、民法1条2項は、権利の行使と義務の履行は信義に従い誠実になすべきことを規定して、信義則を課す。

一方、英米法では、契約の意思表示の時点で、守るべき義務は緩いと解釈されている。とくに交渉において自分の事情（手の内）を明かす義務はない（交渉時に詐欺または不実表示があれば法的責任を負う）。また、原則として対価（約因）のない約束も守る義務がない。つまり見返りのない約束は履行しなくてよい。契約を誠実に履行することも求められない（道徳的債務がない）。かつては「契約に倫理・道徳を持ち込むな」と諭されたものである。さらに、より高い利益の上がる取引相手を優先させ、締結済みの契約を一方的に破棄しても、損害賠償すればよいと考えられている。経済効率・経済発展のために契約違反は許されるのである。「契約を破る自由」ということである。

もともとは商取引が飛躍的に拡大した14～15世紀を境に、イギリスでは契約違反に対する救済は損害賠償に一本化し、手間暇がかかり実効性に乏しい履行強制等はエクウィティ上の救済として傍流に置かれた。短期的利益を追う英米の考え方では、当事者の取引を自由放任し、効率的な資源分配を目指すので、契約違反が多発する。これに対して、裁判による救済という事後的な対応をしたが（制定法ではあらかじめ問題発生を制限する）、その中心に効率的な損害賠償を据えたのである（たとえば、市場価格での賠償）。このため、契約をあくまで履行させる誠実履行は前提とされなくなったといえる。

その際、被害者に請求権が認められないのは不当なので、コモンロー裁判所は、単純契約は約因に基づく合意であるという理論（約因の法理）を編み出し、単純契約の違反についても損害賠償の訴えを提起できることとしてバランスをとった（それまでは請求権が否定されることも多かった）。約因の存在を前提に契約に効力を持たせて不当な問題に事後対応する一方、契約違反に対する合理的な救済として損害賠償を主に発展してきたのが英米契約法といえる。

　自己の利益を最大化しようとして携わる経済活動において、人は法が許容することを最大限に利用しようとする。英米法系国の人々は、経済的利益のために、契約違反をする可能性が高くなるであろう。

契約を破る自由

　「契約を破る自由」論のきっかけは、プラグマティズム法学のホームズが作った。ホームズは判例法による社会づくりを目指した。さらに、契約上の義務についても、法と道徳の混同を批判した――「契約を守る義務とは、契約を守らないのであれば賠償金を払わなければならないという予告（prediction）にすぎない」[8]。契約を結ぶということは、契約を履行するか損害賠償金を支払って契約の履行をやめるかという選択権を持つことだというのである。

　1980年代になると、アメリカの市場原理主義の高まりで、こうした考えはかなり過激になった。とくにシカゴ大学教授を経て連邦控訴裁判所判事になったポズナーは『正義の経済学』（1981）において、法は社会全体の富の最大化を目指すべきものであるとして、判例法による経済効率の達成という正義を強調している。ここに至り、効率的な資源分配のためには非効率な契約を一方的に破棄してもよいという「契約を破る自由」論は明確になる。小さな政府・市場主義を掲げるレーガン共和党政権は、司法による政策の正当化を図る目的で、ポズナーらシカゴ学派の学者を積極的に裁判官に登用した。

　ファーンズワースはいう――「アメリカにおける契約上の救済制度の目的は、違反の防止ではなく被害の回復である。いかに債務者に約束を守らせるかではなく、いかに人々に契約を結ぶのを促すかである。契約締結の自由とともに、契約を破る相当の自由も認められている」[9]。

ただし、これには英米法特有の事情も影響したと考えられる。日本法を含む大陸法では、ローマ法に由来する契約遵守の原則を大前提とするが、自分に責任がなく履行できない場合には、不可抗力の法理などで契約履行を免除してきた。これが過失責任主義であり、人々は安心して取引することができるといえる（ただ、日本人が契約遵守の理念に従えば、失敗を恐れることになり、リスクは取りにくくなるであろう）。一方、英米法でも、被害者が損害賠償請求するためには違反者に義務違反があったことを要すが、この違反とは契約で引き受けた債務を履行しないという事実であり、帰責事由は要求されない。つまり、英米法は、故意過失がなくても責めを負う原則（厳格責任主義）をとるため、取引をする者にとって心理的負担は大きいともいえる。

そこで、英米法では、契約履行するか、履行せずに損害賠償するかの自由を与えてもよいと考えたのであろう。結果的に契約違反を容認することとなった。契約に違反しても損害賠償すればよいとなれば、人々は安心して取引できる。契約締結前に手の内を明かすことは法的にも倫理的にも必要ないとなれば、さらに安心できる。このため、一般に、アメリカ人は失敗を恐れず、リスクを取る傾向を示す。ただし、そのような社会では信頼関係は築かれにくいであろう[10]。東日本大震災で被災した東京電力福島第1原発で、汚染水浄化処理設備がたびたび故障したのはどの国のメーカーだったろうか。

英米法の影響と法的行動

ここまで見たとおり、英米法では契約の締結や履行において誠実に行為することは求められない。とくに手の内を明かさなくてよい。こうした英米の考えは現在の日本人にも影響しているようである。それは教育という社会規範を通じても起こる。あるテレビ番組がこのことを示していた[11]。小学生がバザーを開催して利益を上げる実習から、実社会の仕組みを学ぶというカリキュラムを取り上げていた。あるグループは果物を売る計画を作り、市場に梨を買いに出かけた。そこで、仕入れ値と売り値の希望（つまり予定利益）を告げた。これに対し、市場の役員らしき人物が「日常生活で嘘をつくのはいけないが」と前置きした上で、「商売では相手が本当のことをいっているとは限らない。初め

から手の内を明かしてはいけない」と指導したのである。

　確かに、現代の資本主義社会では、一般に商人は利益の計算をし、これを明かさずに仕入れ値交渉をする。梨を卸してくれる相手にも同様に利益を得ようとする計算があり、両者の利害が対立していると考えられるため、相手を利するような情報を与える必要はない（義務はない）ということであろう。しかし、この考え方自体が極めて英米（法）的といえる。そもそも、資本主義はイギリスで始まった。しかし、長期的利益のためには、手の内を明かすことは重要である（これについては、第4章3節で述べる）。

　わが国の法制は明治維新直後はフランス法とドイツ法にならった。しかし、それ以降は英米法に影響されてきた。たとえば、損害賠償責任の要件である相当因果関係について規定する民法416条。イギリスの *Hadley v Baxendale* 事件判決（1854）の影響を受けたとされる。この範疇に入らない損害は賠償の外に置かれる。第2次大戦後はアメリカ法の影響が強い。憲法はもちろんだが、刑事訴訟制度でもアメリカ法の価値体系を入れ、法による国家権力の統制を強化した（刑事手続における人権尊重）。民事と刑事の訴訟手続で伝統的に採用されていた職権主義も、基本的に当事者主義（論争主義）に転換している。

　この弊害として、長崎県諫早湾干拓事業をめぐる堤防排水門の開門問題がある。2010年12月、福岡高裁は漁業に与える影響を調べるため、国に対して5年間の開門を命じ、国が上告を断念したため判決は確定した。しかし、2013年11月、長崎地裁は「開門すれば、農業や漁業が被害を受ける蓋然性が高い」と判断し、開門の差止めを国に命じる仮処分を決定した。開門に賛成と反対の当事者の主張（当事者主義）のみに基づいて判断した結果に他ならない。

　さらに、大陸法の特徴の一つである、契約をあくまで履行させる強制履行やある行為をやめさせる差止命令も、経済効率という合理的な考え方からあまり用いられなくなった。たとえば、近年は圏央道用地の強制収用の停止、週刊文春の出版差止命令（仮処分）、UFJホールディングスと三菱東京フィナンシャル・グループの統合交渉の差止命令（仮処分）が、一旦は認められても上級審で取り消されている[12]。2006年3月、最高裁は、東京都国立市の住民が高層マンションで「景観が破壊された」として、建物の一部撤去を求めた訴訟で、

「景観利益は法的保護に値する」としたものの、建物の建設は違法な利益侵害とまではいえないと判決、地裁では認容された撤去を認めなかった。

4．人の心理と規範の限界

　本節では、快を求める人の行動が、所属する組織全体を危機に陥れるというリスクを取り上げ、これを回避する方法とその限界について考える。個人の利益と全体の利益が葛藤する状態は社会的ジレンマと呼ばれる。

ジレンマの発生形態
　社会的ジレンマは日常生活のいたる所で起こる。フリーライド（ただ乗り）や環境破壊の問題である。自己の利益を不等式に表せば、独尊＞協力＞抗争＞献身となる。たとえば、事務所でも、自分だけ得をしようとする。協力して無駄を省けば経費を節減できると気づいていても、自分だけ献身するのはいやだ。みなが無駄を放置して収益が悪化し、ついに経営陣が人件費に手を付けざるを得ないところまできてしまう。同様に、製品検査の人が多くなると、不良品率が上がる。心理学者のラタネはこうした現象を社会的手抜きと呼んだ。
　一般社会でも、集団でいると「誰かがするだろう」と思い、結局は誰も積極的に行動しなくなって、犯罪などが易々と行われる。バイスタンダー効果（傍観者効果）と呼ばれる。ある実験では、街角で突然病気になった友人を助けるかどうかを調べた。病気の友人と一緒にいる被験者の数が増えるほど、救済率が低下した（2人だけでいるときは100％、3人でいるとき85％、6人でいると62％）。1960年代に起こったキティ・ジェノバース事件では、被害者女性は深夜のニューヨークで30分間にわたり暴行され、殺害された。その間、悲鳴を聞いて窓を開けた近隣アパートの住民が38人もいたのに、誰一人として助けたり、警察に通報したりしなかったとされる。
　社会心理学者ミルグラムによれば、現代のような情報過多社会では人は退避的な行動を取るという。つまり、①責任を他人に転嫁し、悲鳴を聞いてもほか

の人が救出するだろうと思う、②ぶつかり合っても相手が不注意だからだと考える、③個人的接触を少なくして、自宅の住所・電話番号を教えない、自分からは連絡しない、などの行動を取るという[13]。

旧ソ連型の社会主義は破綻したが、自由主義世界の市場メカニズムも完璧ではない。たとえば小売業。本部はコア事業の再編やサービス向上のために、全国の各店舗が見込む地域の需要や客の苦情を把握しようとするが、各店の従業員は自らに改善目標を課し、あるいは解雇につながるような情報をすんなりと出したくはない。情報非対称性が存在する。かくして、実績が積み上がるまで本部は本当の情報を入手できず、会社存亡の危機を迎えることもある。

2011年3月の東日本大震災により発生した大津波で、東京電力福島第1原子力発電所の事故が発生した。このとき、原子力を規制すべき原子力安全・保安院が、原発を推進する立場にある経済産業省の内部組織として存在していたため、十分な機能を果たせず、重篤な問題に発展させたとも指摘される。同院は解体され、2012年4月に独立の原子力規制庁が発足した。

見方を変えれば、これらは自然淘汰 (natural selection) により種が絶滅するのと同じである。生物は自然のルールに反する行動を取ると繁殖できなくなる。商人も取引において安易に契約違反をして秩序を乱すと、淘汰され市場から消える。人類も温室効果ガスを無駄に排出し続けると、環境悪化により自然淘汰されかねない。この場合、悲劇は種全体が絶滅することであり、誠実に協調する者も同様の運命をたどる。

法規制のジレンマ

つぎに法社会のジレンマを考えてみよう。ここでも、人は自分の利益を優先させる。不等式は同じく、攻勢＞協調＞抗争＞犠牲となる。みなが法令を守って協力すれば社会の秩序が保たれ、各個人はまずまずの恩恵に浴する（2番目に良い利益）。だが、法令遵守は個人や企業に時間や費用、注意義務を強いるので、誰も見ていないとつい抜け駆けしたくなる（1番の利益）。しかし、みなが競って法令に違反すれば、社会秩序あるいは安全の崩壊という結果が待っている（3番目）。こうなってはもうどうでもよいことだが、最悪なのは自分

だけ行儀よく法令を遵守していた場合である。

　面白いことに、現代社会では、企業の協調により公共の利益が害されるときには、法（独占禁止法など）がその協調を禁ずるという逆転現象が起こる。いわゆる談合等の場合であり、政府が自由競争と規制緩和の政策をとった結果、攻勢では企業の利益が出にくくなっているからである。このように、規制緩和にともない事前規制型から事後チェック型の社会に変化すると、一般には社会秩序を乱すルール違反も多発するので、これを新たに犯罪と位置づけて、あるいは行政処分の対象として、規制強化への循環をたどらざるを得ない。

　法令遵守に導く対策として考えられたのは、協調の利益を激減させる（不等式のトップに攻勢を戻す）方法で、2006年1月から独占禁止法が改正施行された。談合などカルテル行為（協調）への課徴金が引き上げられる一方、そうした行為を「自白」すると課徴金が割り引かれる（課徴金減免制度）。自社だけが談合を報告する攻勢が最善だが、みなが疑心暗鬼になり抗争に陥るという可能性も生まれた。よく見ると、これは法令違反をするときの利益の不等式と同じである。最終的にみなが法令遵守に回帰してくれればよいのだが。なお、独禁法は2009年6月の改正で、不公正な取引で課徴金の対象となる範囲を拡大するとともに、カルテルの首謀企業への課徴金を5割増しし、自首企業への減免を3社から5社に拡大した（2010年1月施行）。

　ただし、競争激化や人手不足で建設業の倒産が相次いでいるとの指摘もある。談合を禁ずることは公共の利益なのだが、一方で企業の利益を激減させる。当然の帰結として価格ダンピングや品質低下も起きやすくなる。近年、イギリスでは、公共事業の建設において、一定の基準をクリアーする企業への選別発注を許す法律を制定したという。ほど良くバランスのとれた法を制定することで遵法精神をくすぐり、正しい協調を利益の不等式のトップに据えている。

アメリカ型手法の限界

　一方、アメリカ型手法は、対立構造を鮮明にし、一方に利益を与えて他方を抑えようとする。独禁法の課徴金減免制度（リーニエンシー）が好例で、ヨーロッパ諸国や日本はそれに倣った。ほかに、2006年にわが国でも制定施行され

た公益通報者保護法がある。課徴金減免制度と同じく、企業の不正を防止するとして導入された経緯がある。しかし、現実に不正は減ったのか、この手法で良いのかは、検証する必要がある（アメリカ型手法が2008年のリーマンショックで揺らぎ、アメリカの国力も低下しているように見えるだけに）。

　公益通報者保護法の趣旨は、①企業の不正を通報する従業員を保護する、②事業者も内部統制で不祥事を未然に防止する、ということにある。しかし、これはジレンマを生む。つまり、従業員個人が正義感を貫いて上司の不正を会社の窓口に通報すれば、報復人事を受けたり、受けないまでも裏切り者呼ばわりされたりする可能性が高い。また、外部（マスコミなど）への通報となれば、不祥事の発覚で会社が倒産したり、業績が下がって雇用調整や減給になったりするリスクが大きくなる。

　そうした中、正義感と勇気を持つオリンパスの社員は、取引先の社員を引き抜こうとした上司の不正行為を社内のコンプライアンス窓口に通報した。その後不当な異動を命じられたとして、異動の無効確認などを求めた訴訟で、2012年6月、最高裁は会社側の上告を棄却した。ようやく、異動の無効と220万円の損害賠償を命じた高裁判決が確定した。2007年6月の通報から5年経っていた。こうした不幸を避けるためにも、法以前の問題として、不正を未然に防ぐ努力をすべきである。たとえば、経営陣が、製品を扱う現場との壁を取り払って心理的にものをいいやすい職場を作り、問題の芽を摘む。あるいは、上司と部下が信頼関係を構築して、確執をなくすといったことである。

違反を生む現在志向バイアス

　人は手っ取り早く快を満たすために、目の前の利益に飛び付きがちである。それで、長期的な利益を失ったり法令違反をしたりしやすい。たとえば、株式売買のインサイダー取引である。金融商品取引法は取引の公正と社会の発展・秩序維持（長期的な利益）のために、この行為に刑罰を科すが、内部情報を知った投資家は株価上昇という短期利益の誘惑に打ち勝てない。みすみす目の前の利益を失うことはできないと思う一方で、後で刑事訴追されるリスクは小さいと感じてしまう。この心理は現在志向バイアスと呼ばれる。

人はこの心理を発達の初期の段階で発現させるらしい。4歳児にマシュマロを1つ与え、実験者が戻ってくるまで食べるのを我慢したら2つ上げるという実験をした。相当数が我慢できなかったようである。一方、我慢できた児童はその後の成績が良く社会人としても成功したとされる[14]。

一方、法も「天網恢々疎にして漏らさず」とはいかない。一般社会において決められたことを守らない場合でも当人は必ずしも損をせず、やり得・逃げ得ということは多い。ここでは刑事法（さまざまな規定に組み込まれた刑事罰を含む法の総称）に違反する場合を考えてみよう。問題となるのは、刑罰の軽重と検挙される確率、さらに訴訟で有罪とされる可能性である。つまり、将来のリスク＝［刑罰の軽重×検挙される確率×有罪になる可能性］となる。

単純に見れば、この合算値を違反により得られる利益が上回ると判断される場合に「犯行」は決断されることになる。しかしながら、人は今を重視し将来の責任や損害を過小評価しがちである（現在志向バイアス）。決行せずに失われる機会費用より、将来のリスクを軽く見る心理を持つ。刑罰は重くないとか、検挙される可能性は低い（食品偽装はバレない）とか、ましてや有罪になる可能性など小さいだろう、と思うのである。

ただし、石屋製菓の「白い恋人」のように、2007年8月に賞味期限改ざんが発覚し、再発防止の行政命令を受けたものの、経営体制を一新した結果、過去最高の売上高（2009年度）を記録した例もある。改ざんした理由は在庫の問題であった。売れ残れば処分せざるを得ない。一方で、売切れを避けるために在庫を持っていたい。このジレンマを解消するために、賞味期限を延長したり、出荷日を基準に賞味期限を設定していたという。偽装の背景には、「もったいない」という心理があったともいえる。そこで、ある工夫でこの心理を抑制したという。それまで、折り箱の外装に印字していた賞味期限の日付を、製品1個1個のパッケージに刻印することで、再利用を防いだのである。

法規範と長期的視点

以上のような法規範の限界を踏まえて、ジレンマ解消の糸口を探ってみよう。とくに、制裁型の法規範は違反者に対して即効的で厳しい制裁を加えることで

機能している。つまり、制裁が人の目先の損得勘定に影響を与え、行動が規律されると期待される。しかし、その効果が予期されたとおりにならない場合、さらに制裁を追加するのか、原点に戻って法の役割を再考するのか、どちらが良いだろう。さらに、社会規範による相乗効果も考えてはどうだろうか。

1998年に施行された家電リサイクル法で考えよう。同法の理念は省資源・再資源化にあり、普及率の高い特定4品目（エアコン、テレビ、冷蔵庫、洗濯機）をなるべく長く使い続けてもらうこと、そして買い換えるときには現有品を再資源化のためリサイクルしてもらうことを目的とする。しかし、廃棄者（多くは一般消費者）にリサイクル費用の負担を求めたため、自治体の裏山などに不法投棄が増加している。廃棄者の経済観念としては、リサイクル費用と不法投棄への制裁が天秤にかかるが、現在志向バイアスが強いと、後者が過小評価されてしまう。

一方、この事態に対処するため、自治体は監視と統制を強化する。監視はボランティアや監視員による投棄の見張りであり[15]、統制は廃棄物処理法などに基づいて摘発し、罰金刑などを科すことを指す。法規範はもともと監視と統制の機能を持つが、その効果が上がらなければ、いっそうの監視と統制を強化する傾向がある。ここでは、法が近視眼的になっており、近因に基づいて不法投棄→監視強化という表面的な解決をしようとしているといえる。これが社会的ジレンマの解消方法として監視・統制の費用がかさむ理由である。

そうしたコストをかけてまで安全・安心社会を築こうとするより、ルールを守る信頼社会を築くべきではないだろうか。人の心理を踏まえて、長期的・統合的視点から同法の本来の目的を考えるなら、リサイクル費用の負担も再考しなければならないであろう。廃棄されたエアコンなどが不正輸出されるケースも相次いでいる。このため、経済産業省と環境省は2013年5月、家電リサイクル法を見直す方針を固め、具体的な検討に入った。

一方、携帯電話などに使われる貴金属やレアメタルを回収するために、家電などを資源に見立てる「都市鉱山」という考えがある。資源回収を後押しするため、ほとんどすべての使用済み家電を対象とする「小型家電リサイクル法」が成立、2013年4月に施行された。同法ではリサイクル料を徴収しない。

法規範と心理の協業

　これは、犯罪のない社会を築くために、もともと犯罪をなくす方策を考えるのか、犯人を捕まえるためにプロファイリングなどのテクニックを開発するのか、という次元の違いと同じである。第1章で見たように、人は青いものを見ると脳内にセロトニンが放出されて冷静になる（逆に、基本的にはセロトニンが減ると衝動的になる）。この性質を利用して、グラスゴーで2000年に青色街灯を導入したところ、犯罪が減ったとされる。JR西日本では2006年12月に踏切に青色LED照明を導入し、自殺を半減させたという。

　東京都杉並区は、2006年から、人通りの少ない路地裏や玄関先で花壇を育てるなど、街を美化する取組みを進めた結果、2008年には、空き巣被害数が近年では最多だった2002年（1,711件）の4分の1以下に減ったという。この防犯効果の背後にある心理は何だろうか。1つは、花の世話や観賞のために住民の「監視の目」が光ったことがあるであろう[16]。しかし、美化された町を見て、潜在的な犯罪者が思いとどまったと見ることもできる。

　人は恒常性維持により一貫性を持つ。たとえば、隣に居合わせた人に「この荷物を見ていてください」といわれ了承すると、義務感が生まれる。結果、20人中19人もの人が置き引きを阻止しようとしたという実験がある[17]。法の効果を上げるために、人々にそれとなく義務感を持ってもらい、防犯行動を促すという手法が有効であることを示唆する。行動経済学では、ナッジ（nudge：肘で突くこと）という概念で、人の自発的な行動を促す（第3章で論ずる）。

　一方、若年者に聞こえやすく不快感を与える17.6キロ・ヘルツの高周波音（モスキート音）を流して、深夜に公園などにたむろする若者を追い払うという方策が英米を中心にとられている。東京都の自治体でも2009年5月からその実験を始めた。犯罪の根本的な防止にならない近視眼的アプローチと非難されても仕方ないが、トイレで破壊行為などがあり、間もなく実験は中止された。

　発想の転換の必要性は、社会に多大な損害を及ぼしているのは、常習犯罪者だけでなく、一般市民でもありうると考えるとうなずける。例を上げよう。アメリカの統計によれば、2004年にアメリカで強盗の被害額は5億2,500万ドルだった（1件当たりの被害額はおよそ1,300ドル）。その他の空き巣や窃盗、車

上泥棒を併せると160億ドルになる。2010年の商店の盗難（万引きなど）は303億ドルであった。一方、職場での盗みや欺しによる被害額は6,000億ドルにも上ると見積もられる。また、毎年、被保険者は財産喪失による保険金請求に240億ドルを不正に付け足し、市民は3,500億ドルの税金をごまかすという。被服小売業界は、いったん購入され使用された後に、返品して全額返金を迫る顧客のために年間160億ドルを失うとされる[18]。

社会規範との相乗効果

　本節の冒頭で見た社会的ジレンマが生じやすいのは、社会が匿名性を保っているためでもある。ヨーロッパ各国の地下鉄では切符を買わないと入場できないが、改札口は自由に出られるところが多い。キセルなどのただ乗りが大勢になると地下鉄の経営が成り立たなくなるという社会的ジレンマがある。このため、パリの地下鉄の通路では検札員がいて随時チェックする。正当な切符を所持していない場合には匿名性を解除され、重い罰則が適用される。しかし、こうした法規範では監視・統制の費用もばかにならない。

　みなで協力することが社会規範により保証されれば（自分だけ負担するのはいやだ）、社会的ジレンマは回避されやすくなる。たとえば、ミュンヘンの地下鉄では検札をしていないところもある。社会規範（主に教育やPR）により最悪の結果を明らかにして、これを回避している例である。

　また、情報非対称性が解消されれば、それまで怠けて得をしようとしていた者も誠実に行動せざるを得なくなり、ジレンマは解消されることも多い。第2節の冒頭で、情報を社会規範に含めた理由である。IT（情報技術）の進展でも真の情報が安く迅速に伝わる。たとえば、観光地の食堂は地元の客にはおいしい料理を妥当な価格で提供するが、一見の客（観光客）にはそうしない傾向がある。しかし、店主は一見の客を粗末にできない時代になった。インターネットなどを通じて、おいしいレストランは瞬く間に全国の評判となって、多くの観光客を引き寄せる。食堂は利益の最大化のために、独尊を避けるであろう。

　なお、法などのルールには副作用が少なくとも2つある。1つは、上に見たように、違反を監視し、違反者に制裁などを強制するコストである。2つ目の

問題は、こうしたルール化が人に与える心理的影響である。つまり、強制や利得によって動かされるため、人の自発性やモラルが削がれるという点である。さらに、そのように利益のために行動する他人に対しても信頼感を失い、みなが非協力的になるというリスクも存在する[19]。

例として、考課制賃金の導入と罰金の市場化を考えてみよう。まず、成果主義による賃金制導入では、多くのゆとり主義の労働者は割り切って仕事をし、利益を得る。このため、有能な特定の人に仕事が集中し過ぎ、モラールが低下する可能性が高い。また、少額の経済的価値で義務を置き換えることができる市場化をすると、モラルが低下する。たとえば、親が子を保育所に迎えにいく際、遅刻時間に応じて少額の罰金を科されると、遅刻が常態化したという調査結果がある[20]。さらに、この事態に対処するために罰金のルールを取り払っても、親達のモラルは元には戻らなかったという。市場化のルールが、社会規範までも台無しにした例である。

5．人の記憶や一貫性 —— 自白と証言の心理 ——

法の役割と社会の関係を考えることは、一般に「法社会学」と呼ばれる。「法と心理学」は法と人の心理の関係を研究するので、法社会学の一分野ともいえる。本節では、法と心理学の主要な内容を概観した後、真犯人でない人が犯行を自供する現象（自白の心理）と、違う人を犯人であると証言する現象（証言の心理）について検討する。

心理学の誕生

古代ギリシャのヒポクラテスは人の思いや快不快は脳が作ると考えた。人の心を論理的に説明しようとしたのはアリストテレスが最初とされる。その後も心理研究は哲学などに含まれて存在していたが、16世紀半ばのルネッサンス期になって心理学的考察が復活している。16世紀は教会体制が弱体化する一方で、

天文学・物理学がコペルニクス、ガリレオ、ニュートンらによって興隆し、哲学に影響を与えた。近代は基本的人権の保障が叫ばれたので、これに呼応するように犯罪や犯罪者を特定する心理研究も進んだ。18世紀以降は自然科学（天文学、物理学、生理学、生物学、医学など）の著しい発達により、心理学も哲学的な思索を脱し19世紀後半に科学として独立することになる。

　科学は仮説を実験によって実証するという手法をとる。これは第1章3節で述べた帰納である。16世紀のコペルニクスから17世紀のニュートンまでの科学革命の時代に実験の重要性が認識された。ガリレオは実験をよく行った。実際に帰納法を唱えたのは、同時代のフランシス・ベーコンで、現象をつぶさに観察することで経験的事実を積み重ね、法則を発見すべきだと説いた。20世紀には実験科学が特に顕著になる。

　20世紀も近くなった1879年、ヴントは心理学実験室を作り、自然科学の実験的手法によって心理を科学的に研究し始める。今では心理学の父と呼ばれている。20世紀に入ると、ワトソンが現在の心理学の基礎となる行動主義心理学を唱えた。ほかに、ゲシュタルト心理学、精神分析学が出現する。

　歴史学が誕生するのも19世紀のヨーロッパ（とくにドイツ）であった。他国との違いを見付け、自国の優位性を強調することが重要と考えられ、その役割を歴史学が担った。国威発揚や外交に利用された。同世紀末には、犯罪者や他国民など、一般欧州人と違う人々の行動を理解しようとする機運もあった。

　法社会学の流れでは、ソクラテスが「悪法もまた法である」と述べたとされる。プラトンは著書『法律』において、法律に従わせるのは威嚇や強制によるよりも、説得や勧告によるべきと主張している。近代にはホッブスやルソーが社会契約論を論じた。ロックは自然法論（自然発生的な自由権）を主張した（本章1節参照）。パスカルは、共感による説得と論理による説得に分けた。孟子は力による威服と徳に基づく心服に分けた。

　一方、近代に資本主義社会が到来する時期には、自然法主義や社会契約論を否定し、経済効率を唱えるベンサムの功利主義が優勢になる。この流れから、現代に入るとホームズの「契約を破る自由」論が登場する。

法と心理学の3分野

　1893年、アメリカの心理学者キャテルは、学生に過去の出来事を思い出して回答させるアンケートを実施したところ、記憶に基づく証言が本人の確信に反して誤りである確率が高いことを発見する。このときに法と心理学が確立されたとされる。わが国では法と心理学会が2000年に設立されている。

　ヘイニーによれば[21]、「法と心理学」には3つの分野がある。第1に、法における心理学（Psychology in the Law）で、法による心理学の利用を研究する。たとえば、精神科医・心理学者による被告人の精神鑑定や陪審員選任の際の心理技法であり、司法分野での研究になる。第2が法と心理学（Psychology and Law）で、法制度の心理学的分析を行う。たとえば自白の信用性や証言者にかかるバイアス（先入観を持った取調官が予断を与えて証言者を誘導してしまうこと）を扱うもので、主に刑事訴訟法の分野での研究といえる。第3が、法の心理学（Psychology of Law）という切り口で、心理研究の対象としての法を扱う。たとえば、法の存在理由や、法の力、遵法精神を研究対象とする。

　わが国では、これまで法は心理学とあまり関わってこなかった。しかし、著名な学者が、被疑者の自白の信用性や証言者へのフレーミングの研究で成果を上げたことから[22]、心理学の役割が注目されている。本書では、法と心理学の「第4の分野」として、第4章3節で商売の法と心理を研究する。

　フレーミング（枠付け）とは状況の説明や質問の仕方である。それを受けた相手は対象に対する印象が変わり、考えや気持ちを反対に変えてしまうことがある。この現象がフレーミング効果である。ここでは取調官の誘導が代表例である。それは次の言葉によく表れている。「ウィスキーボトルを見て、もう半分しか残っていないと嘆くのが悲観論者、まだ半分もあると喜ぶのが楽観論者」（イギリス人作家のバーナード・ショウ）。フレーミングはアンケート調査の設問によく見られる。結果、調査の実施者に有利な回答が引き出される可能性が高くなる。たとえば、最高裁判所が2008年4月に公表した裁判員制度に関する意識調査。「裁判員になるのが義務なら、参加せざるを得ないと思うか」との質問（の仕方）に対して、回答はイエスが45％に上った（傍点筆者）[23]。

自白の心理

　2007年から2012年にかけて、犯行を自供し有罪判決を受けた人が無罪となる冤罪事件が話題を呼んだ（DNA鑑定の精度が向上したことも背景にある）。足利事件（殺人冤罪）や氷見事件（暴行傷害冤罪）、志布志事件（鹿児島県議選買収冤罪）、布川事件（強盗殺人冤罪）、東電女子社員事件（殺人冤罪）である。そもそも、なぜ無実の人が身に覚えのないはずの犯行を自供するのであろう。実は、その心理の根底には、心の安定を求める恒常性維持が働いている。

　また、被疑者を拘束して取り調べ、被告人として起訴し、裁判するのはいずれも公務員である。警察官、検察官、裁判官は、いわば官僚機構という同じ部屋の中で一緒に仕事をしている。このため、同僚意識、すなわち同調行動のリスクが高まる。しかし、その背景には、やはり恒常性維持が機能している。

　以下、まず被疑者側の心理、つぎに取り調べたり裁いたりする側の心理の順に、具体的に見てみよう。

　取調中に事実でないことを述べる、いわゆる虚偽自白には4タイプあるとされる[24]。すなわち、①身代わり自白（売名行為の場合もある）、②やったかもしれないと思いこむ自己同化型、③取調官への迎合型、④苦痛から逃れるための自白、である。ただし、同一人に複数のタイプが現れることも多い。

　第1のタイプは措くとしよう。第2のタイプは、取調官の厳しい取調べなどで罵倒され、自己の精神を防衛するために取る対応である。第3のタイプも、強圧的な取調べに対して迎合している。第4のタイプは、正常な精神状態を保つためである。つまり、すべては恒常性維持のなせる技ということになる。

恒常性維持を満たす行動

　最も特徴的な迎合型虚偽自白の心理について考えてみよう。この原因は、①取調室での日常感覚の喪失・感覚遮断、②自分を信じてくれる者が誰もいない無力感・絶望感、③いつ果てるともない強圧的な取調べ、④その恐怖や苦痛から逃れ、精神の正常を保ちたい欲求、⑤捜査当局への服従的・被支配的関係（取調官に逆らわずに同調すれば、優しく接してもらえる）、⑥否認の意欲喪失、⑦自白した方が有利（情状酌量も）と示唆される、⑧刑罰は未確定（無罪だ）

と信じる、などが考えられる[25]。

　中心の流れとして、無力感・絶望感と強圧的な取調べがあり、その苦悶を逃れて精神的に落ち着きたいという心理を見て取れる。恒常性維持の現れである。また、現在の苦痛を逃れることだけが頭にあるため、将来、情状酌量や無罪にならないリスクは考慮されにくい。この原因は、現在を重視し将来のリスクを過小評価する現在志向バイアスである。比較されるのは、いつ果てるともない取調べの苦痛と、裁判で有罪を言い渡される可能性である（自白すれば、裁判で情状酌量されるといわれることもある）。もともと自分は犯人ではないのだから、過酷な現状から逃れて、裁判に正義の期待を抱くのは当然である。

　しかし、現実には冤罪事件では、無実の被告は取調べ時の自白を偏重され、有罪判決を受けることになる。そうすると、一貫性を保って精神の安定を求める恒常性維持は、刑務所に行くための理由を必要とする。その結果、「自分がやった」と思い込むこともある（実際に氷見冤罪事件の被害者が語った）。

　これは、フェスティンガーの認知的不協和を解消しようとした結果とも分析できる。認知的不協和は精神的な不安状態であり、自分の信念（願望）および行動（立場）と、客観情勢の認知が食い違うことで生ずる。言い換えれば、自分の信念（願望）と行動（立場）が一致して平穏が保たれているところへ、それと矛盾する客観情勢が認知されることにより、葛藤を覚える現象である。不協和を解消して平穏を回復するためには、①信念を捨てる、②行動を変更する、③客観情勢を再解釈する（認知の変更）、のどれかをすればよい。ここでは、有罪判決を受けたという客観情勢と刑務所に行くという立場は変えられないので、無実の信念を変えて精神的に落ち着こうとするのであろう。

　なお、人が他人の指揮命令に従うのは、①好意・善意によるもの（積極的意志がある）（compliance）、②尊敬（心理的抵抗感がない）（obedience）、③権威に対する屈服・強制（submission）、がある。服従の3原則と呼ばれる[26]。市民が警察官に従うのが最後の屈服・強制だが、一般にその権威に正当性があるため受け容れられている。関連するが、征服欲と獲得欲は必ずしも一致しない。前者により名誉が叶えられれば、後者では譲歩できる。たとえば、子供がおもちゃを取り合うと、先に奪った方の子は満足して、他方の子に与えたりする。

また、大人になるほど、否定的感情は減り、物事に肯定的感情を持ち、他人を傷付けないことで恒常性維持を満たそうとする。

冤罪の背景

つぎに、取り調べる側、裁く側の心理的な問題を検討する。冤罪を生む本当の原因はそこにあるといえる。具体的には、①取調官の社会秩序を守りたいという職務遂行の熱意、②そのために先入観を抱きがちになる、③犯行の構図に沿った誘導的な尋問をしがちになる、④真犯人だけが知る「秘密の暴露」がないことを見落とす、⑤国選弁護人の消極的な体制に問題がある、⑥被疑者自白の事実が裁判官の心証に影響する、などが上がる[27]。

裁判官が被告ではなく検察官のいうことを信用しやすい背景には、官僚的な組織がある。先にも触れたが、警察官・検察官・裁判官は同じ公務員である。他の官僚に対する同僚意識・信頼感が生まれやすい。つまり、事件の取調内容や起訴事実について、裁判官は同調行動を取りやすいといえる。一般に、裁判官は、①被告人は法廷ではウソをいうものだという偏見、②警察・検察の職務執行に不当・違法があったとは宣言したくない同僚意識、③自白調書によって迅速円滑に審理したいという安易な片付け主義、に傾くと指摘される[28]。

2009年5月から裁判員制度が始まったが、その重要な導入目的の1つが、こうしたしがらみを断つことにあるとされる。量刑の判断に市民感覚を取り込む目的もある。そもそも、11世紀にイギリスで陪審制度は始まった。権力の横暴をチェックして市民を守るためである。現在の英米の陪審制度では、12人の陪審員のみの評議で有罪か無罪を決め（全員一致が原則）、量刑を1人の裁判官が決める。わが国の裁判員制度では、事件ごとに6人の裁判員を選び3人の裁判官とともに有罪・無罪と量刑を決める（原則として多数決だが、有罪とするには少なくとも1人の裁判官の賛成を要する）。

裁判官の心理を別の角度から見てみよう。まず、行動経済学にいう参照点依存性またはアンカリング効果（投錨効果）の影響を受ける（行動経済学は第3章で検討する）。これは、現状（参照点）に拘束され、新たな判断がそこから抜け出せない現象をいう。①裁判官ですら、検察側の求刑が参照点となり、そ

こから大きく量刑を変えることはできないという指摘である[29]。同様に、②先例（判例上の量刑）という相場に影響を受ける。ただし、検察官は被告人の情状が酌量されることを想定して、求刑を重めにすることが多いとされる。

つぎに、③判決を下すに当たっては精神的な協和も求めるであろう。この場合、裁判官としての信念・願望は「真実を究明して社会秩序を守りたい」とか「官僚的な機構の中で生き抜いていきたい」になる。立場・行動は「判決を下さなければならない」ことである。認知的不協和を生みたくないと、検察側の求刑や立証という客観情勢が正しいと思う（認知を変えない）ことになる[30]。さらに、④確証バイアス（自分の考えに沿う意見や条件を好む現象）により心証と異なる証拠を無視しがちになる。つまり、快を求める恒常性維持が根底にある。

なお、ハンサムな人が好意を抱かれる現象は、容姿だけで米大統領になったとされる人物にちなんでウォーレン・ハーディング効果と呼ばれる。裁判官も人である。社会心理学者チャルディーニによれば、刑事裁判でも容姿が良い被告人は軽い刑を下される傾向があるという[31]。

証言の心理

つぎに、刑事事件で自白と並んで有力証拠となる目撃証言について、心理学的に考えてみよう。ただし、一般市民であっても、こと証言をする段になると尋常ならざる心理を露呈することがある。こうした点を初めに指摘したのが、冒頭に述べたキャテルである（アンケート調査の結果）。

その後、1974年になって、ロフタスが衝撃的な「衝突実験」の結果を発表して、人の記憶の脆さを指摘した。ここから、①記憶は曖昧で脆い、②記憶はネットワークする（事後情報効果）、ことが分かってきた[32]。記憶が脆いのは、素早く状況を把握して安心したい恒常性維持の負の側面であろう。ロフタスの実験とは、こうである。まず、被験者は50人ずつ3グループに分けられ、車の交通事故を収録した同一のビデオを別々に見せられる。実験者はビデオ視聴後につぎの質問をする。グループAには「車が激突した（smashed）ときの速度は？」、グループBには「車がぶつかった（hit）ときの速度は？」。最後のグ

ループCには何も質問しなかった。

　1週間後に再集合を命じられた各グループに、実験者は同一の質問をする。「割れたフロントガラスを見たか？」。この質問に対し、グループAの32％（16人）、グループBの14％（7人）、グループCの12％（6人）が、実際にはビデオに写ってもいない、フロントガラスが割れる様を「見た」と証言したのである。つまり、事故ビデオの視聴後に、車が「激突したときの速度は？」とか、「ぶつかったときの速度は？」とか訊いたのは、証言者へのフレーミング効果を確認するためであった。

　また、記憶がネットワークする事後情報効果は、フレーミングを受けていないグループCにも、グループBと同程度に「見た」と証言した被験者がいたことから理論づけられた。つまり、ビデオ視聴後に仲間内でさまざまな情報交換がなされ、そのネットワークによって記憶の曖昧さが補強されると考えられている。これは、事実と違う記憶が形成される可能性も示唆する。ただし、そこには、記憶の不安定さを解消したいという恒常性維持がある。

　さて、かりに、取調官が、逮捕された被疑者が犯人であると確信し、職務遂行義務の熱意の下に、つい目撃証人を誘導するようなフレーミングをしたとしたらどうだろう。その証言はゆがめられるリスクをはらむことになる。

　それは宇和島窃盗詐欺事件（冤罪）で起きた[33]。冤罪被害者のAさんは、任意同行後、過酷な取調べを受け、4時間で犯行を「自白」したとされる。Aさんが懇意にしていた事件被害者のBさん宅から預金通帳と印鑑が盗まれ、50万円が引き出された窃盗事件でのことである。

　さらに、辻褄を合わせようとしたのか、取調官はBさん（証言者）をフレーミングしてしまう。銀行ATMの防犯ビデオに写った、預金を引き出す犯人の写真を見せ「Aさんには小口の借金が多いんよ」と告げたのである。それを聞いたBさんは、Aさんに裏切られたと思ったのか、「写真の男はAさんによく似ている」と証言する。その後、真犯人が逮捕され、この事件は冤罪となるが、その時点で、Bさんはあらためて防犯ビデオの写真を振り返り、「白黒で、虫眼鏡で見ないと分からないほど小さかった」と述懐したという。

　息子の強制わいせつ事件の公判でウソのアリバイ証言をしたとして、母親が

偽証罪に問われた事件で、2008年3月、東京高裁は検察の控訴を棄却した（無罪確定）。高裁は判決理由で、証言者の記憶について「人間の記憶が常に正確とは限らない……日時や機会を取り違えた形で記憶が形成され、そういった記憶に基づいて証言することもある」などと述べた。また、検察側の取調べ方法について「息子が事件の犯人であることは間違いないとして、本当のことをいうように説得した」「連日の長時間に及ぶ取調べ……夫が（前の証言を覆して）自白するのを共同取調べと称して被告人に見せた」などの不相当な手法を上げ、全体としてひたすら自白を求める捜査との印象をぬぐい難いと批判している。

　最高検察庁は2012年7月、警察と検察で試行してきた取調べの一部録音録画（可視化）の結果、可視化は有効と発表した。法制審議会は2013年1月、可視化の制度化などの基本構想案を公表した。誘導尋問や人権を侵すような取調べを防ぐメリットがあるが、逆に共犯者等からの報復を恐れて被疑者が口を閉ざすことも考えられる。全面可視化には紆余曲折がありそうである。

【注】
1）フランスのエルヴェシウスやイタリアのベッカリーアも功利主義を唱え、最大多数の最大幸福を目指す限り、刑罰の目的は応報論ではなく予防論になるとする。
2）これによって22条（移住・移転・職業選択の自由）および29条（個人の財産権）は制約される。
3）ここでいう業務とは、「社会生活上の地位に基づき反復継続して行う行為であり、かつその行為は他人の生命身体等に危害を加えるおそれのあるもの」を指す（最判昭和33年4月18日刑集12巻6号1090頁）。
4）石井小夜子『少年犯罪と向きあう』（岩波書店、2001）140～142頁参照。
5）最大判昭和48年4月4日刑集27巻3号265頁。これにより刑法200条は1995年に削除された。
6）大阪地判平成6年3月29日判例時報1493号29頁。
7）社会主義または共産主義の思想は古くプラトンの『国家』やトマス・モアの『ユートピア』に存在していた。19世紀に産業革命による不平等・貧困が顕著になると、カール・マルクスとフリードリッヒ・エンゲルスが資本主義の欠点を指摘し、1840年代に史的唯物論に基づく共産主義を唱えた。
8）O. W. Holmes, *The Common Law* (Boston, 1881) at 300.
9）E. Allan Farnsworth, *Contracts* (3rd ed. 1999) at 756.

10) 企業が危機的状況に直面したときでも、契約履行に対する考え方は日米で異なる。日豪シュガー・ケースとウェスティングハウス・ケースが好例である。前者は、日本の精糖メーカー33社がオーストラリアから原糖を輸入する契約で紛争が発生した。国際相場の暴落で経営の危機に瀕した日本側は1975年9月から価格改定などを求め、76年10月の履行拒絶決定まで約1年間も交渉を続けた。一方、後者は発電用ウランの供給をめぐる紛争である。調達価格の高騰で破産の危機に直面したウ社は、交渉などはせず1975年9月に履行免除を宣言、一方的に契約破棄を通告した。
11) フジテレビ「とくダネ!」2005年11月9日放送。
12) 最後の事案は、2006年11月の高裁判決後に和解された。
13) 渋谷昌三・小野寺敦子『手にとるように心理学がわかる本』(かんき出版、2006) 188〜189頁参照。なお、ミルグラムは権威性を用いて、ある人物に電気ショックの罰を与えるという過酷な命令を実行させる実験を被験者に強いたことで有名(3分の2の被験者が最後まで命令を実行した)。
14) 真壁昭夫『最新 行動経済学入門』(朝日新聞出版、2011) 136〜138頁参照。
15) 取り締まりを強化して軽微な犯罪を摘発することで重大犯罪の芽を摘むことができるとする米国の犯罪抑止理論に「割れ窓理論」がある。これは、割れた窓を放置すると、他の建物の窓が次々と割られることから名付けられた。実際に、1990年代にニューヨーク市で対策に成功したとされる。
16) 都市防犯研究センターの調べでは、空き巣が犯行をあきらめた理由は、①近所の人の声かけ46.9％、②犬を飼っていた9.4％、③警官に出会った6.3％、の順だった。
17) トルステン・ハーフェナー(福原美穂子訳)『心を上手に操作する方法』(サンマーク出版、2012) 170, 203頁参照。
18) 政治家の着服・政治資金の流用、大学研究者の研究費不正使用はどうだろう。See Dan Ariely, *Predictably Irrational* (HarperCollins Publishers, 2008) at 195; see also Time, July 4, 2011 at 14.
19) 山岸俊男『社会的ジレンマ』(PHP研究所、2000) 104, 106頁参照。
20) Ariely, *supra*, note 18, at 76.
21) Craig Haney (1980); see also Ronald Roesch, *Psychology and Law – The State of the Discipline* (Kluwer Academic, 1999) at 10.
22) たとえば、浜田寿美男『自白の心理学』(岩波書店、2001)や小田中聰樹『冤罪はこうして作られる』(講談社、1993)がある。
23) 裁判員裁判に「参加したい」と「参加してもよい」は計16％、「あまり参加したくないが義務なら参加せざるを得ない」が45％で、消極派を含めると6割が参加すると回答したという。
24) 浜田・前掲注(22) 91, 97, 98, 206頁参照。
25) 小田中・前掲注(22) 210頁参照;浜田・前掲注(22) 82, 100, 102, 104, 105頁参照。

26) 多湖輝『多湖輝の心理学教科書』（ＫＫロングセラーズ、1999）132頁参照。
27) 浜田・前掲注（22）7, 8, 21, 48頁参照。
28) 小田中・前掲注（22）207, 209, 213, 214頁参照。
29) 友野典男『行動経済学』（光文社、2006）87頁参照。
30) 小田中・前掲注（22）221頁参照。
31) ハーフェナー・前掲注（17）214, 216頁参照。
32) 高木光太郎『証言の心理学』（中央公論新社、2006）7頁参照。
33) 浜田・前掲注（22）5, 29, 35, 36, 37頁参照。

第3章
経済活動と人の心理

○ ● ○

【この章では】

　消費などの快を満たす行動(経済活動)をする際の人の心理を取り上げる。第1節では、人は合理的に行動するという考えに基づいて発展してきた伝統経済学の限界を指摘し、新しい分野の学問を紹介する。それらは、人間の合理性は限定的であるとか、人は合理性では動かないということを前提とする。

　それらの学問のうち、第2節で「法と経済学」を、3節では行動経済学を取り上げ、主要な理論と適用例を解説する。第4節では、これらの理論を駆使しながら、実際の経済活動と心理の関係を分析する。具体的には、タクシーの相乗り、スポーツビジネス、株式売買、購買と納税などを取り上げる。

1. 合理性から限定合理性へ

　経済学がイギリスで確立したのは18世紀後半である。伝統経済学は、「人は利己的に経済利益を追求するもの」という単純な考え（合理的選択理論）を基礎に据える。ここから、市場では「（神の）見えざる手」が秩序を保ち、価格を通じて需給は均衡するはずであった。しかし、現実には自由放任を認められた企業は過剰生産に陥り、早くも1825年にはイギリスで経済恐慌が発生した。この資本主義の欠点を指摘し、史的唯物論に基づく共産主義を唱えたのがマルクスである。

　1929年10月、ニューヨーク株式市場で株価が大暴落し（パニック売り）、世界大恐慌が始まった。市場の失敗が決定的になったのである。ここで、イギリスのジョン・メイナード・ケインズが『雇用・利子および貨幣の一般理論』(1936)を出版し、市場主義を修正するケインズ革命を起こす。資本主義は不完全なため、市場の自律性に委ねても必ずしも需給は均衡せず、生産過剰から大量の失業者が出ると分析した。（神の）見えざる手ではなく、政府の「見える手」で積極的な財政政策や金融政策をとり、総需要を管理することが必要と唱えた。アメリカでケインジアン経済学として発展し、1970年ころまでは景気が悪くなると財政政策・金融政策を発動するケインズ政策がとられ、成功した。

アダム・スミスに揺り戻す

　しかし、1960年代から70年代初に米英は世界の警察国家として紛争地に乗り出す。この軍事費に加え福祉政策で予算が膨らむ一方、手厚い失業保険などで国民は労働意欲を失っていった。とくに、アメリカはベトナム戦争の戦費などで総需要が過大になり、公共事業、福祉政策も充実し過ぎた。このため国債連発と増税の悪循環に陥る。さらに、規制や介入も繰り返された。1970年代は世界的に大インフレの時代となり、「政府の失敗」が明らかになった。

　ここで、シカゴ学派のミルトン・フリードマンが「小さな政府」「新自由主義」を唱え、アダム・スミスに揺り戻すことになった。フリードマンはもとも

とケインズ理論に批判的で、政府が財政・金融政策をとって恣意的に経済活動に介入すべきではないとしていた。次いで、1980年代初にイギリスにおいてサッチャー首相が、アメリカにおいては共和党のレーガン大統領が、それぞれの経済再生化政策により、行き過ぎた福祉政策または社会民主主義を見直し、政府の介入の縮小（小さな政府）、規制緩和、競争原理の導入による自由経済の拡大を目指した[1]。ただし、その結果として不平等、すなわち富や所得分配の不均衡をもたらし、格差の弊害も顕著になっている。

2011年、世界は格差に不満を抱く民衆のデモや革命に揺れた。アラブの春を初めとして、ロンドンの暴動、チリの学生デモ、ドイツの富裕層所有高級車の打ち壊し、インドの汚職反対運動、ニューヨークの反格差運動などである。アメリカの2010年の貧困率は15.1％と1993年以降では最も高い。一方で、市場を尊重しつつ自由民主主義がとった社会福祉政策も、財政赤字、過剰規制、経済停滞をもたらし、ユーロ危機につながっている。企業の自由な経済活動の保障と福祉政策とをどのように調和させるかが重要課題である。

卑近な例だが、アメリカやヨーロッパでは、ホテルの客室係など賃金の安い労働者には失敗やミスがつきもので、高収入のマネージャーが苦情処理に当たる。アメリカの有名ホテルですら、清掃係に頼んだ電球が半日たっても取り替えられず、ベルボーイに頼んだ洗濯物が行方不明になったりするという。パリの一流ホテルで、翌朝のルームサービスのタグをドアノブに下げたが、回収されなかった。日本でも同様の現象が起きそうである。

市場主義の功罪

　伝統的なミクロ経済学では、市場のプレーヤーは経済合理性に基づき、経済的利益を最大にしようと最適行動を取るとする。この前提で経済的な要素をすべて数値に置き換えれば理論化が容易になり、資源の分配が最適化される。これを実現するのが市場メカニズムである。さらに、市場の自治、自由競争に委ねればほとんどの問題は解決し、国は豊かになり貧しい人にも恩恵があるとしたのが市場原理主義である。背景には、1989年ベルリンの壁崩壊、1991年ソ連崩壊で社会主義が破綻し、中国が市場経済を取り入れたこともある。

ところが、新自由主義のグローバル化で、先進国と途上国間の所得格差や各国国内の貧富の差が拡大し、自然を搾取する調達技術の発達から環境問題も表面化している。アメリカでは、製造業から金融業などのサービス業へ転換し、金融商品・資産の売買で高利益を上げた。さらに、1987年の株価大暴落を受けて証券化・金融商品複雑化へと進んだ。金融工学のテクニックで、一時は金融資本市場が活性化したが、2007年のサブプライムローン問題で虚構が露呈してしまう。これは2008年リーマンショック（リーマン・ブラザーズが米史上最大の約64兆円の負債を抱え破綻）、世界的な金融危機へと続く。市場原理主義の欠点は「市場には自らの行き過ぎを正す機能がある」と誤認したことである。

限定合理性の登場

人は合理的に利益を追求するという前提で理論を構築し、それを実行したところ、社会全体としては不都合な結果を招いてしまった。これは、第2章4節で見た社会的ジレンマの構図と同じである。企業でも社会でも、みなが自分だけ得をしようとして合理的な行動を取ると、全体として非効率な（悪い）状況になってしまう。これを効率化のパラドックスと呼ぼう[2]。

また、そもそもミクロ経済学が発達したのは、人の合理性とともに完全競争市場を基礎に理論を展開したからである。そこでは、同種同質の商品を扱う十分な数の供給者と需要者がいて、個々の参加者は市場全体への影響力が少ない。商品や参加者に関する情報、市場の状況も周知されている。その市場で自由競争の結果決まる市場価格は正当なものとして受け容れられる。

しかし、これは現実離れしている。実際には、少数の参加者が市場において相互に依存しながら行動することが多い。ふつう商品や参加者に関する情報は不完全で偏っている。自分の嗜好や商品の知識のみならず、他の供給者に関する情報や代替商品の情報もないことが多い。知識や情報が不完全だと、効用は不安定になる。そうした市場で決まる商品の価格は、正当な価値を反映しているとは限らない（等価交換でない）。価格に対する効用であるコスト・パフォーマンスも幻想となる。つまり、実際には、資源の分配は最適とはならず、非効率が生まれる。これまでの英米流の発想（木を見て森を見ない近視眼的ア

プローチ）では、現実問題が解決できないことが分かる。

　こうした視点から、人の合理性は制限されているという前提で理論化しようという考えが生まれた。限定合理性と呼ばれる。これは、人の情報や判断力は限定的であるため、自由競争下でも最適な分配は達成できないという認識である。記憶力にも重大な欠陥があるとする。限定合理性の理論は発達を見せつつある。とくに1990年代以降に、進化心理学、進化ゲーム、実験経済学、行動経済学、経済心理学などで取り入れられている。次節からは、「法と経済学」と行動経済学を取り上げ、それらの主要な理論を紹介する。

　ただし、考慮すべきは、合理性が限定されているということ以外にもある。それは、人の合理性は主義・信条や置かれた環境、あるいは得られる情報により多様性があるということである。短期的利益の最大化を目指すことが合理的といえる一方で、長期的利益を得るために短期的には損を覚悟することも合理的なのである（肉を切らせて骨を断つ）。2013年、現役プロ棋士とコンピュータ将棋ソフトの第2回電王戦が行われ、棋士側の1勝3敗1分けで終わった。棋士の持ち時間が少なくなり逆転負けを喫した対局もあった。しかし、人は「美しい手」を直感的に探して打つともいわれる（コンピュータにはこれはない）。それは、快を求める恒常性維持が多様化した結果に他ならない。

ゲーム理論と人の心理

　個々人が冷徹に合理性を貫くと、全体として非効率な（悪い）状況に陥ってしまうことを簡便に証明したのがゲーム理論である。この理論は、各プレーヤーが自分の利得を最大にしようとして合理的に行動し合うという枠組みの中で、相手プレーヤーの行動も予測せざるを得ないため、この依存関係が意思決定に影響することを分析する。米プリンストン大学のノイマンとモルゲンシュテルンが発表した『ゲーム理論と経済行動』(1944) がそれである。代表的な理論の1つに囚人のジレンマがある。

　たとえば、ある重大な政治犯罪の嫌疑がかかり、別件で逮捕された共犯の被疑者AとBが、司法取引（その目的は司法の効率化にある）を持ちかけられる。物的証拠に乏しく共犯の立件は困難なため、双方が協調して黙秘すれば、別件

の軽犯罪でせいぜい1年の刑が求刑される。まずAとBは接触を断たれ、信頼関係が危うい状態になる。検事は両者に個別に司法取引を持ちかけ、共犯を自供すれば不起訴にすると誘う。一方、相手が自供し自分が否認し続ければ、情状酌量の余地はなくなるので、懲役6年の刑に服することになると脅す。双方が自供した場合にはそれぞれ懲役3年の刑が科される。ゲームの解は、双方が自供してしまい懲役3年の刑に服するというものである。

つまり、信頼して協調し合えば互いに相応の利益が得られる（1年だけの刑）。しかし、相手を信頼できない限り、それぞれ自己保存の行動を取りたくなる。双方がその選択をすると、双方にとってまったく利益にならない結果に陥る（3年の刑）。合理的に行動すると悪い結果を生むというジレンマであり、伝統経済学の大前提と完全に矛盾してしまう。相手が非協調の選択を変更しないのに、自分だけ変更（協調）すると自分の利得はさらに減るので（6年の刑）、なかなか抜け出せない均衡状態となる（ナッシュ均衡、ゲームの解）。

囚人のジレンマは、第2章4節（82頁）で見た独占禁止法の課徴金減免制度（リーニエンシー）において作り出された。企業は談合を自白すれば課徴金を減免されるが、自社だけ黙秘すれば厳しい制裁を科される。

一般に、ジレンマの解決策は信頼関係を構築することである。それを支えるのが、ルール化（規範）と、真意を伝え合う意思疎通の促進（交渉やITで情報非対称性を解消）であろう。前者では、たとえば国際紛争を解決するために条約を作り、経済援助などのアメと制裁などのムチで利得を変えて、協調を引き出す（裏切れば損をするので）。後者では被疑者への尋問を例に取ろう。9.11米同時テロ後、捕捉されたビンラーディン警護隊の隊長への尋問で、当初は非協力を貫いた隊長が糖尿病を患っていることを察知した尋問者は、ティータイムのクッキーを砂糖抜きにした。これは被疑者へのリスペクトとされ、結局、テロの背後関係について確たる証言を得られたという[3]。

2.「法と経済学」

「法と経済学」は、法律学と経済学を融合した比較的新しい学問分野で、1960年代初に始まった。1960年にコースが発表した「社会的費用の問題」という論文と、同時期にカラブレイジによる「最安価事故回避者」というアプローチが発表され、法学とミクロ経済学の動的な関係から問題を分析し、社会システムの改善の方向性を探る意欲が高まった。

コースは、法の存在しない場合の経済活動が、法（権利義務）の導入により、いかに効率的になるかに着目した。つまり、人が合理的で取引費用が無視できれば、権利の所在が結果を最適化すると論じた。なお、取引費用は、①探索・情報の費用（相手を探すための費用）、②交渉・意思決定の費用、③監視・統制の費用（違反を監視し、損害賠償などを請求する費用）に分かれる。

コースの定理は後の学者が同論文の趣旨を定義し直したもので、契約に法的拘束力が与えられる枠組みの中で、交渉に要する取引費用が無視できる場合には、自己の利益を最大にするという経済的合理性を持った人々の取引は、必ず資源分配をパレート効率的にする、とされる[4]。後の研究により、その定理の成立には、①当事者間の情報が完全で、②取引費用が発生せず、③資産効果や所得効果も生ぜず、④当事者が合理的である、という条件が付く[5]。

なお、パレート効率は先に見たナッシュ均衡とは反対の性質を有し、他人の状態を悪化させることで自己の状態が改善されるので、効率的な状態から抜け出そうというインセンティブが働きやすい。このため、パレート均衡とも呼ばれる。そこでは、協調は全体として（両者の取り分の和）は最大の利益をもたらすが、どちらもより多くの利益を取ろうと戦術を変えたくなる[6]。

現在の法律学では、コースの定理は2つの意義に解釈されるであろう。1つは、「取引費用が無視できる」という前提に着目し、現実には取引費用を無視することはできないので、これを節約する、あるいは節約しても問題にならないように法の正義を考える。もう1つは、「人は経済的合理性を持つ」という前提に着目し、裁判所が正義・公平の観点から合理性に事後的に解釈や修正を

加えるという考えである。コース自身は、取引費用の低減策に力を入れた[7]。

一方、カラブレイジの「最安価事故回避者」の原理は、取引費用が存在する現実を受け容れた上で、損害の発生を最も安価に回避できる当事者を特定し、その当事者に法で損害賠償責任を負わせれば、取引費用を考慮しても、社会は効率的になるとする。社会的正義も叶えられる。自動車損害賠償保障法や製造物責任法に応用される。

コースの定理と正義の法

コースの定理の第1の意義（取引費用を節約する方法）は、新たな権利や義務を創設した法の制定や個別規定の改正で実現される。まず、定理そのものを理解するために、権利を有さない当事者がカネを負担して、権利者の行動の影響を抑える問題を取り上げよう。例として、メーカーの製造工場が経済効率の追求から汚水処理をいやがり、河川を汚染させる状況を考える。工場に汚染権がある場合の環境被害（逆に周辺住民に環境権がある場合の損害賠償）の総額を1,500万円、汚水処理設備の購入設置費用を1,000万円とする。

コースの定理どおりに、①人が合理的で、②取引費用を無視できれば、③法的な権利を汚染権と環境権のどちらに決定しても、④解決結果は同じで、最も安価な汚水処理設備の購入設置（1,000万円の出費）になるはずである。なぜなら、工場および住民は経済的合理性を有するので、工場に汚染権がある場合、住民は環境被害より安価な設備購入を選び、逆に住民に環境権がある場合、工場は損害賠償より安い設備購入を選択するからである。

ただし、これは両者間に取引費用が発生しないという条件下で成立する。実際には、工場に汚染権がある場合には住民は工場に設備を使うよう説得することが必要となり、そのために膨大な取引費用（交渉・意思決定の費用）が発生する。この費用は無限大になりかねないが、500万円を超えると住民にとって環境被害を甘んじて受ける方が安く付いてしまう。取引費用をなくすために、正義の法は工場に汚染権を与えず、住民に環境権を与えるなどして[8]、工場の行動を抑止する。または、カラブレイジの最安価事故回避者の原理から、最も安価に損害防止手段を講ずることができる工場に損害の負担を負わせるべき

で、これにより社会経済は効率化することになる。

なお、逆に住民に環境権がある場合でも取引費用（監視・統制の費用）は発生しうる。それは、工場が合理性を欠く場合である。正義の法により、禁止事項を規定し、違反者に行政処分や差止命令、刑事罰を与える一方、被害者に損害賠償請求権等を認めても、経済的合理性を有するはずの違反者は現在志向バイアスに影響され、将来のリスクを軽視する傾向を持つからである。

ただし、現実には、当事者が多数いることなどで被害額を厳密に査定できないとか、解決策の費用も不確実で両者の比較が困難とか（たとえば職場での分煙問題）、そもそも安価で最適な解決策がない（たとえば、新たな汚染物質の出現）といったことが起こる。よって、取引費用を軸に経済発展の状況とか社会情勢の変化を考慮して、正義の法を考えることになる。一般に19世紀以降は議会による立法で「より良い社会を作る」という理念から、事前的な対応をして取引費用の捨象化を計る（社会法や経済法の制定）。民法などでも任意規定を設けると、当事者は合意に要する交渉・意思決定の費用を節約できる（たとえば民法484条〈弁済の場所〉）。標準契約書の制定頒布もこれに入る。

コースの定理の第2の意義は、当事者に「自由意思」に基づく取引を許し、争いが生じたときに、裁判所が正義・公平の理念から当事者の合理性に事後的に解釈や修正を加えることである。たとえば、裁判所は、契約の当事者に意思能力が欠如していたり、錯誤によって行為したりすると（民法95条）、その契約を無効とし、行為能力が欠如したり（5条、9条、13条、17条など）、強迫・詐欺によって行為させられたりすると（96条）、契約を取り消すことで救済する。契約内容が曖昧な場合には、裁判所が解釈を与えて当事者間の公平を図る。たとえば、「起草者に不利に」の原則（contra proferentem）を発動する。

なお、公序良俗・その他の強行法規違反でも契約は無効とされる（90条など）。契約締結後の事情変更があると、信義誠実の原則（1条2項）に基づき契約解除を認めることもある。ただし、裁判による取引費用（監視・統制）が生じる。

製造物責任法の心理学

　この法は、カラブレイジの「最安価事故回避者」の原理に基づき、製造物に起因する損害の発生を最も安価に回避できる当事者を特定し、製造者に損害賠償責任を負わせることにしたものである。法と経済学的には、製造業者に責任を負わせるのが最も社会を効率的にし、正義にも叶うということになる。

　一般消費者は企業が製造したり輸入した製品をスーパーや量販店などの販売店を介して購入する。消費者と契約関係にあるのは販売店である。製造者とは直接の契約関係にないので、消費者は製品による損害について企業に契約違反を問うことはできない。まず、販売店との売買契約に基づき、販売店に契約違反（債務不履行）または瑕疵担保責任により損害賠償を請求するとしよう。

　しかし、わが国では、契約違反に基づく請求では、販売店に帰責事由のあることを要するので、この請求はまず認められない。瑕疵担保責任は、売主に帰責事由がなくても負うが（民法570条）、補償は限定される。賠償額はせいぜい製品の価額にとどまるというのが通説である。なお、住宅については、売主が10年間補修する義務を負う（2000年の住宅品質確保促進法）。

　ただし、東京高裁において[9]、販売者に製品被害の責任を負わせた。台湾メーカーの電気ストーブから発生した化学物質によって、頭痛や目まいなどの症状を起こす「化学物質過敏症」になったとして、消費者が販売店であるイトーヨーカ堂に損害賠償を求めた。判決は、症状がストーブから発生した化学物質によるものと認定した上で、同タイプのストーブについて、輸入者に異常を指摘する問い合わせが約2年半の間に68件あったことを指摘し、「販売会社としても、購入者に健康被害が生じないよう、安全性が確認されるまで販売を中止するなどの措置をとるべき義務があった」として、不法行為責任を認めた（輸入者が上告したが、2007年3月、最高裁は高裁判決を支持した）。

　つぎに製造者に不法行為責任を追及するとしよう（民法709条）。この場合も、製造者らの故意・過失を証明しなければならない。ところが、設計・製造の過程では産業技術の高度化や専門知識の細分化が進み、秘密性も保持されているため、製造者の過失を証明することは著しく困難になっている。

　法と経済学の見地からすれば、製造者は大量生産により利益を上げて、また、

より安価に安全を保証できる立場にある（最安価事故回避者）。一方、消費者は製品を選択する自由はあるものの、その利用については受け身である。このため、わが国を含む先進国の製造物責任法は、実質的に製造者等の無過失責任（欠陥責任）を問う方向に向かっており、一般に消費者は商品の欠陥（設計・製造の欠陥、指示・警告上の欠陥を含む）で損害が生じたことを証明すればよい（ただし、請求権は10年で消滅する）。法は、欠陥に起因する損害の負担を、安全を技術的にも経済的にも担保しやすい製造者に負わせていることになる。

これで、近代法の３大原則を修正したことになる（所有権絶対、契約自由に加えて、ついに過失責任主義を修正）。

3．行動経済学

まず、人は合理性だけでは動かないとする行動経済学の基礎理論を、実例を交えて解説する。本能的に行動する自己と、合理的に行動する自己が同居する（二重自己モデル）とする立場もある。つぎに、行動経済学の理論と伝統経済学や心理学の理論を組み合わせることで、日常生活で起きている現象をより良く説明できることを示してみたい。

参照点依存性

1979年にカーネマンとトベルスキーが、リスク下での意思決定を分析したプロスペクト理論（予測理論）を発表し、行動経済学が始まった。人は現状を基準・参照点として、そこからの得失を評価することによって、変化や行動の価値を判断する、というのが中心的な考えである。参照点依存性と呼ばれる。しかも、現状からの損失の方が利得よりも意思決定に重大な影響を与えるとした（行動経済学の実験ではその差は２倍以上）。これが損失回避性である。どちらも、安定を好み、変化や損失を嫌う恒常性維持の発現形態に他ならない。

参照点依存性は、これから新たに行動を起こすかどうかを考えるに当たり、

現在の利益を参照して、得になるのか損になるのかで決めるという人の性質である。参照点に縛られる現象はアンカリング効果（投錨効果）とも呼ばれる。たとえば、地球温暖化対策として節電をするかどうかを意思決定するとしよう。その際には、これまでの快適な文化生活を基準に、節電した場合の得失を考慮して決めることになる。日常生活には費用と便益が同居し、両立はできない（トレードオフと呼ばれる）。この例では、節電すれば多少は電気料負担は減るが、快適生活は諦めなければならない。この得失を考慮した上で決定をするが、損失の方が2倍以上強く評価されるため、ふつうは現状を抜け出せない。

　参照点依存性によって現在を最も重視してしまう性質は、とくに現在志向バイアスと呼ばれる。このため、将来の価値や義務は過小評価されがちになる。同様に、新しい状態を選ばないという性質は現状維持バイアスといわれる。いずれも、心の安定を求める恒常性維持が基にある。

　たとえば、消費者は旅行やコンサートの予定を組んでチケットを購入するが、購入時よりあとにチケットを使うので、現在志向バイアスによりチケットの本当の価値は過小評価される。チケットの売上は伸びないことになる。そこで、旅行社や企画会社は前売チケットの価格設定を工夫して販売促進する。コンサートのチケットのように価格が徐々に安くなるクリアランス・セールとか、逆に航空券のように徐々に高くなる事前購入割引である。一般には繁忙期に値上げし利益を確保しようとするが、不況や競争激化により客足が減った場合には、繁忙期に値引きする方策もある（たとえば、JR鉄道の年末年始割引）。

損失回避性と現在志向

　得る金額と失う金額が同額であっても、人は損失をより強く評価し、これを回避して安心しようとする。飢餓との戦いが長かった人類にとって、食料を失うことへの恐怖はそれを得ようとする意欲より強いからである。これが損失回避性であり、商取引では金銭的に失うものと得るものがたとえ同額であっても、損失の方を強く評価するため、取引が停滞したり、予測しにくくなると解釈される。先に述べたとおり、評価の差は2倍以上とされる。

　たとえば、株式投資では、購入時より下がってくれば損を取り戻そうとあが

き、利益が出ればすぐに売却しようとする。結果は株価の乱高下やじり安である（次節で詳述する）。また、株式売買のインサイダー取引では、内部情報を知った投資家は、損失回避性と現在志向バイアスに動かされる。株価上昇という潜在利益をみすみす失うことはできないと思う一方で、後で刑事訴追されるリスクは小さいと感じてしまう（第2章4節で見た）。

2010年初、東京都は無職の人の就職活動を支援するため、「公設派遣村」で1人に2万円を支給した。本来は毎日1,000円を渡すはずだったが、手続きを効率化する目的で一度に支給したため、受給した人がたばこやパチンコなどに多くを使ってしまったという。伝統経済学では、経済的合理性を持った人を前提とするので、毎日1,000円でも一度に2万円でも使い方は変わらない。行動経済学では、現在志向バイアスにより将来のカネの価値は過小評価されるため、手元にある多額の現金に魅了されて使い方が変化すると考えられる。

ただし、こうした行動も結局は自分が精神的に落ち着いて満足したいという欲求、つまり恒常性維持から生じている。その真因で現状を分析することで、満足を得ることやその対応を考えやすくなる。明らかに方向転換をしなければならない場合にも、より有効な交渉・説得の方法を策定しやすいであろう。

進化人類学的な説明

人は、2つの物を同時には得られないことを子供の頃に学習するといわれる（エディプス・コンプレックスの解釈）。経済学では、ある機会に資源を用いると、同時に別の目的に使うことはできないので、その分の利益は失われると考える（機会費用）。日常生活では、一般に何かを得ようとすれば、別の何かを失うことになるであろう。これは、貨幣経済が未発達で、物々交換によって成り立っていた社会を考えると分かりやすい。そこでは、自分が欲する物を手に入れるために、相手が欲する物を手放した。つまり、各々が物を得る行為と失う行為の両方を同時に行った。たとえば、チーズと塩漬け魚の交換である。

飢餓との長い戦いを強いられてきた人類は、食料を得ようとする強い欲望を持っているが、それ以上に手元の食料を失うことに激しい嫌悪感を抱くと考えられる（損失回避性）。交換の決定を迫られると、物を得る行為と失う行為を

比較するが、失う行為の方がインパクトが強いので、それを打ち消して余りある物でなければ得ようとしないことになる。このため、人は新たな選択をする場合には、現状と比較するという性質を持った（参照点依存性）。

物々交換で、現状と比較して何をより欲するかは個人の置かれた状況によって異なるが、塩漬け魚を差し出す者はチーズを得ることに、より高い快を感じたはずである。つまり、差し出す物と受け取る物は本人にとって等価ではなかった。これは取引相手についてもいえる。そして、互いに物の取得による快が喪失による不快を上回ると判断されるときにのみ、取引は成立したはずである。これが経済学にいう「欲求の偶然の二重一致」である。

これは非効率きわまりない。中世の初期には定期市を開催して生産物を持ち寄ることで、たいてい欲しい物は手に入ったのであるが、時間的・距離的な不便さは残った。食料などは腐る前に、それを欲する人と出会う必要がある。そこで貨幣を介した物と物の取引が促進される。つまり、物と貨幣の交換（代金の支払い）という売買に進み、市場化が起こるのである（商業革命）。貨幣には賞味期限がないので、現在の消費と将来の消費をつなぐ媒体となる。

損失回避性の質的変化

貨幣経済では、モノあるいは得喪行為の価値はカネの量で計られるようになる。人は、モノや行為の価値を、対価であるカネの多寡で判断するよう動機づけられた。何かを得る行為はカネを失う行為に置き換わり、何かを失う行為はカネを得る行為に置き換わる。カネの授受を介して、得る行為が失う行為に、失う行為が得る行為に逆転した。これが貨幣経済の1つの意味といえる。損失回避性により、貨幣経済の到来する前には、モノを失う行為を控えた。そして、貨幣経済以降では、カネを失う行為を控える傾向にあると考えられる。

カネの所有には、大脳辺縁系の腹側線条体が大きく関わっていることが分かってきた[10]。腹側線条体はドーパミンと関係して喜びや満足感、報酬を管理する。食べ物や薬物と同様に、カネの所有で腹側線条体が活性化するという。さらに、カネに触っていると痛みを軽減する効果があったという研究がある[11]。つまり、食料は消費するために入手・所持するが、カネは所有することそれ自

体が恒常性維持を満たしうるということである。

　ただし、アメリカの実験で行った分配ゲームで、まず金持ち役と貧乏人役を決め、前者に80ドル、後者に30ドルを渡した。つぎに金持ち役にさらに50ドルを渡すと、腹側線条体はわずかに反応した。一方、50ドルを貧乏人役の方に渡したとき（格差がなくなる）、金持ち役の腹側線条体は50ドルもらったときより5倍も強く反応したという[12]。これは、線条体が報酬を与える対象を、公平感や賞罰、利他にも広げる進化を遂げたことを示唆する。価値や状況判断をするのは眼窩前頭皮質（OFC）であり、公平感や利他行動に関係するという。さらに、分配を公平にすると、不安を司る扁桃体はほとんど活動しなかった[13]。快を求める恒常性維持の実体がその辺りにありそうである。

購買者の心理

　カネに動機づけられた現代は、カネを失う行為をする購買者に基本的なパワーバランスを与えるであろう。購買者の意思決定基準は、カネを失うことによる不快感を減して余りある対象を選択することにある。つまり、商取引では、モノやサービスの価値と対価として支払うカネが客観的に等価であっても売れにくい。購買者にとって、支払うカネの方が強く評価されるからである。それでも、貨幣経済は、生活必需品をはじめとして商品の多様化・機能化などで人々の購買意欲を満たす方向に進んできた。

　ただし、日用品などは消費者の満足感の持続から考えると、カネと商品の等価交換にはほど遠い。自由競争下にあるメーカーは、実は価格競争を回避するために、既存品の製造を中止して新製品を開発し、宣伝費と販促費を投入して販売攻勢をかける。消費者はそのときは刺激されて購入するが、よくよく考えると使い勝手が異なるので余計な時間を使う。つぎつぎと新商品に置き換わるので、気に入ったものを使い続けたいという満足感は持続しない。

　また、先述のように、人は参照点依存性を持つため、昨今のように充足感や取り巻く環境の変化があると、新たな選択の結果が現状と比較して有利になるとは容易には思えなくなる。理性は長期的視点から現状を変更しないのが最善と判断することになる（現状維持バイアス）。購買意欲の減退である[14]。一般

に日本のように成熟した先進国では国内需要は買い替えが主体となる。株や債券の投資では、これまでの投資比率をなかなか変えたがらない。

そこで、これまで以上に販売方法について心理分析をするようになったのであろう。正札の値段を支払ったあと一定金額が戻ってくるキャッシュバックとか、初めから割引価格を支払う値引きセールである。どちらも同じ還元率とした場合、割引の方が損失回避性を和らげるので、当該商品の購買意欲は増すといえる。これは、損の感覚に着目した考え方である。損失には一般に扁桃体が反応する。同様に、現金払いとクレジット払いでは、一般に前者の方が現実の損失感が強いので、買い物はしにくくなると考えられる。

一方、人にはメンタル・アカウンティング（心理会計）をする性質があり、働いて得た1万円とギャンブルで得た1万円は等価とは感じない。キャッシュバックは、正価で買い物をした後でおまけのように返ってくるので、後者のように感じられ、使うことに抵抗が少ないといえる。得の感覚に着目した考え方である。利得には腹側線条体が関係する。同様に、買い物に与えられるポイントも、使うことに抵抗感は少ないと考えられる。ただし、還元率が高いと消費者の現在志向バイアスが抑えられので、これを貯める傾向になるであろう。

下取りセールはモノを買わない消費者を刺激するものである。日本社会では、一般に消費者の購買意欲が低下した理由として、必要なモノがそろっていることなどに加えて、とくに置き場所がないことも大きい。古いモノ、不要なモノを買い取ってもらえ、スペースも空くとなれば、効果が大きいといえる。

サンクコスト

人にはカネを使ったあとで、それを惜しいと感じたり、取り戻そうとしたりする性質がある。伝統経済学では、これをサンクコスト（投下され埋没した費用に固執すること）という概念（近因）に据えて状況を説明しようとする。すなわち、使ったコストが大きいと、人はそれを忘れてまで方向転換することはできないため、結果、損失を拡大させてしまうという。適用例の代表として、英仏が共同開発したコンコルドがある（2003年10月に廃業が発表され、「コンコルドの誤り」と揶揄される）。真偽は別にして、巨費を投じたために、完成

後の採算が合わないにもかかわらず計画を中止できなかったとされる。

確かに、サンクコストという近因の分析は分かりやすい。教訓として、事業継続の可否を判断する必要に迫られたときには、それまでの投下資本は捨象して、今後の採算のみに基づいて判断すべきと説かれる。しかし、そうだろうか。まず、今後の採算見通しを判断するのは容易ではない。本当に最後までやり遂げられないのかどうかを途中で判断するのは極めて難しいのである。

現実には、この理論とは正反対に、最後までがんばったから成功できたという例は日常にあふれている。しかも、社会が豊かになるような多大な貢献をしていることも多い。サンクコストは、結果論として「あのときやめておけば良かった」という失敗例をうまく説明できる概念に過ぎないのである。

そもそも人が使ったカネに固執する理由について、サンクコスト理論はまったく答えていない。この執着性（近因）の奥には、恒常性維持という真因があると考えられる。または、損失回避性といってもよい。つまり、人はいったん決めた選択を、その後の事情変更で再考することを迫られた場合でも、一貫性を保って心を落ち着けたい欲求が邪魔をして、容易には方向転換できない。

経営者として投下することを決定した資本がむだになる → 自分の決定が誤りであったことを自他共に認めざるを得ない → メンツが立たず心の平穏が乱れる → 撤退を拒絶する、という極めて当然の心理であろう。先に見たとおり、それ自体は必ずしも悪いことではない。得られた結果がコストと引き合わない場合に心は平穏さを失うが、それを解消するために、損失回収の努力をしたり、失敗に学んだりといった好結果を生むこともある。

なお、商売では、サンクコストの理論をリピーター客を増やすために利用している。消費者は、高い入会金を払ったフィットネスクラブに通い詰めるし、ボトルをキープした飲み屋に入り浸りになる。

コースの定理と参照点依存性

前節でコースの定理について、最も安価な解決策がある場合を検討した。ここでは、そうした解決策がないため、ある権利を行使する者とそれによって不利益を被る者がカネの授受を介して直接交渉し、権利の行使を控えてもらうと

いう枠組みを考える。たとえば、喫煙者が補償金を支払って嫌煙者から喫煙を許可してもらうとか（嫌煙権がある場合）、逆に、嫌煙者が補償金を支払って喫煙者に喫煙を控えてもらう（喫煙権がある場合）、という構図である。

本書では、行動経済学の理論とも融合させて考える。具体的には、下戸の弟が兄の酒癖を不快に思い（アルコール臭く、酔うとくどくなるため）、カネを払って、家で飲む酒量を控えてもらうという交渉を考える。2人は分別のある大人で年収は同程度であり、遺産相続した土地と家屋に住んでいるとする。

分析しやすくするために、この交渉の枠組みを下図に示した[15]。縦軸は当事者の便益／不利益の金銭換算額および補償金額を表わす。D曲線は上戸（Drinker）の兄の限界効用を示し、飲酒量が増えるほど便益（快感）の増加分は逓減する（費用が嵩み、健康を損ねるため）。つまり、酒量が1単位増えるごとに快感も総量としては増えるが、その増え方は前ほどではなくなっていくという意味である。逆にいえば、酒量が1単位減ったときは、その時点での便益の減少分を示すことになる。経済学では限界効用逓減の法則と呼んでいる。

一方、N曲線は下戸（Nondrinker）の弟の限界的な不利益（不快感）を表わし、兄の酒量が増えるほど逓増する（不快感が増し、健康にも悪いため）。つまり、酒量が1単位増えたきの弟の不快感の増加分を示し、その増加分が不快

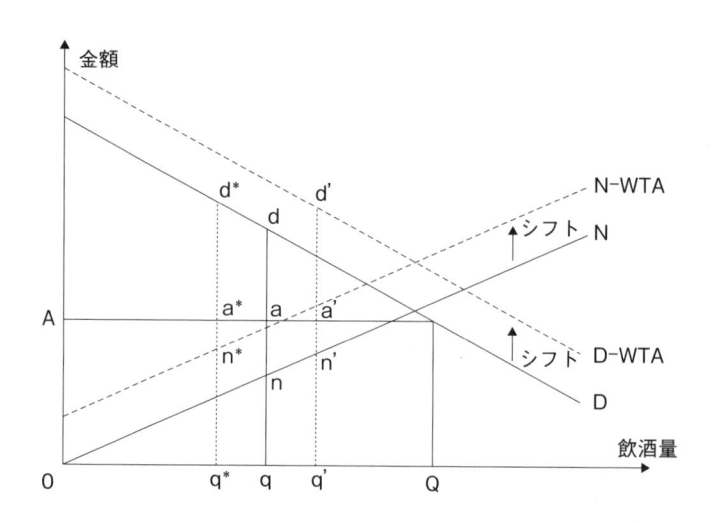

感の総量に加算されるという意味である。酒量が1単位減ったときは、その時点での弟の不快感の減少分を示すことになる。

いま兄は飲酒量Qで限界効用（便益）Aを得て満足しているとする。兄には飲酒する権利があるので、弟は補償金を払ってこれを減らしてもらう交渉をする。兄はそのカネで外で飲むことができるので、交渉に応じた。ここで、兄は酒を控えるか控えないかを参照点依存性（現状を起点として、そこからの得失で意思決定する人の性質）により判断することになるであろう。つまり、Aからの得失を評価すると考えられる。

交渉において、弟は兄のAからの便益減少分を補うべく補償金の提示額を増やしていくが、コースの定理から、最後には弟の負担する補償金額（線分ad）と不快感の減少額（線分nq）が等しくなる酒量qで決着するはずである。これ以降は、弟は享受できる不快感の減少額に比べて、より多額の補償金を負担しなければならないため、交渉をやめる。

ある日、兄は補償金で酒を買って家で飲むという、交渉の約束事に反する行為をしたとする。家での飲酒は原則禁じられ（その条件で先の交渉は行われていた）、兄は弟に補償金を支払って飲酒の許可を得なければならなくなった。兄の飲酒量はなくなり、今までの酒量Q・限界効用Aへの復帰を目指して交渉することになる。ここでも、兄は参照点Aの影響を受ける。コースの定理から、交渉結果は兄の負担する補償金額（線分nq）と参照点に向けた便益増加額（線分ad）が等しくなる酒量qで決着するはずである。

これ以降は、兄は享受できる便益の増加額に比べて、より多額の補償金を負担しなければならないため、交渉をやめる。つまり、どちらにせよ権利の所在が決まっている限り、両者の交渉は補償金の額と権利を持たない者の利益額が等しくなる酒量qで最適な解決をとり、コースの定理は成立する。

支払額をめぐる葛藤

ただし、支払いには特徴がある。経済学では、カネを受け取る側が希求する額をWTA（willingness to accept：受取意思額）、カネを支払う側が許容する額をWTP（willingness to pay：支払意思額）と呼ぶ。この2つの額は通常は

一致しない。代表例が売主と買主のモノの売買である。そこでは、売主はできるだけ高く売りたいが、一方で買主はなるべく安く買いたい。つまり、「売主のWTA＞買主のWTP」という不等式になる。ただし、市場では互いに対等の立場で売買を目的に取引するため、この差は比較的に小さいといえる[16]。

同一のモノに付くカネの価値なのだが、それを手放す代わりに希求する総額の方が、それを手に入れるために許容する総額より大きい。この現象は保有効果と呼ばれる。モノに着目した分析といえる。一方でカネに着目すれば、同額のカネであっても、モノを手に入れるために失うカネのインパクトは、モノを手放して得るカネのインパクトより強いといえる。ここで、前者をILM (impact of losing money)、後者をIGM (impact of gaining money) と名付けると、「買主のILM＞売主のIGM」という逆の不等式が成立することになる。

これらの原因は、どちらも人の損失回避性にある。すでに得ている食料を失う恐怖は、それを得ようとする意欲より強い——これが損失回避性である。貨幣経済以降、食料はカネに置き換わっていると考えられる。このため、カネを失う悲しみはカネを得る喜びより強いのである。つまり、契約交渉において最大のポイントは価格である。そして、通常は需給バランス（相場）や両者の特定物品の独占度、両者の緊要度、相互の依存度、品質・数量・納期などによって上記の不等式が解消されると、交渉は決着することになる。逆に、そのギャップが他の条件により埋められない場合には、交渉は成立しない。その場を去ることになる。その意味でも、両当事者は対等の関係に立っている。

さて、飲酒をめぐる交渉は、カネと引き換えに権利を放棄させるものといえるので、上で見た「モノ」を「権利」に置き換えれば、「権利を手放す代わりに希求する金額の方が、権利を手に入れるために許容する金額より大きい」となり、ここでも「権利者のWTA＞非権利者のWTP」は成立する。

損失回避性とWTAシフト

以上のことを考慮すると、飲酒交渉はコースの定理とは異なる結果になる。権利を手放す代わりに希求する金額の方が、権利を手に入れるために許容する金額より大きい（権利者のWTA＞非権利者のWTP）。つまり、自由に飲酒で

きる場合に、兄が酒を控える代償として希求する額は、弟が支払いを許容する補償額より大きい。先に見たとおり、対等の力関係にある商取引の当事者の交渉では、このギャップは当事者の置かれた状況や他の条件の影響を受けるため小さくなり、解消もされやすい（解消されない場合には交渉は決裂する）。

しかし、ここでは権利を持たない弟にはギャップを埋めるオプションが少なく、家を出て行くわけにもいかないので、権利を持つ兄の要求に合わせざるを得ない（差も大きくなる）。よってD曲線（補償金額）は上方に移動することになるであろう（D-WTA曲線）。交渉結果は、上戸の権利不行使を懇願する立場の下戸にとって、（対等の力関係の場合に比べて）より補償額が大きく酒量も多いq'で決着することになると考えられる。交渉の余地が乏しいために、合意が権利者のWTAに向かって偏向する現象を「WTAシフト」と呼ぼう。

逆に、飲酒の許可が必要な場合には、N曲線（補償金額）が上方に移動することになるであろう（N-WTA曲線）。交渉結果は、下戸の許可を懇願する立場の上戸にとって、（対等の力関係の場合に比べて）より補償額が大きく酒量も少ないq*で決着することになる（WTAシフト）。つまり、損失回避性を考慮すると、どちらに権利があるかによって、両者が合意する内容（最適な結果）は変動するのであり、コースの定理は成立しないことになる。

よって、正義の法は権利義務の創設や法の改定に当たり、取引費用の低減という切り口に加え、社会的・経済的な弊害を少なくするという視点を持つべきことになる。例として、酒の飲み過ぎが飲酒運転や暴力、虐待といった社会問題を引き起こしているとして、「アルコール健康障害対策基本法」が2013年12月に成立した。また、金銭以外の条件が少ないため権利者が優位に立ち、支払額が不当に権利者の希望額に偏向する場合には是正が必要となる。そうした立法例として、メーカーなどが優越的地位を利用して、下請けに製品単価の引下げなどを迫ることを禁止する下請法がある。直近では、立場の強い大手流通業などに商品を納めている中小企業が、消費税増税分を商品価格に転嫁できるようにする「消費税転嫁特措法」を上げることができる[17]。

なお、現在では、コースの定理の成立には資産効果や所得効果が生じないことも条件とされている。これは、権利という富を持つことや補償金という所得

を得ることで豊かになり、消費などの経済活動に違いが出ると考えられるためである[18]。資産効果（資産の多寡が消費や投資に影響する現象）や所得効果（所得の多寡とモノの価格が消費や投資に影響する現象）は、つまるところ、人は経済力によってカネへの執着度が変化することを示している。

一方、ここで論じたのは、カネ以外の交渉条件に乏しく、権利を持つ者が持たざる者より圧倒的に優位に立つために、結果は権利者の要求する金額（WTA）に向かってシフトせざるを得ないという分析であり、そのためにコースの定理が成立しなくなる。WTAとWTPが乖離する原因は経済学的には保有効果にあるので、コースの定理が成立しない条件に保有効果を加えても良さそうである。

好ましい行動への誘い

行動経済学の理論の最後として、ナッジ（nudge：肘で突く）という概念について考える。原語は、それとなく気づかせるという意味である。ここから、好ましい行動を暗示して、より心地良い社会を築こうとすることを指す。人の自由意思を尊重しつつ、自発的な行動で好ましい社会に導こうとするリバタリアン・パターナリズムとほぼ同義である。

卑近な例では、カフェテリアで「カロリー取り過ぎに注意」などと押し付ける（強制する）のではなく、料理の並べ方、たとえばデザートを列の真ん中に置くなどして、自然で好ましい選択を誘導する[19]。飲食店で注文と違う品が出てきたとき「違うけど、今回はいいよ」と耳打ちする、トイレに「いつもきれいに使っていただきありがとうございます」と掲示する、などがある。これは、社会心理学者ブレームが定義した心理的リアクタンス（自由意思を妨げられると反発する性質）を逆手に取るものともいえる。

法政策では、医療保険改革で保険加入をオプトイン（原則非加入）からオプトアウト（原則加入）に切り替える米オバマケアの例がある。人は自由意思で行動を起こすにも労力が必要なので、つい現状に甘んじてしまう（現状維持バイアス）。これを利用するが、その意図が透けて見えたり、財政負担が増すと反発を招き、かえって問題を生む。2013年10月、オバマケア関連支出を含む暫

定予算は米議会の対立で成立せず、政府機能が一時、一部停止した。

　人がルールを守らないのは、ルールを知らなかったり、忘れていたりすることも多いだろう。ルールを覚えやすくするフレーミング（説明の仕方）も有効と考えられる。法律を守らせるためには、ただ押し付けるのではなく、立法の趣旨や現在の問題、社会への効果を説明して、遵法精神をくすぐる。

　たとえば、同じ増税でも消費税は苦痛に感じるが、大震災後の復興特別税（会社員等で2013年1月から）だと協力したくなる。あるいは、個人の投薬歴を情報化する法制には抵抗があるが、データ化で自分にも社会にも利益があることを周知すると良いかもしれない。たとえば、個人は二重投薬や飲み合わせ、副作用のリスクを知ることができる。一方、社会には疾病の発生状況把握、ワクチンの在庫管理、副作用対策の策定などでメリットが生まれる。

　がん患者の情報提供を全病院に義務づける「がん登録推進法」が2013年12月に成立した。がん患者の個人情報を国がデータベースで一元管理するが、匿名化した上で分析し、効果的な予防対策や治療法、発生要因の解明などに生かすという。

4．経済活動と人の心理

　ここまで見てきた伝統経済学、心理学、行動経済学の知見を使って、具体的な経済活動とそれを支える心理の関係を分析する。以下、タクシーの相乗り、スポーツビジネス、株式売買、購買と納税、風評問題などを取り上げる。

タクシーの相乗りと外部効果
　駅から帰宅する時などに他の人とタクシーに相乗りすると運賃は安く済み、効率的である。こうした自分たちの効率的な合意が、それ以上の取引を介さないために、取り巻く環境や外部の経済に影響する点を考えてみたい。経済学では、こうした影響を外部効果と呼ぶ。利益を与える場合が外部経済、損失を及

ぼす場合が外部不経済である。これを心理学的に分析し直してみよう。

　まず、外部効果は、市場の失敗の1つと捉えられる。市場の失敗は、伝統経済学の意図に反し市場メカニズムでは資源の最適分配ができない状態で、原因として、①企業の独占・寡占（独占禁止法が規制する）、②公害や環境破壊による外部効果、③相手と自分の情報非対称性（契約相手の誠実さが把握できない状態など）、④モラルハザード、がある。③と④は次章で扱う。ここでの問題は②で、先に見たコースは、市場のプレーヤーが環境破壊などの社会的費用を負担しないと社会全体のマイナスになるとして、この費用を当事者の交渉により内部化する（取引に取り込む）方法を研究した。

　さて、帰る方向が同じ2人が駅から乗用タクシーに相乗りした。S氏は通常なら1,000円の距離で降り、500円を相手のT氏に渡した。T氏は最後にメーターどおり1,500円支払ったとする。この相乗りの合意は合法である（道路運送法3条参照）。S氏は1,000円のところ500円で済み500円の得、T氏も1,500円のところ1,000円の負担で済み500円の得をした。2人は相乗りの合意をすることで両者とも同額の利益を得た。このように、取引をする両者が信頼に基づき、両者の利益になる新たな選択を見付け、協力することを戦略的合意と呼ぼう。タクシーに相乗りした2人は、この戦略的合意をしたことになる。

　一方、運転手の売上げはT氏だけを乗せた場合と同じである。外部効果は、この2人の効率的な合意がさらなる取引を介さずに外部に及ぼす直接的な影響である。ここでは、当該駅からのタクシー利用客の利用単価が減るという、タクシー業界への影響（外部不経済）になる。タクシー会社がこれを取引に取り込んで改善するには、乗合旅客運送事業の許可を得て乗客それぞれから運賃を取ることになる（道路運送法3条、21条参照）。

　本書では、相乗りをされた運転手に心理的な影響が及ぶことを心理的外部効果と呼ぶ。運転手の潜在的な葛藤の原因は乗客の得た利益が自分の売上げに反映しないことにある。つまり、自分の利益と相手の利益が釣り合わず、不公平感が生まれかねない。相乗りは合法とはいえ、割り切れない思いが募ればそのはけ口は乗客に向けられることもある（とくに治安の悪い国では）。

　そこで、乗客は3者が得をするような合意を自主的に提案する。同じ方向に

帰る複数人でタクシーに相乗りする場合には、降りるときにそれぞれがメーター料金を支払うことにするのである。実際、ニューヨークではこの慣行があると聞いたことがある。この慣行は社会規範であり、法規範（社会化が遅れる）に代わって外部効果の発生を防いでいることになる。時は深夜、タクシー待ちに長い列ができている駅前である。乗客は本来の料金を支払えば、より早くしかも安全に帰宅できるのであるから、500円以上の利益を得られると感じるであろう（感じられないのなら1人で乗る選択をするのは自由である）。

環境税と排出権

　法のアメとムチで、外部効果の費用や便益を私的な経済計算に組み込ませ、市場の失敗を補正しようとする手法はピグー的補正策と呼ばれる。イギリスの経済学者ピグーの考えに基づく。温暖化対策では、温室効果ガス排出権（アメ）と環境税（ムチ）で、独善的行為を取引に取り込んで、環境破壊という外部不経済を回避しようとする。エネルギー消費減と効率利用を促すのである。

　まず、アメについて、1992年の国連会議で気候変動枠組み条約と生物多様性条約が採択され、温暖化対策として、2005年2月に京都議定書が発効した。議定書は、温室効果ガスの排出削減を義務づける一方で、排出権の売買、クリーン開発メカニズム（CDM）、共同実施（JI）という京都メカニズムも持つ。CDMでは、環境対策技術を持つ先進国が受入国である途上国に技術移転や投資を行い、環境プロジェクトを実施して排出量を削減する。先進国はこれにより排出枠（クレジット）を取得し、自国の削減目標に利用できる。JIは先進国間の同様の協力である。近年、わが国は2国間で同取引を行うJCMを進める。

　なお、京都議定書の約束期間は2012年に終了したが、2011年と12年に開かれた締約国会議で、議定書を2020年まで延長することと新たな削減の枠組みを2020年に発効させることが決まった。延長の議定書に日本は参加しない。

　ムチでは、化石燃料の生産者・輸入者に課される地球温暖化対策税（環境税）が2012年10月に導入され、同年12月から実施されている。現在の石油石炭税に上乗せされるもので、灯油価格や電気ガス料金への転嫁も始まった。

　その他の対策として、2012年7月から「電気事業者による再生可能エネル

ギー電気の調達に関する特別措置法」(再生可能エネルギー特別措置法) により、太陽光、風力、地熱、水力、バイオマスで発電した電力を、一定期間・一定価格で買い取ることを電気事業者に義務づける。ただし、電力会社はこの負担を消費者の電気料に転嫁することが許される。家庭の負担は増えた。

なお、社会規範 (教育など) で節約精神を育成することも重要である。一般消費者がイニシアティブを取るというアプローチもある。環境に配慮しない製品作りをする企業に不買運動で応えたり、逆に環境に配慮する企業に積極的に投資したりすること (社会的責任投資：SRI) である。

地球温暖化の背景

2013年9月、気候変動に関する政府間パネル (IPCC) の第5次報告書が公表され、①地球の平均気温が20世紀以降の112年間で0.89℃上昇した、②同世紀半ば以降の気温上昇の半分以上が人間活動による可能性は95％以上ある、③このままでは今世紀末の平均気温は最大で4.8℃上昇する、などとした。

人間活動で最も大きい要因は、世界人口の爆発である。1万年前には500万人程度だったとされる。17世紀の商業革命と18世紀半ばの産業革命以降人口の増加は急速で、1804年10億人、1927年20億人、1959年30億人、1974年40億人、1987年50億人、1998年60億人、2011年70億人と加速した。2024年80億人、2043年90億人、2085年には100億人に達すると予測される。

また、産業革命以降、エネルギーを大量に使って生産効率を上げるとともに、できあがった多種多様な製品で便利な文明生活が始まり、消費者のエネルギー消費の増加を招いている。自動車やエアコン、携帯電話などである。一方で、まだ電気を使えないような人々が世界には16億人ほどいるとされる。

ただし、現在の年間平均気温は15℃程度だが、荒ぶる地球はその歴史の中で平均気温を頻繁に変動させている。たとえば、46億年前の地球誕生時に大気は1,200℃以上と非常に高かった。6億5,000万年前の氷河期には全球凍結を経験している。全体として40億年近くかけて35℃程度に下がった (古生代)。3億6,000万年前から2億6,000万年前の氷河期には22℃まで下がり、生物が大量に絶滅している。しかし、それに続く中生代には25℃まで上昇し、恐竜が繁栄し

た。現代は、1万年少し前に終わった最後（6回目）の氷河期に続く間氷期で、比較的涼しい状態ともいえる。

欲望とスポーツビジネス

現代スポーツは、相手を打ち負かすことで勝利する。ウィン・ルーズの関係である。競技のルールに則りつつも、勝利のルールを握ることが必要であり、両ルールは分離している。ところが、不思議なことに、イギリスで産業革命が本格化する前には、スポーツは競技のルールと勝利のルールは一体となっていた。当時のスポーツは楽しみながら友好を深めようとする人々が、遊技ルールを遵守し合うことで社交の場を形成し、互いに満足を与え合った。つまり、ウィン・ウィンの関係にあった。

たとえば、イギリスで産業革命直後に楽しまれていたコート・テニスは、相手とできるだけ長くボールを打ち合って楽しむことを目的とした[20]。わが国では平安時代の蹴鞠や現在も正月に楽しむ羽根つきのように。そして、共に楽しむという勝利のルールを破った者にはペナルティが与えられた。したがって、当時のテニスでは相手が打ち返せないようなところを狙ったりはしなかった。ボールを強く打つのは卑怯ともされたという。つまり、勝利（社交という目的達成）の法則と遊技ルールは一体となっていたのである。

しかし、その後の時代の要請でスポーツは競技タイプに姿を変えることになる。まず、産業革命後から19世紀後半にかけて、イギリスで近代スポーツが作られた。その背景として、①経済的には、産業革命の進展で労働者に余暇が生まれた（余った時間をどう使うか）、②政治的にも、立憲民主主義体制が整い、暴力が排除された、③国内および国際関係が安定した（国際紛争も衰退した）、④代理戦争としてスポーツが見直された（武力で戦う時代ではなくなった）、⑤健全な精神・肉体（スポーツマンシップ）の育成目的を持った、などがある。こうした性質上、近代スポーツは相手を打ち負かすタイプに変化する。

この傾向は20世紀初め頃から強まるが、第1次大戦で男手がなくなり、女性が上品ではいられなくなったことも背景にある[21]。さらに、人の強欲（greed）はテニスを商売の道具、つまり観戦興行の手段へと変貌させる。これ以降のス

ポーツは、観客が勝ち負けを楽しむ競技という側面を持つことになる。20世紀後半にはテレビ文化がこれを加速した。人類は古代から弱肉強食、適者生存の世界を生き抜いてきた。この点、娯楽・社交スポーツほど、参加せずに見ている者にとって退屈なものはない。観覧して楽しむためには、スポーツを勝ち負けを決する競技スポーツにする必要があったのである。

　それは、相手を出し抜いて生き残ってきた野生の本能が求めたものともいえる。つまり、上品なスポーツでは、観客を魅了できない、商売にならない。商売になる競技スポーツという目的が変わると、スポーツのルール変更も必要になる。自然界では弱肉強食という掟こそが勝利のルールではあるが、それを前面に出しては「文明社会」のエンターテインメントとしてふさわしくない。フレーミングとして競技のルールを作り、自然の掟に変更を加えることで、勝利の法則は不安定になり、競技として面白くなる。こうして、現代の競技スポーツでは、2つのルールが分離して存在することになった。

　そうすると、観客から見て興味を失わせるアスリートの行為はペナルティに値する。古くは1863年、サッカーで敵陣の前で待ち伏せてボールを受け、ゴールに蹴り込むという無粋な戦法がオフサイドとして禁じられた。サッカーも産業革命直後には参加者が楽しむタイプだったが、FAカップ争奪戦が始まる19世紀後半から競技型に変貌していた。2012年、ロンドン五輪のバドミントン競技の予選トーナメントで、4チームが「無気力試合」で失格とされた。決勝トーナメントの対戦相手を有利にするために、わざと負けようとしたという。これは、スポーツマンシップにもとるといえば聞こえはいいが、実体はアスリートも観客も五輪主催者も、スポーツビジネスの渦に巻き込まれているということであろう。放送権料の高騰も同様である。

ルール変更と新たな勝者

　中世から近代の幕開けを迎えつつあったヨーロッパの市民は、既得権益や自分の力で得た成果(農産物や手工業品)を搾取する専制君主を許せなくなった。それまでの自然の掟に基づく結果の不平等を、彼らは自らの力で覆して解消し(市民革命で立憲民主主義を打ち立て)、正当な手続きなしには結果は変えられ

ないシステムを確立した。なお、イギリスでは、もっと早く13世紀初めには、時の君主ジョン王にマグナカルタ（大憲章）を認めさせ（1215）、正式な手続きなしに新規課税をすることはできない体制を整えている。

　逆にいえば、彼らは手続きルール（フレーミング）を変えると結果はどうにでもなることを身をもって学習した。トラウマといえるほどに公正手続の保障にこだわる（結果を評価する価値観は常に変わり、不平等は払拭できないのだが）。このため、ヨーロッパ人は客観的な手続きで決められるまでは独自の判断を避ける。逆に、正当な手続きで出された決定には、自分に不利でも納得して従う傾向が強い。一方、日本人は市民革命のように流血をしてまで権利を勝ち取ってきたという歴史を持たない。一般にルールは守るが、違反したかどうかを自分の判断で決めがちである（第2章74頁で見た）。

　たとえば、サッカーの試合である。ヨーロッパ人はルール違反の判定は自分勝手には行わず、審判に委ねる。折も折、フランスのスター、アンリ選手は2010年ワールドカップへの出場権のかかるアイルランドとの大陸間プレイオフで、仲間のパスをハンドして相手ゴールに押し込んだ。アイルランドの猛抗議は却下された。これでフランスはワールドカップへの切符を手に入れたが、同選手は試合後の非難に応えて、「ハンドした。認めるよ。でも僕は審判ではないからね（I handed it. I admit it but I'm not the referee.）」と語った。

　また、ルールを変えると結果は操作できるので、好ましい勝者を作り出すことも可能である。事実、今日では多くの国際的なスポーツが欧米の勝者を作り出すようにルール変更をされている。たとえば、バレーボールのルール。相手のスパイクを迎え撃つ際には相手コートに両手を突き出してブロックしてもオーバーネットの反則として扱わないというルール変更があり、日本のコンビバレーは威力を半減させられた。1972年のミュンヘン五輪で全日本男子が金メダルを取って以来、男子は国際的にあまり勝てなくなっている。2012年のロンドン五輪では全日本女子が28年ぶりにメダル（銅）を獲得したが、日本柔道は惨憺たる成績になった。その原因は、勝利の法則が変化し、伝統的な日本の柔道ではなくなったためとされる。

株価変動

　前節で触れたが、株価が大きく変動したり、じりじりと安くなったりするのは、投資家の損失回避性が主因と考えられる。以下にそのメカニズムを見る。なお、大脳辺縁系の働きとしては、一般に扁桃体は損失のリスクに過敏に反応し、逆に腹側線条体は儲けの可能性に素早く反応する。

　まず、現代では人はカネに強く動機づけられている。それを失うことに嫌悪感を抱く（損失回避性）。ところが、物価の安定期には貨幣価値が上がらないので、資産を買いたくなる。つまり、カネの価値が変動しない時には、資産の値上がりで利益を得たい（食料を確保したい）。資産とは通常は土地や建物だが、株式も同等に位置づけられる。ここで低金利が加わり、大量の借金をしてまで投資に走ったとき、バブルが生まれた。

　では、すでに株式を手に入れているとして、その後の行動を考えてみよう。株を保有し続けるか手放すかの判断は、基本的に参照点依存性（現状を基点としてそこからの得失で意思決定する性質）によるであろう。すなわち、購入した時の株価から上がったのか下がったのかで、保持か売却かを決めることになる。購入時より下がっていれば、損失回避性により損を出したくないので、それを取り戻すまでは売却は躊躇されるであろう。逆に購入時より上がっていれば、さっさと売って得を現実のものとしようとする。行動経済学の実験では、人は、利益が出ている状況ではリスク回避的に、損失が出ている状況ではリスク選好的に動くとされる。

　つまり、購入時より少し上がっただけでも、売りが株価を押し下げる力となり、下がると今度はなかなか浮上しなくなる。株価の乱高下やじり安が起こるのである。一般に株式投資の心得として「損切りは早く、利食いは遅く」といわれるが、投資家はそれとは反対の行動を取る心理を持っていることになる。このように正反対の心理が交錯し現れる現象は、鏡映効果と呼ばれる。

　それは現実に起こっていることを見事に説明する。もっとも、これでは損失がかさむ結果となる。投資経験の長いベテランが損失をあまり出さないのは、手痛い損をした経験から、短期的な感情に左右されない客観的な売り買いのルールを定め、長期的な利益を確保しているためと考えられる。

また、ピークエンドの法則を考えれば、下落の痛みは長く続いても緩やかなら、心理的に辛く感じないで済む。逆に、そこそこの値を維持していたのに一気に下がったりすると嫌気がさし、さっさと処分したくなるものである。株を売る売らないの判断は、直近の変動幅の大きさにも影響されることになる。

ギャンブルと男女の心理差

　投資において、男性は勝利者効果（winner effect：戦いで一度勝利した動物は次も勝つ確率が高くなる現象）の影響を受けやすい。テストステロンの値を高めることで自信とリスク志向を増し、生き残ってきたことを考えれば、当然であろう。とくに取引頻度の高い男性トレーダーを観察した結果、短期的には、午前にテストステロン値が高いと午後も高いリターンを得る傾向があった。ただし、他のリスク志向的なホルモンとの相乗作用もあり、大損をすることも多い。一方、女性トレーダーは比較的に取引頻度も額も極端ではなく、大損も大儲けもしない代わりに、長期的には成功する傾向にあるという[22]。テストステロンに対抗して働く女性ホルモンのエストロゲンの影響と考えられる。

　また、2009年のアメリカの研究によると、男性の47％が株式保有に固執し過ぎたため損をしたのに対し、女性は35％だった。その結果、2000年から2009年のヘッジファンドの年平均運用実績（利回り）は、男性の5.82％に対し女性投資家は9％を得た（2008年のヘッジファンドの損失は男性の19％に対し、女性は9.6％）[23]。男性特有のテストステロンがリスク志向にさせるが、大脳の部位では島皮質前部がリスク選好を司るという。この部分の働きを抑制すると、リスクを回避する傾向になることを東北大学大学院生命科学研究科の飯島敏夫教授（脳神経科学）の研究チームがラットで突き止めた。

　株価の変動に話を戻すが、ギャンブラーの誤謬でも説明可能である。これは、サイコロの目やルーレットの色に賭けるギャンブラーが、いつまでも同じ結果は続かず、そろそろ違う目や色が出るはずと思い込む現象を指す。確率論的には、つぎが同じ可能性と異なる可能性はまったく同じである。一般に、ランダムな出来事に法則性や傾向を見いだしたり、相関関係を因果関係のように思い込む現象は代表性のヒューリスティクと呼ばれる。人生で良いことが続くと、

いつか悪いことが起こるのではないかと怖くなるように、株価の下落が続けば、そろそろ上昇するだろうと思って保有し続ける。上昇が続けば、そろそろ下げに転じるだろうと思って売り急ぐことになる。

　なお、投機的な投資家は株を安く買って高く売ることで稼ぐので、株価は彼らの行動にも影響される。たとえば、アベノミクスで急回復した株価が、2013年5月に13年ぶりの大幅下落となったのは、ヘッジファンドなどが投機的な売買をしたり、期末の利益を確保しようと売りに出たことが背景にあった。米投資家のウォーレン・バフェットはいう――「今のウォールストリートは奥にカジノを控えた高級レストランのようなものだ。活発なトレーダー達は美味しい食事を素通りして賭けに勤しむ」[24]。

　また、不況時には新たな選択の結果が現状と比較して有利になるとは容易には思えなくなるので、参照点依存性により、現状を変更しないのが最善と判断する。この性質は、とくに現状維持バイアスと呼ばれる。株や債券の投資では、手放さないとともに、これまでの投資比率をなかなか変えたがらない。安心を求める恒常性維持ゆえであり、現状から抜け出すのは大変である。

税制と認知的不協和

　税制は、個人が自分の努力で得た所得の一部を他の人と分け合う（再分配する）制度である。どの程度の分配が公平かという問題がつきまとう[25]。心理学的には、人は公平とか正義に思いをはせるとき、自分の利益と他人の利益を主観的に比較する（相対的不満）。したがって、客観的な所得分配の基準を作って正義を実現したつもりでも、人々の不満は解消しない可能性がある。

　アダムズの衡平理論では、人は労力と結果が釣り合うことを望む。もし、その割合が他人のそれと比較して著しくバランスを欠くと、不公平と感じる。たとえば、サラリーマンと農家の実質税負担率である。結果、サラリーマンは心理的に不愉快になる。フェスティンガーの認知的不協和の状態である。この仕組みは前章で見たが、この例では、一生懸命働くべきだという信念・願望を持ち、相応の納税をしているという行動・立場にある。これらが調和しているところへ、税負担率が違うという客観情勢が認知され、不協和になる。

不協和を解消して落ち着くためには、①信念（願望）を捨てる、②客観情勢を再解釈する（認知の変更）、③行動（立場）を変更する、のどれかをすればよい。ここでは、①手を抜く（信念を捨てる）、②農家も大変だと考える（認知の変更）、③その場を去って転職する（行動の変更）、④比較の対象を変える（同僚と比較するなど認知の変更）、などの選択が可能である。

　アメリカはベトナム戦争時に費やしたサンクコストが大きいために、同様の状態に陥った。米軍の認知的不協和は、①信念（効率的に作戦を遂行したい）、②立場（戦争を戦っている）、③認知（数年を戦い米兵数万人が死亡した）にあった。これを解消するために、「ベトナムは重要だ。時間とコストをかける価値がある」と信念を変えた[26]。米軍撤退という行動の変更もできたはずだが、信念の方を変えたのである。その背景には、第2次大戦で中国に肩入れしながら、共産化を防げなかった苦い経験や、数万人という米兵の戦死を無駄にできないという「経済」観念があった。

　また、チケットの入手にすごく苦労して、やっと迎えたコンサート当日の心理はこうだ。「コンサートを楽しみたい」（信念・願望）と「チケット入手に苦労した」（行動・立場）は、「コンサートが面白くない」（認知）と不協和を生む。恒常性維持ゆえに、ほとんどの人は認知を変えて、「面白かった！」と思い込もうとする（信念を変えて「苦労にも価値はある」とする人は少ない）。また、きつい授業に出てしまったときには、「やりがいが持てる」。大行列に並んでやっと食べたラーメンは、「うまい！」[27]。この場合、「本当にまずい」ときは、「そばやスパゲッティでは腹が空く」と信念を変更してもよい。さらに「結婚式場でほかのカップルに出会うと目をそらす」や「車を買った後の方が、その車の広告を熱心に読む」などの心理を説明できる[28]。

　「夫の浮気に対して、浮気相手を憎む」のも認知を変えた結果といえる[29]。つまり、「一途な愛」（信念）と「結婚している」（立場）が、相手との不倫（認知）で揺らぐ。信念を変えるのは難しい。立場を変えるなら離婚だ。これもありうるが、手っ取り早く認知を変えて「相手が言い寄った」と考えると協和状態になる。だが、変更後の認知が明らかに誤りだと分かったとき、残された道は離婚しかない。そうすると不倫相手と共同戦線を張り、元夫をなじった

りする。元夫は共通の敵となった。同様に、アンケートの回答で、年収が低い（立場の）世帯ほど「配偶者を愛している」（認知）と答えるが、同時に「離婚を考える」（立場の変更）という比率も高い、という現象を説明できる。

税金と参照点依存性

　2014年4月から、わが国の消費税率がそれまでの5％から8％に上がった。人は参照点依存性により、現状からの変動を相対的に評価する。課税率が急に高くなったり、給与額が大幅に下がったりすると、現行水準と比較して、可処分所得はいぜん高くとも不満が増幅されやすい。上げ幅3％は大きいと感じられるのではないか。また、会社が不況を理由に賃上げを見送ると、それによって生ずる会社の利益と自分の損失とを比較して不公正さも感じられる。

　そこで政府は国の支出として5.5兆円の経済対策を実施する。企業への減税と引き替えに、雇用や賃上げを促進してもらう目標も掲げる。そもそも企業税と個人税は、どちらも納税によって社会に寄与するという点では同じだが、心理的には大いに異なる。従業員を搾取して利益を上げ、その分法人税等を多く収めるのか、従業員の給与を増やして（労働分配率を高めて）働きがいや生きがいを高めた上で、所得税や消費税を多く納めてもらうのか、である。

　なお、北欧の高福祉国家では、税負担率は極めて高いが、国民は納得しているようだ。しかし、初めから高かったわけではない。参照点依存性が障害となるからである。このため、長期間をかけて緩やかに上げてきた。たとえば、フィンランドでは、消費税に当たる付加価値税（VAT）を1960年代の10％からじわじわと上げた（2013年7月現在24％）。ヨーロッパではVATが軒並み20％前後のため、生活に不可欠な食品などには軽減税率が適用される。わが国の消費税も2015年10月に10％に上がる予定である。対策を要するであろう。

　増税があると、わが国のような充足率の高い国では買わないという単純な行動が選択されやすい。増税の痛みを打ち消す方策が必要といえる。前回、消費税率が3％から5％に上がった1997年には、あるスーパーが「消費税分5％還元セール」を打ち、売上高を大幅に伸ばした。ところが、今回は、中小企業が消費増税分を価格に転嫁することを担保するために、小売業が「消費税還元

セール」などと銘打った特売をすることは禁じられる。付加価値を高めた新製品で訴求力を増すとか、価格ではなく、量を減らしたり、定番商品の値段を据え置いて、その他の商品の値上げで凌ぐといった工夫が必要になろう。

　逆に、減税制度が一定期間続くと、容易には廃止できなくなる。制度の廃止で税負担が急に増えると、参照点依存性により不快感が生まれるからである。モノの価格についても同じで、低価格の印象が残ると、価格が元に戻されたとき消費者に割高感が生まれ、不信感が残る。

　同様に、人はデフレ状態で収入が増えないと、たとえ消費者物価が下落していても不快になる。糧の源泉である給料水準が、緩やかに上がっていく適度のインフレが好ましい。デフレ下では結婚率も下がる。2010年の国勢調査で、35〜39歳の男性の未婚率は35.6％だった（10年前に比べて9.4ポイント上昇）。同世代の女性は23.1％（同9.2ポイント上昇）。給料が上がらない（経済力がない）ので結婚できないという心理であろう。また、デフレ下ではモノの価格が下がり続けるので、今買うと損と感じられ、購入を先延ばしする。モノが売れなくなってさらに価格が下がるというデフレスパイラルに陥る。

風評と心理問題

　食料品に安心や安全を求めるのは、心を平穏に保つ恒常性維持の機能に他ならない。それは、カネの問題つまり経済問題ではなく、心理問題である。しかし、経済問題と心理問題は絡み合うので、問題の解決も難しくなる。たとえば、経済効率を重視する工場が、廃液を処理する時間と費用を惜しんで川に垂れ流し、漁業被害を与えるのは外部効果という経済問題である。ここに当事者の感情の要素が入り込むのが心理問題となる。たとえば、当該工場に住民が反対運動をし、その行為に歯止めをかけることである。

　荏原製作所の産廃処理施設は2000年に雨水路を経由して近くの川に高濃度ダイオキシン類を流出させたと報じられた。かりに、流出した化学物質により川に住むシラスが生きられなくなって減少し、シラスの漁業関係者が漁獲高を減少させた場合には、経済問題になる（損害賠償をめぐっては法律問題でもある）。ところが、漁業関係者が同社を訴えた理由は、化学物質流出の報道で風評が起

こり、売上げが減ったというものであった。これに先立ち、環境庁（当時）と神奈川県は化学物質が川の魚介類に影響することはないと宣言していたが、住民としては川でとれたシラスを買い控える心理が働いたことになる。したがって、これは経済問題であると同時に心理問題ともなる。

こうした心理的嫌悪感はスティグマと呼ばれ、製品や不動産の市場価格に影響する。横浜地裁は2006年7月、風評被害を認めて同社に損害賠償を命じた。判決は「ダイオキシン濃度は住民に対して十分に脅威を与えるものである。買い控える消費者の心理は当然で、排出した荏原製作所に責任がある」と認めた。さらに、安心を求める心理問題は、統計や科学的根拠に基づく合理性の問題ではない。たとえば、捕鯨問題である。捕鯨国である日本が、いくら科学的な調査結果に基づいてミンク鯨の充分な生存可能性を主張しても（経済問題）、捕鯨反対国にとって、これが知能を持った鯨を残忍な方法で捕獲して食するという心理問題である以上、解決が難しいのである。

捕鯨をめぐっては、国際捕鯨委員会（IWC）が1982年に鯨資源の科学的データが不十分として商業捕鯨の一時停止を求めた。2013年、オーストラリアは、南極海における日本の調査捕鯨の中止を求めて国際司法裁判所（ICJ）に提訴した。日本は応訴し、弁論を行った。オーストラリアの主張は、日本は鯨肉を売って利益を得る商業捕鯨をしており、調査以外の捕鯨を禁ずる1946年国際捕鯨取締条約に違反しているとする。日本の反論は、条約の認める科学的研究のための調査捕鯨であるとする。2014年に判決が下される見通しである。

知的財産権

経済は、自然から資源を調達し、モノ（有体物）を生産して、流通・販売し、消費することで発展してきた。その過程では、ヒト、モノ、カネが資源として重要な役割を担う。さらに、近年は形のない情報（無体物）という資源が加わり、それを持つ者を保護する。情報という知的な創造物（著作物や特許）の総称が知的財産であり、それに与えられる権利が知的財産権または知的所有権と呼ばれる[30]。以下、著作権を中心に考える。

著作権は、思想または感情を創作的に表現した作品（文学・美術・映画・音

楽など）の作者に、作品の利用法の決定権を与えるものである。利用とは、著作者に無断で作品を使うことができないという意味で用いられる。作品を正当に入手した者であれば、読む・聴くなどの知覚行為は自由であり、これは著作者の許可を必要としないという意味で、使用と呼ぶ。

本（書籍）を例に取ると、所有権（民法206条）は有体物としての本に及ぶので、その所有者は本という有体物を自由に使用できる（所持し、自由に読み、処分できる）。一方、著作権は本に書かれたこと、つまり無体物としての情報（正確には表現）を保護するので、本の所有者といえども、その表現を自由に利用することはできない。本をコピーして販売するのは著作権侵害になる。

著作権で保護されるのは著作物の表現であって、内容ではない（アイデア自由の原則）。アイデアは、特許権や実用新案権で保護される。たとえば、難病に有効な画期的新薬が開発され、特許権が付与されたとする。その製法を記した論文が、商業雑誌に掲載された。この製法に従って無断でこの薬を製造・販売するのが特許権侵害であり、同論文を無断でコピーして売りさばくのが、著作権侵害となる[31]。また、著作物は発表すれば自動的に著作権が発生するのに対し、特許では特許庁などに登録して、特許権として認定される必要がある。

著作権が及ぶ利用にはさまざまあるが、ここでは、音楽CDについて考えてみよう。この商品で問題となるのは、複製権、公衆送信権（送信可能化を含む）、譲渡権（映画以外の原作品や複製物を公衆に譲渡する場合）、貸与権（映画以外の複製物を公衆に貸与する場合）、が多い。一般には、これらの利用を許可する場合には、許諾（ライセンス）契約に基づくことになる。

譲渡や貸与の場合の公衆とは、「不特定人または多数人」と解釈されている。通りすがりの人は1人でも不特定であり公衆である。多数人とは数十人程度を指す。したがって、著作権が及ばないのは、特定の少数人、たとえば家族や限られた友人で、CDを譲ったり貸したりする場合に限定される。ただし、譲渡では、原作品や複製物は、あらかじめ著作者の許諾のもと、ショップで販売される。譲渡権は、例外的にこの「ファースト・セール」のみに及ぶので、古書店や中古CDショップで販売するのは合法である[32]。つまり、原作品や複製物を正当に入手してから公衆に譲渡するのは著作権侵害ではない。ただし、著作

者からすれば、これでは売上げが落ちるので、法改正の動きがある。

　つぎに複製について見てみよう。著作権法には「制限規定」があり、本来は著作権者の許諾がないと権利侵害になるものの、例外的にその原則が制限され、許諾がなくても利用できる場合である。いちいち許可を求めていては、かえって混乱するような場合や利用が社会的に見て公平な場合（フェアユース）である。代表例が私的使用のための複製であり、「個人的に、または家庭内その他これに準ずる限られた範囲内」（著作権法30条）なら認められる。

　この私的使用の複製を例外的に認める法改正は1971年に行われたが、一般大衆の大きな需要を呼び起こした。このため、家電メーカーによる家庭用電子機器（ビデオ・レコーダーなど）の製造・販売・普及が急速に進んだ。放送時に視聴するしかなかったテレビの映画放送などが録画できるようになり、視聴時間をずらすタイム・シフトが可能となったからである。

　著作隣接権は著作物の伝達者に与えられる権利であるが、著作物の出版社には著作者との契約に基づいて出版権が与えられ（著作権法79条）、差止請求や損害賠償請求が可能となる。ただし、近年発達しつつある電子書籍は対象としないため、著作権法の改正が検討される。東京地裁は2013年9月、書籍をスキャナーで読み取って電子化する「自炊」の代行業が著作権（複製権）を侵害しているとして、事業の差止めと著作者への140万円の損害賠償を認めた。

著作権ビジネスと法

　文化の発展を考えると、他人のアイデアに学び、発展させるということは重要である。このため、著作物のアイデアを真似ても著作権侵害にはならないとされているのである。一方で、著作者に無断で表現をそっくり複製した海賊版や盗作が出回ると、著作者の創作意欲は減退すると考えられる（インセンティブ論）。自分の表現が丸ごと盗まれれば、心の平穏を保つ恒常性維持は落ち着かない。また、オリジナル作品の売上げも落ちるので、経済的な困窮に陥る可能性もある。これでは、文化の発展にはかえってマイナスになるであろう。

　そこに著作権法の意義があるのだが、とくにデジタル化時代の到来で、原本と寸分違わないコピーが簡便・迅速・安価・大量に複製できる時代になった。

原本の質も劣化しにくく、合法な中古市場での売買もいっそう活発化するため、著作権法による著作物の保護の必要性が高まってきた。上で見た私的使用の複製を例外的に認められた1970年代は、複製といっても大した機器はなく（せいぜいラジカセなど）、コピーできても、その質はオリジナルにはほど遠かった時代である。オリジナルの売上げには影響はないと考えられた。デジタル機器の時代である1980年代後半から90年代には、この影響は大きいと認識されたものの、一般消費者の私的複製を禁ずるまでには至らなかった。

　しかし、現在では、デジタル化されたデータの私的複製を不能する方法（CD・DVDメディアなど）と制限する方法（音楽配信サービス、デジタルテレビ放送のコピーワンスやダビング10）、さらに著作権者に補償金を与える方法（私的録音録画補償金制度）で対応する（著作権法30条1項・2項参照）。後者は、記録する機器（DVDレコーダー、MDプレーヤーなど）や媒体（CDやDVD）の販売価格から一定額が徴収され、権利者に補償される。

　また、1990年代後半以降のネットワーク化の時代は大変である。著作物をインターネットにアップロードするのは複製であり、送信可能化である。著作権者に無断で行えば著作権侵害となる（罰則をともなう）。目的は、インターネット上でファイルを不特定多数の人々と安価・迅速・大量に共有することだが、つながる人々の数は膨大であり、著作権者に及ぶ損害も甚大である。この事態に鑑み、2010年1月から著作権法が改正施行され、違法配信されているコンテンツをそれと知りながらダウンロードして利用する行為を禁ずる（30条1項3号）。さらに2012年10月からはこれを親告罪として罰則を設けた（2年以下の懲役または200万円以下の罰金）。同時に、コピープロテクトを解除して私的目的で複製する行為も禁じられるが、罰則はない。

【注】
1）基になったのはオーストリアのハイエクの考えで、第2次大戦後、自由主義経済の利点を主張し、生産や消費の生の情報は、それを持つ個々の経済主体が直接的に生かして、市場を運営していくことが重要になるとした。ハイエクはその後アメリカに渡り、シカゴ学派の自由経済主義を開花させた。
2）本来は、エネルギー効率の改善が進むと（コストが下がるため）、エネルギー消費は

全体として逆に伸びる傾向のことを指す。1975年以降アメリカでエネルギー効率は約50％上がったが、全体の消費量は逆に40％以上伸びた。

3) See Bobby Ghosh, "How to make terrorists to talk", Time, June 8, 2009 at 27.
4) 宍戸善一・常木淳『法と経済学』（有斐閣、2004）3頁〔常木〕参照。
5) 細田衛士・横山彰『環境経済学』（有斐閣、2007）74頁参照。
6) デイヴィッド・P・バラシュ（桃井緑美子訳）『ゲーム理論の愉しみ方』（河出書房新社、2005）221頁参照。
7) ロナルド・H・コース（宮沢健一・後藤晃・藤垣芳文訳）『企業・市場・法』（東洋経済新報社、1992）246頁参照。
8) スティーブン・シャベル（田中亘・飯田高訳）『法と経済学』（日本経済新聞出版社、2010）108頁参照。
9) 東京高判平成18・8・31（判例時報1959号3頁）。
10) マッテオ・モッテルリーニ（泉典子訳）『経済は感情で動く』（紀伊國屋書店、2008）288頁参照。
11) Time, January 9, 2012 at 29.
12) NHKテレビ「ヒューマン なぜ人間になれたのか」2012年2月26日放送。
13) 脳情報通信融合研究センターの春野雅彦博士がカネを分け合う実験で明らかにした。さらに、損をするより得をする方が扁桃体の反応が強かった。
14) このため、製造業者の新製品開発の意欲も薄れ、量産効果も期待できないため、国際競争力も減退する。そこで、企業は生き残りをかけて需要の旺盛な新興国に進出せざるを得ない（空洞化が進む）。
15) 林正義・小川光・別所俊一郎『公共経済学』（有斐閣、2010）112頁は、タバコの価格（限界費用）を下限に据えて、喫煙者と嫌煙者が行う補償交渉を図示し、嫌煙権がある場合もない場合も同一の最適な結果になることを示す。
16) WTAとWTPの差は一般市場の取引では小さいが、公共財や環境などの非市場財では大きく、平均で約7倍になるという研究結果がある。友野典男『行動経済学』（光文社、2006）154頁参照。
17) 正式名称は「消費税の円滑かつ適正な転嫁の確保のための消費税の転嫁を阻害する行為の是正等に関する特別措置法」（2013年6月5日成立）。このため、中小企業の価格カルテルの結成も認められる（2013年10月1日から）。
18) 細田・横山・前掲注（5）78頁参照。
19) 真壁昭夫『最新 行動経済学入門』（朝日新聞出版、2011年）148頁参照。
20) 武田薫『サーブ＆ボレーはなぜ消えたのか』（ベースボール・マガジン社、2007）51, 66頁参照。
21) 同上100, 161頁参照。
22) Time, June 10, 2013 at 18.

23) Time, July 25, 2011 at 12.
24) Time, September 9, 2013 at 18.
25) 代表的な公平理論に平等原理（労力にかかわらず平等な分配）や必要原理（各人の必要度に応じて分配）がある。大橋正夫・佐々木薫編『社会心理学を学ぶ』（有斐閣、1989）146頁〔高田利武〕参照。各人の貢献度に応じて分配するのが公平分配である。公平とは、皆が納得できる不平等ともいえる。
26) モートン・ドイッチ（杉田千鶴子訳）『紛争解決の心理学』（ミネルヴァ書房、1995）355頁参照。
27) 日本経済新聞社編『けいざい心理学！』（日本経済新聞社、2004）149頁参照。
28) 多湖輝『多湖輝の心理学教科書』（ＫＫロングセラーズ、1999）93頁参照。
29) この心理は、ハイダーのバランス理論ではうまく説明できない。味方（夫）の味方（不倫相手）は自分の味方になるからである。不倫をした夫を敵と思わないと不倫相手を敵とは思えなくなってしまう。
30) 内容は、著作権・特許権・実用新案権・意匠権・商標権のほか、不正競争防止法で守られる権利やパブリシティ権・育成者権（種苗法）などがある。
31) 岡本薫『著作権の考え方』（岩波書店、2003）22頁参照。
32) 福井健策『著作権とは何か』（集英社、2005）59〜60頁参照。

第4章
商売の法と人の心理

○ ● ○

【この章では】
　モノやサービスを売る事業者は、顧客に心理的な働きかけをして、購入を促す。こうした商売の心理を取り上げる。法と心理学の第4分野である。ただし、その手法が度を超すと、消費者の心理を巧みに衝く悪質商法になりがちで、社会問題化している。社会規範と法規範による未然防止が重要である。
　第1節では、物品売買などの契約について考える。商売は人と人が取引するために契約を結び、権利義務を履行し合う法律行為である。取引の性質、交渉の目的、契約とは何か、などを検討する。第2節では、契約上のトラブルを分析する。履行が非効率になる原因、契約不完備性、契約違反の類型、契約違反の意味、情報非対称性による逆淘汰とモラルハザードなどを解説する。
　第3節では、さまざまな商売テクニックを取り上げ、その仕組みを心理学的に分析する。さらに、消費者の錯覚を誘ったり、契約を結ばせたりする詐欺や悪質商法に対して、法規制が強化されていることを指摘する。実際の事例に基づいて、消費者保護対策の現状を解説する。最後に、売り手と買い手の両者が納得できる合意を考えてみよう。

1．取引と契約の心理

　人は1人では得られる利益に限度があるので、相手と組んで取引し、互いの利益を増やそうとする。取引はウィン・ウィンの関係にある。そのルールを規定するのが契約である。逆にいえば、契約のルールを守ることが両者共に勝つ法則である。初期のスポーツがそうだったように、2つのルールは一体になっている。しかし、近代スポーツがビジネス化して相手を打ち負かすタイプに変貌したように、取引でも利益を偏重すると、契約の一方的破棄が起こる。ウィン・ルーズの関係になるが、取引はそれでは終わらず、今度は得られた利益を取り合う（損害賠償請求）。代表例が紛争解決である（次章で見る）。

　伝統経済学では、人は利得のために行動するとし、それを動機づける外的要因をインセンティブ（incentive）と呼ぶ。ほとんどの場合、より多くのカネがインセンティブになる。経済学的には、人はより多くのカネを手に入れるために取引するといえる。一方、心理学では行動を促すものを内面的な動機づけとして捉え、モチベーション（motivation）と呼ぶ。まず内面の欲求（動因）があり、これに対して外的な目標（誘因）が作用するとする。マズローのレベル4（自尊・承認の欲求）では、評価されて正当な報酬や地位を得ることが内面の欲求であり、目標となるもの、たとえば会社の社長職が誘因になる。

協力型取引のジレンマ

　取引は複数の当事者が力を合わせるので、基本的には協力型取引である。しかし、当事者が複数であるため、ジレンマがつきまとう。これは、2個以上の集団である社会の問題、つまり社会的ジレンマ（個人の利益と全体の利益の葛藤状態）に他ならない。心理学者のシェリングはこうしたジレンマを2人ゲームに置き換え、3タイプあるとした（純協調、純相克、混合動機）。

　バレーボールの試合を例にとると、チームのメンバーは互いに協力して試合に勝とうとする（純協調、プラスサム・ゲーム）。一方、自チームと相手チームとは完全な競争状態にある（純相克、ゼロサム・ゲーム）。しかし、自チー

ムのウィングスパイカー同士が互いにスパイクを打ちたい欲求に駆られトスを上げるのを嫌うと、ボールは自コートにポトリと落ちる。これが協調と相克が同居する混合動機であり、短期的な利益（自分がスパイクを決めること）に目を奪われると長期的な利益（勝利）は遠のくことになる。

相手と組むときに肝に銘ずるべきは、ある程度の利益は犠牲になっても、より大きな利益を得るために自制することである。その際に役立つのが意思疎通で、バレーボールでは、声を掛け合って誰がトスを上げるのかを確認する。

O・ヘンリーの『賢者の贈り物』に出てくる夫妻もそうである。夫は愛する妻のために密かに時計を手放して髪留めを購入していたが、同じく妻は夫の時計に付ける鎖を手に入れるために自慢の髪の毛を切って売ってしまった。この寓話の解釈はさまざまありうるが、表面的にその構造を分析すれば、男と女の皮肉な協力ゲームとなる。両者は互いに相手を幸せにしたいと願っている。その点で両者の利害は一致する。しかし、意志疎通の欠如がネックとなり、結果として最悪の事態を招いてしまったように見える。

短期的・近視眼的な利益の不等式で表せば、独尊＞献身＞抗争＞協力となるであろう。独尊を通し、相手の好意に甘えた場合に利益が1番大きい。その次は献身した場合である。互いに相手に依存して何もしないのはその次に来る。最悪なのは、この物語の結末のように互いに思い合った場合となる。

しかし、本当にそうだろうか。長期的・複眼的な視点では、利益の不等式は協力＞独尊＞献身＞抗争でありうる。作者もそれをいいたいのであろう。つまり、互いに思い合うこと（協力）が、結局は愛情を高め幸福感に浸ること（最大の利益）になるのだと。だからこそ、協力ゲームなのである。

ただし、短期的・近視眼的に利益を追い求める人に対しては、こういおう。意志疎通を図ることで協力すれば、もともと利害が一致するので、最大の利益が得られるゲーム、それが協力ゲームなのだと。この物語の例では、プレゼントの意向を伝え合い、タイミングを調整することで、両者が満足できる（長期的・複眼的視点からは、そんなことをしたらゲームが台無しになるのだが）。

まとめると、協力する際には、悪い結果をもたらす情報非対称性を排除すれば良いことになる。現在、これを担う最適な手段がIT（情報技術）である。

2011年初から続くアラブの春、北アフリカ・アラブ諸国の政権崩壊・民主化（チュニジア・エジプト・リビア）は国民のネット上の情報共有で支えられた。

企業活動と協力

　企業活動も同様である。寡占状態にある2社はシェリングの純相克の関係にあるようで、実は混合動機を有している。市場を独占したいが、一方で協力して市場規模そのものを大きくしたい。そこで両者は互いに共通する利益を実現するために交渉することがある。これが協力型交渉で、部分的に協力して全体の利益の最大化を目指す（ただし、価格カルテルなど、示し合わせて協調行動を取れば独禁法違反となる）。協力交渉の結果ではないが、ヤマト運輸は1984年、ゴルフ宅急便のサービスを始めたが、他社の参入により需要が全国に拡大した。2012年の宅配便の年間取扱量は全体で計35億個に達している。

　逆に、純相克の例は、採算を度外視した商売をすることである。同質の競合企業間で起きることが多い。ただし、他方がこれに追従しないと短期的には販売競争に敗れることがあっても、長期的にはライバルは採算割れで倒れることが多い。これは、自社だけ低価格攻勢に出て、かりに価格競争に勝っても、市場を独占できるのは一時的だからである。そのつぎにはコスト削減をせざるを得なくなり、商品の品質や味が落ち顧客を失う。調達や店舗管理の能力、求められる商品の開発力も低下する。2次的コスト（品質低下にともなうリコール、補修、損害賠償などの費用）も考慮しなければならない。

　現実には、企業は存続すべき実体である以上、価格競争後の低い利益では存続できないことは予見できる。パイを取り合うだけのゼロサム・ゲームを脱し、商品やサービスに付加価値を付けて差異化すべきである。

さまざまな交渉方法

　取引の目的物の価格は交渉の結果として上がっても下がっても、一方が得をすれば他方は損をするというゼロサム・ゲームである（両者の得失の和がゼロ）。この交渉で当事者が信頼関係を築けないと、互いに疑心暗鬼になり（相手の提示する価格は本音とかけ離れていると疑われ）、条件のすり合わせが難

しくなる。そうすると、交渉が決裂しないまでも、関係は敵対的になることが多い。

しかし、価格は契約交渉の1つの対象に過ぎない。当事者の選好は価格だけではなく、品質であったり、数量であったり、納期であったり、安定供給であったりする。交渉対象の切り替えとさまざまな交渉方法の例を見てみよう。

ハーバード流ビジネス術でよく登場する、姉妹2人がオレンジ1個を分け合う例である。これは分配交渉で、ふつうはどちらかが多くとった分、他方は少なくなるゼロサム・ゲームである。これを避けるために、ブドウやキーウィをあげてオレンジを譲ってもらうのが交換交渉である。また、オレンジとキーウィ2個を交換してくれる第3者を見付ければ、姉妹はキーウィを1個ずつ分け合える。さらに、オレンジにほかの果物を加えて、その上で分け合う（ショッピングリスト方式）と、交換分配交渉になる[1]。

姉妹が、かりに「一方が真二つになるように切って、他方が先に取る」と決めたとしよう。一見公平なようだが、分配はゼロサム・ゲームであり、切る者の心は納得しにくい。誰が切るかという2次的な問題も生じる。人は、感性だけなら有無をいわせぬ強引さで物を奪い合うが、理性を発達させたことで交渉が生まれた。たとえ「求める感性」だけなら十分な分け前であっても、「比べる理性」は公平さを要求して、容易には引き下がらない。

そこで、姉妹はよく話し合ったところ「妹は身でジュースを作りたい。姉は皮でマーマレードを作りたい」ということが判明し、分配交渉は成功する。両者に利害対立はなかった、という結末である。姉妹の葛藤は消えて、戦略的合意（プラスサム・ゲーム）になった。理性が交渉を生んだものの、解決策は互いに感性を充足できるものであり、理性も比較の対象を失って収まった。

戦略的合意の実例

今まで気づかなかった、両者の利益になる解決策を見いだすのが戦略的合意であるが、その前提として、互いに誠実に手の内を明かし、信頼関係を築くことがカギになる。なお、戦略的合意は、当事者が長期的・複眼的な視点に立ってするものである。「戦略」（strategy）とは本来、長期的・広角的なものであ

る。この用語が実業界で用いられる場合（経営戦略など）も同様に長期的・複眼的な選択を指す。一方、伝統経済学やゲーム理論で使われるのは短期的・近視眼的な選択であり、戦術または作戦（tactic）と呼ぶのがふさわしい。現実の商取引で行われている戦略的合意の例を見てみよう。

　価格交渉はゼロサム・ゲームであり、対立の原因となるので、メーカーは商品の販売に当たり、たとえば価格で譲って量を確保する。あるいは、価格交渉をまったくやめて、問屋や小売店に原価と希望利益を開示した上で、従量制のガラス張りの価格設定にする。その代わりに、たとえば効率的で利益の上がる流通や販売方法を提案して協力するのである。

　自動車メーカーのホンダは車の販売で値引きをしないことで有名である。とくに不況時には、販売台数を伸ばすために値引きをしたくなる。しかし、そこを凌げば、中古車としての価格は高く維持される。長期的にこの販売手法は顧客の支持を受けやすい。客の視点に立てば、一時の価格や品質だけなら、他社製品に乗り換えることに躊躇しないであろう。しかし、長期的に共通の利益が得られるという信頼関係があれば、欠かせない存在となるのである。

　2011年6月、読売新聞と朝日新聞は、首都圏で配達する読売新聞の一部の印刷を朝日新聞に委託したと発表した。一部地域で共同輸送も行うという。また同月、アサヒビールとキリンビールは、東京で小口配送を共同化すると発表した。空き容器も共同回収するという。2013年6月、日産自動車と三菱自動車は共同開発した新型軽ワゴン車をそれぞれ発売した。車体をほぼ共通化してコストを抑え、低価格にしたのが特徴とされる。これらに共通する両者の利益は、生産・運送にともなう環境負荷の低減とコストの低減であろう。

　似た例として、企業は株主の利益だけでなく、他のステークホルダーにも配慮すべきとするCSV（Creating Shared Value：共有価値創出）がある。利益を上げながらも同時に社会貢献する活動であり、具体例としてアグロフォレストリー（森林農業：森林を育てながら作物を収穫する手法）がある。

支払いをめぐる心理

人には参照点依存性（現状を基準として、そこからの得失で新たな選択をするかどうかを決めようとする人の性質）があるが、このため、現在を最も重視する（今の満足が一番大事）。現在志向バイアスである。利益と不利益の大きさが同じでも、「現在の利益＞将来の利益」または「現在の不利益＞将来の不利益」と感じてしまう。ただし、現在と将来の利益・不利益のインパクトが異なる場合には、そのバランスから、現在の満足を我慢することもある。

伝統経済理論でも、費用と便益（コストとベネフィット）を比較して利益が最大になる選択をすべきとする。たとえば、洗濯機と乾燥機をセットにして1,200ドルで購入する場合、月々200ドルを6か月間支払ってから商品が配達されるより、商品が配達されてから月々200ドルを6か月間支払う方が割安なので（貨幣の時間価値）、後者を選択すべきと説かれる[2]。現在志向バイアスを考慮しても、現在の満足を重視することになるので、アンケートにおいて後者を選択した人が圧倒的に多い[3]。

これは、費用と便益を悲しみと喜びに置き換えて考えると分かりやすい。商品が配達される前に支払う場合には、支払いという悲しみだけが負わされ、それが終わった後、商品の利用という喜びを味わえる。悲しみは今、喜びは後である。商品が配達されてから支払う場合には、商品の利用という喜びと同時に支払いという悲しみを負うが、相殺により苦痛は軽減されると考えられる。

ところが、金額と支払方法は同じでも、1,200ドルの旅行では支払ってから旅行に出かける人が多くなる[4]。これは、旅行の喜びが短期的であるため後に取っておく一方、喜びの後で支払うのは悲しみが高まるので先に払おうとするからであろう（金額や所得によっては後払いを好む人も当然いる）。さらに、労働してから賃金の支払いを求める人が多い[5]。これは、一般に労働は中程度か重度の苦しみであるが、賃金の取得は短期的な喜びであるため、バランスから、労働を先に済ませ、後払いの賃金を好むと考えられる。

価格をめぐる葛藤

現在志向バイアスは商取引にも現れる。モノの価格交渉では、当事者は現下の利益（代金取得）の最大化または不利益（代金支払）の最小化に気を取られ、品質等の条件や良好な取引関係を見誤りがちになる。第3章で見たが、価格差は「売主のWTA（受取意思額）＞買主のWTP（支払意思額）」であった。ただし、現代人はカネに動機づけられているので、両者が対等の関係にある商取引では、カネを失う立場の買主に基本的なパワーバランスがあるといえる。

そして、通常は需給バランス（相場）や両者の特定物品の独占度、両者の緊要度、相互の依存度、品質・数量・納期などによって上記の不等式が解消されると、交渉は決着することになる。需給関係への対応は難しいので、相手への依存度を操作するとパワーバランスも変化する。買主であれば仕入先を開拓して競争させたり、調達方法を集中・共同買付にしたりする。逆に、売主は品質や納期、安定供給で買主からの依存度を高めようとする。緊要度などの特別な選好を満たしたい場合には、売主は売値を下げ・買主は買値を上げるのが手っ取り早いであろう。

ただし、先に見たとおり、第3の道として長期的・複眼的視点で戦略的合意をすることも考えられる。その際には、互いに相手の特別な選好を叶えるようにすると心理的な満足度が増すので、信頼関係の構築に寄与するであろう。

コミットメントとしての契約

契約は当事者が共に利益を得る目的で締結する。意思表示によって権利の取得・喪失・変更を行うことを法律行為というが、その典型が契約である。一般には、交渉した結果に基づいて、目的を達成するために権利義務を規定し、自らの将来の行動を拘束（コミット）し合うもの、それが契約である。

契約締結後の事情の変化などで、両者共に勝つという法則は非効率になることがある。このとき自分だけは損をしない方策を考えると、契約を一方的に破棄したり、目的物の成分・性能を偽装したり、支払額を値切ったり、引渡し時期を延ばしたりしたくなる。こうした欲求を制限するのが、コミットメントとしての契約である。

人は将来起こることを完全には予測できないので、現時点では自制できると思っても、将来にわたって自我を抑えられるかどうかは、わがことながら分からない。参照点依存性があるために現在と将来は比較されるが、現在志向バイアスにより将来の義務は過小評価されがちになる。このため、ホメロスの叙事詩に出てくるオデュッセウスがしたように、自分を縛る手立てが必要となる。美しい歌声で船乗りを惑わせ、船を沈没させることで悪名高いセイレーン。彼女の棲む「魔の海峡」に、ギリシャに凱旋する際差し掛かった。王は歌声を聞き届けると同時に無事に帰国するために一計を案じる。陶酔し自制心を失うであろう自身を予測し、部下の力を借りて自分の体をマストに"縛った"。

現代でも、メタボリック・シンドロームの進行を阻止するために過剰摂取を控えようと誓っても、パーティでウェイターが差し出すビール・グラスについ手が伸びてしまうように、してはいけないと思っても、いざその段になると自分を抑えるのは難しい。このため、自分の行動を自ら拘束する手段を講じることを、一般にコミットメント問題と呼ぶ。

契約条項としては、たとえば、売買契約では売主に対してパフォーマンス・ボンドを積ませたり、キャッシュ・オン・デリバリー条件にしたり、後払い条件にしたりする。逆に買主に対しては、前払い条件にしたり、キャンセル料を課したりする。そのほか、損害賠償・違約金条項などが含まれる。

契約の申込と承諾

契約の成立時点は、一般に申込（offer）に対して相手方の承諾（acceptance）が行われたときである。申込と承諾は契約を締結しようとする意思の表示であり、日本法では、意思表示が合致すると合意（契約）に至る。

契約交渉は、申込と承諾がすんなり一致しないために必要となる。申込に対して反対申込（counter offer）の応酬となることもある。また、申込の前段階として申込の誘引（invitation to offer）も頻繁になされる。申込の誘引は、商取引では引き合い（inquiry）と呼ばれる。物品の売買契約が有効に成立するためには、一般に申込の確定性（対象物の特定、価格、数量）と契約の意思を要するので、いずれかを欠いたものが申込の誘引、つまり引き合いといえる。

たとえば、買主が売主に出す引き合いでは物品の記述や数量を指定し、価格や積出時期を問うものとなる。それに基づいて申込をしようとする売主が契約の意思を留保して応ずれば、単に見積もり（quotation）を返すことになる。確定的な条件に加えて意思を明示すれば申込となる。

申込の誘引の一般的な例としては、ファミリー・レストランのメニューやインターネットのショッピング・サイトの掲示、通信販売のカタログがある。この誘引により、商品を見た消費者が購入の申込をすることになる。

販売店が申込の誘引を工夫して消費者の心理に働きかけ、売上げを伸ばす作戦は多様である。たとえば、商品のサイズやグレードが二者択一の場合、人の選択は素早い。赤い実は食べ頃、青い実はまだ待て、と瞬時に判断して生き残ってきた人類にとって、これは相当得意である。しかし、これでは売上げが伸び悩むので、購入対象を上方に引っ張る方法が検討され考え出されたのが、三者択一である。人には中間のものを選択する傾向（極端回避性）があるので、それまで最下位の種類を選択していた人も、中位以上を選ぶ可能性が増すというわけである。この現象は誘引効果と呼ばれる。

ファースト・フード店などではラージとスモールの2種類しかないラインナップにミディアムを加える。すると、多くの人がミディアムを選択するようになる[6]。ミディアムは以前のラージと同じ値段（そして量は少ない）にもかかわらず、消費者はこのような選択をすることになる。実質的な値上げだが、客の自由意思を尊重しており抵抗はないであろう。誰も買わなくてよいラージサイズを入れるだけで、店としては売上げが飛躍的に伸びることになる。

これは、消費者が自ら選択した結果には、ブレームのいう心理的リアクタンスが生じないことを示している。つまり、申込者に選択権が与えられ、その選択権を自由に行使するとき、結果として承諾者、つまり供給者の思い通りの行動を取ったとしても、申込者に敵対意識が生じることは少ない。ただし、この商売方法が高じると悪質商法になり、法に触れる（本章3節参照）。

契約とは何か

契約の本質を法律学、経済学そして心理学の立場から単純化してみよう。
- 法律学上 → 意思表示の合致（契約の成立・効力に着目）
- 経済学上 → 資源の効率分配（契約の目的に着目）
- 心理学上 → 相互協力の構築（契約の履行規準に着目）

これらは、それぞれ契約のある側面を強調したものである。経済学的には、資源の分配を行う取決めであり、とくにアメリカでは交換取引（exchange）をして、分配を効率的に行うものが契約と捉えられている。契約が予定どおり履行されないことも多いので、法律学的には、どのような場合に契約は成立し拘束力を持つかを決めておく。それでも契約違反は起こるので、心理学的に契約の円滑な履行を促す方法を考える。

契約は、日本法では権利義務を生ずる意思表示の合致である。この意味の英語としてagreement（合意、意思の合致）があるが、英米法では必ずしも「合意（agreement）＝契約（contract）」ではない。Agreementが法的な効果（legal consequences）を持つか否かは個別に判断され、これだけでは必ずしも法的に執行可能（enforceable by law）ではない（つまり、違反に対して法的救済があるとは限らない）。英米法では原則として執行力のあるものがcontract（契約）となる。その契約の成立には、約因（対価のこと）または書面などの記録が必要とされる。

コンビニエンス・ストアで弁当を買うという法律行為を考えてみよう。この場合、売買契約に基づいて権利義務を履行し合う。契約成立に当たり、客はレジカウンターで「これ下さい」と口頭で告げるか、黙って弁当を差し出すという行為により、買う意思を表明する（申込）。店側は、「いらっしゃいませ」とか「かしこまりました」などと応じるか、黙って商品をPOSに入力するという行為により、売る意思を表明する（承諾）。契約が成立すると権利義務関係が生じ、執行力をともなう。店には代金支払請求権、客には物品引渡請求権が生ずる。なお、デートの約束は執行力がないので、法律行為ではない。

心理学上の契約は、利害の一致する当事者が共通の目的を達成するために協力して行うものである。ドイッチは、①一致する利害関係により、②相互の信

頼を構築し、③相反する利益をめぐり取引を行うことであり、④しばしば調整（coordination）をともなう、と定義した[7]。

　第1に、一致する利害関係は、契約を履行することで互いに利益を得るという商売の原則（プラスサム・ゲームまたはウィン・ウィンの関係）を意味する。初めての取引相手を探すには、紹介や現地調査、各種データを用いる。第2に相互の信頼関係を構築する。売買契約で信頼すべき要素としては、①売主は契約どおりの物品を用意するか、②買主は代金を支払うか、といったことである。長年の取引関係は役立つであろう。ただし、信用調査をしたり、買主にLC（信用状）を開設させたりすることもある。

　第3として、利害を共にする当事者でも部分的に利益が相反する。たとえば価格交渉は一方が得をすれば他方は必ず損をするというゼロサム・ゲームであった。こうした利益相反の要素を含めて、両者が信頼により、前述の戦略的合意を目指すのがベストになる。そして、第4に、契約履行中に状況の変化やトラブルが生じると、当事者は再交渉を迫られる。これが心理学における契約の調整である。これには、相手の違反を別にすれば、合意の曖昧さによる場合と、契約締結時の不確実要因から当事者があえて交渉費用を節約し、契約上の権利義務の確定・変更をのちの再交渉に委ねる場合がある（後述）。

　当事者の信頼は取引費用を低減させる。交渉・意思決定の費用の節約は両者にとってメリットになるので、価格でも譲り合うことができ、合意も早まるであろう。一般には、際限なく契約書作成に手間暇つまり取引費用をかけるわけ

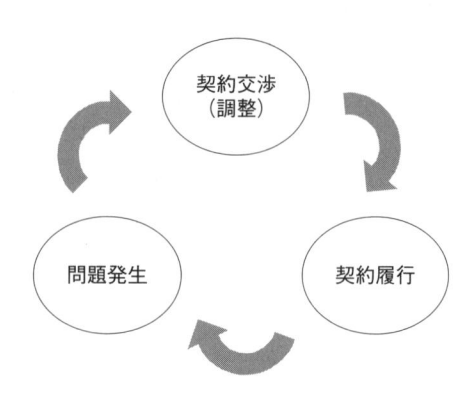

にはいかない。これとトラブル回避のメリットが秤にかかる（トレードオフ）。実際には心理学上の調整は避け得ない。前図のように、一連の流れは契約交渉 → 契約履行 → 問題発生 → 調整（契約交渉に戻る）という循環になる。

水連と水着メーカー

　北京オリンピック直前の2008年6月、競泳用の高速水着をめぐって、日本水泳連盟は国内水着メーカー3社（ミズノ、デサント、アシックス）とのサプライヤー契約に違反する決定をした。この例を基に心理学上の契約を考えてみよう。契約を破る場合でも、相手が納得できる理由のあることが信頼につながる。納得は恒常性維持のために必要である。

　英スピード社の新作水着を着た選手が新記録を連発したことから、水連や北京五輪の競泳代表選手にはこの水着を選びたい当然の欲求があった。しかし、水連は国内メーカー3社とのサプライヤー契約により製品の無償提供を受ける一方、選手が五輪など主要大会で着用できる水着は3社の製品に限定してきたという。事実、水連は当初、スピード社の水着は使うことはできないとしていた。これは、故意に合意に違反をすればできるのだが、日本人の法意識ではそれはできない、という意味であったろう。

　そこで、水連はまず3社に水着の改良を要請した。そして、それが難しいということが分かった時点で、3社に納得してもらい、五輪で着用できる水着を選手の自由選択にするという決定をした。ただし、サプライヤー契約には違約金条項はなかった（違反しないという紳士協定だった）という。

　心理学上の契約の定義に当てはめれば、次のようになる。
- サプライヤー契約で一致する利害関係
    - 水連は製品の無償提供を受けたい
    - 3社は国際大会で製品をPRしたい
- 相互に信頼すべき要素
    - 3社は無償で製品を提供するか
    - 水連は3社の製品着用を守るか
- 相反する利益をめぐる取引

- ・水連はできるだけ多数の製品の無償提供を受けたい
- ・3社はできるだけ多くの国際大会で選手に着用してもらいたい
● 状況の変化で調整（再交渉）発生
- ・スピード社の新作水着で新記録続出
- ・3社に水着改良を依頼（改良ならず）
- ・水連は契約に反して、北京五輪での着用水着を自由化

コンビニのフランチャイズ契約

　商品の見切り販売が話題になったコンビニエンス・ストアのフランチャイズ契約を基に、心理学上の契約についてさらに話を進めよう。
● フランチャイズ契約の一致する利害関係
- ・本部は経営指導でロイヤルティを得る
- ・加盟店はブランドや指導、商品の提供を受け、販売して利益を上げる
● 相互に信頼すべき要素
- ・店はロイヤルティをきちんと支払うか
- ・本部は誠実・親身に指導してくれるか
● 相反する利益——おにぎりの仕入れ値
- ・本部は1個100円で卸したい
- ・加盟店は1個70円で仕入れたい

　ところが、競争激化や不況の影響で、加盟店は売れ残った商品の廃棄コストを減らすために、消費期限の迫った商品の値下げ販売に踏み切った（価格決定権は加盟店にあった）。これに、本部が値下げを制限する指導を行った。
● 状況の変化
- ・店は消費期限間近の弁当などを値下げして、廃棄コストを回避したい
- ・本部はブランド力低下と低価格競争を懸念、値下げをやめるよう指導

　このため、公正取引委員会が独禁法の「優越的地位の乱用」に基づき、値下げの制限をやめるよう排除命令を出した。
● 本部と加盟店の調整（再交渉）が発生
- ・本部は見切り販売を原則として容認

・基本契約書を改訂

再交渉を生む合意の曖昧さ

　契約の調整の原因は、契約違反以外では、まず合意の曖昧さにある。つぎに、契約締結時の不確実要因から、契約の詳細を後の交渉に委ねる場合がある。

　合意の曖昧さを考えてみよう。合意を言語によって表わそうとする限り常に曖昧さがつきまとう。そもそも人間が発達させた言語は単なる信号（シグナル）ではなく、抽象的な思考を可能にする形式である。これは便利であるが、曖昧さの原因にもなっている。信号は具体的・絶対的な情報で、動物も使う。たとえば、ミツバチのする 8 の字ダンス。野に出かけて良質の花の蜜を見付けた働き蜂が、その存在と位置を巣に戻って伝達する方法である。ダンスの周回数、時間的長さ、体の角度によって、目標までの距離、太陽と巣を基準とした方角を伝える。それが近くにあるときは円を描く。

　一方、人が抽象思考をすることができるのは、高度な言語を持ったからである。事象から共通項を抽出したり、そこから仮説を打ち立てたりする際には抽象的・相対的な表現が必要である。たとえば、和菓子やケーキを「甘味」と括ったり、離れた位置や場所を「あそこ」と括ったり、一時間後や子供が生まれるときを「将来」と括ったりする。逆に、複雑な人間社会では具体的・絶対的な表現を用いると情報量が多くなりすぎて、伝達と理解が非効率になる。「昨日、あそこに行ったけどデザートがイケてたよ」を絶対的表現で表わさなければならないとしたら……。われわれは効率的だが曖昧な表現に慣れている。これが、契約の調整を生む第 1 の原因である。契約不完備性と呼ばれる。

　商事契約では、たとえば、国際的な物品の売買契約で海上運賃と保険料を売主の負担とする CIF 条件があるが、当事者が同条件の理解を異にすることがある。インコタームズ 2010 では、CIF 上の物品の引渡時期とリスクの移転時期は同じで、物品が船積港で本船上に積まれるか、その物品が調達されたときである。しかし、中国ではこれを「到岸価」と表現しているため、実務では引渡しおよびリスク移転の時期を仕向地到着時と理解していることが多い。すると、日本からの輸出品が海上運送中に喪失したり損傷を負ったりしたとき、代金を

支払うべきかどうかで争いが生じかねない。契約書に「本契約はインコタームズ2010に準拠する」と規定しておくことで、不完備性は回避できる。

詳細を後の合意に委ねる

　第2に、人は未来を完全には予測できないので、ならば未来が到来した時点で交渉し直そうという心理が働く。契約締結後に不測の事態・状況の変化が起こるとリスクの負担割合も変わり、どちらかの当事者に不利になるので、それに応じた明確な規定をあらかじめ合意しておくことは躊躇されるのである。そうした事態が生じた後に費用負担を交渉しようと考える。先行きの予測が難しい状況下で、契約締結の交渉・意思決定の費用を節約してとりあえず契約を成立させ、望んで契約上の権利義務の確定・変更を後の合意に委ねる実務である。これは契約不完備性をもたらすもう1つの理由でもある。

　この再交渉は契約内容を見直す時期により3つに分けることができる。すなわち、①契約履行期前、②契約履行中、③損害発生時である。①のタイプとして、「サブ・コン」（覚書などに"Subject to Contract"と記載する）という手法がある。これは、とりあえず取引の主要な大枠を合意して、詳細な条件（契約細部の確定）は履行期までに交渉するものである。②は、契約時には確定的な条件を合意できないため、履行中の客観情勢の変化に応じて、権利義務の確定・変更を再交渉する手法である。一般に「契約の適応」といわれる。生物が環境に適応して生き残るように、契約も存続するために姿を変える。

　たとえば、5年とか10年の長期にわたる船舶の定期用船契約の例がある。最初の3年間については用船料を合意できるが、それ以降については荷動きなどの経済情勢や船腹の需給状況について予測が困難であるため、契約締結時に用船料を決めておくのは両者にとってリスクが高い。そこで、4年目以降の用船料は、前期末における中立の調査機関の運賃統計にしたがい交渉するが、合意を見ないときには、仲裁機関の判断（仲裁鑑定など）を仰ぐなどと合意する。

　③では、トラブルが生じたときに損害の負担について再交渉する。代表例が「誠実協議条項」である。同条項の本来の趣旨は契約交渉で未決のことを再交渉することである。両者が誠実に協議し解決策を探ることができれば、契約交

渉を短縮化・効率化しただけでなく、時間と費用を要する裁判を回避でき（統制の取引費用の節約）、しかも友好的である。また、広い意味では、仲裁条項や裁判管轄条項といった紛争解決条項を含めることができる。この条項は直接的に再交渉することを合意しているのではなく、正式な請求方法を定めるものである。しかし、紛争解決条項は抑止力として働くため、当事者は全面的に争うことはせず、自主的な交渉が促進されるのである（第5章参照）。

2. 商取引とトラブル

　契約上のトラブルについて考える。契約違反の類型とその意味、契約不完備性、情報非対称性による逆淘汰とモラルハザードなどを解説する。一般に、取引関係を重視する東洋では、権利義務をうるさくいうことは相手を信用しないものとみなされるため、曖昧な契約条項となることが多い。さらに、日本人は約束を守ることを前提に行動するので、契約違反を想定した損害賠償の予定（違約金）条項などは入れないことが多い。逆に、西洋では、契約書に権利義務をきちんと規定する傾向がある。一般的に契約を守りとおすことは前提とされず、契約を破っても損害賠償をすればよいと考えられているので、契約違反に対する損害賠償の規定を入れることが常となる。

効果的な違約金条項

　現在志向バイアスは契約交渉で問題を生んだが、契約履行でも違反の元となり、相手に損害を及ぼす。しかも、影響はさらに大きい。ここでは、将来のリスク（賠償責任）＝［賠償額の多寡×訴えられる確率×敗訴の可能性］であるが、違反せずに失う機会費用より、将来の責任が過小評価されてしまう。

　一方、法学では、たとえば正当な契約を一方的に破棄された被害者を救済しないわけにはいかない。今のところ「相手にとって非効率になる契約を締結し、結局破棄されたのは自己責任」とはされないのである。問題は、被害者が損害

賠償を勝ち取るまでに要する取引費用（監視・統制の費用）であろう。正式な裁判では敵対的になるので、両者のそれまでの良好な関係も失われてしまう。賠償額が実損額に満たないこともある。

　そこで、違反に必ずコストをともなわせる簡便な方法として、違約金条項に価値が見いだされる。相手が違約金を支払わずに訴訟になっても、契約違反した事実だけを証明すればよいので、請求が容易になる。契約締結時に裏切り行動の抑止力として働くと考えられる額を取り決めておく。ただし、現在志向バイアスにより将来の損害は過小評価されていて、いざ損害が発生した段階では違約金の額が不十分であったりする。

　約束を守る前提で違約金条項を入れないとしても、将来やむを得ない状況に陥ることはありうる。先に見た国内水着メーカーとのサプライヤー契約に違反した日本水泳連盟はどうだろう。違約金条項があったほうがすっきりしたのではないか。ただ、納得ずくの水着メーカーは「自己責任」を受け容れているようにも見える。

　一方で、損失を回避したい性質は違約金条項をめぐっても再交渉を生むことがある。この条項は本来、どちらかが約束を守れなかった場合に良好な関係を維持するために、あらかじめ両者が納得する埋め合わせ方法を決めておく手法のはずである。身近なデートの約束を例にこの問題を考えてみよう。たとえば「待ち合わせに遅れて20分以上待たせたらお昼をおごる」と決めておいたとする。これは時間を守るよう努めるが、待たせて労苦をかけた場合には埋め合わせをする約束であり、お昼をおごり・おごられることで両者間の良好な関係を維持するのが目的である。

　ところが、実際にどちらかが20分ほど遅刻すると、とたんにおごることがいやになることがある。たとえば、手持ちが少ないときである。そうすると、迷惑をかけたかどうかはそっちのけで、20分待たせたか否かについて口論が始まる。「俺の時計ではまだ19分しか経ってなかった！」とか「本当に20分以上待ったの？」といった具合である。このように、トラブルが発生したときに、それを契機として関連する独立の対象に関心が移ることを転成（transmutation）と呼ぼう。当事者は関心の移った対象についてまず再交渉を迫られる。

契約違反の類型

　英米法では、契約違反を①不本意なもの（involuntary）、②故意（willful）による機会主義的なもの（opportunistic）、③効率的なもの（efficient）、の3つに分類する[8]。不本意な契約違反は不可抗力などで履行が不能となった場合だが、他の2つの違反はいずれも履行の非効率性に原因がある。

　別荘の売買を例にとると、不本意な違反とは、たとえば、売主自身に責任のない火災で引渡しが不能になるような場合である。機会主義的違反は悪意に基づくもので、買主が代金の支払いを遅滞したり、建物にケチを付けて値引きを迫ったりする。効率的違反（つまり契約を破る自由）では、契約締結後の状況の変化で損をすることになり（たとえば相場の急上昇）、売主は契約を破って、他の買主に売ったりする。機会主義的違反との違いは、より良い条件を提示する相手がいることであり、被害者に賠償しても、まだ利益が残ると考える。

　機会主義的違反の代表例は、商取引ではマーケット・クレームがある。これは、契約を締結した後にマーケットが変動し、自分の負担が予想以上に大きくなったため、相手側の些細なミスや契約の穴を奇貨として負担の増加分を転嫁しようとする。たとえば、中古船の買主が検船時の有り姿で引き取ることに同意しているにもかかわらず、引渡し時に発見された船体の小さな傷を通常の損耗ではないと主張し、売主から代金の減額を引き出すような場合である。その裏には、中古船の市場価格の大幅下落など、契約の不採算化がある。

　機会主義的な違反に対しては厳格な対応をしておかないと、その後もことあるごとに付け込まれかねない。いずれにせよ、契約の調整（再交渉）を迫られる。被害者はより慎重に契約相手を探し、契約書作成にも時間と費用をかけるようになるだろうし、相手を監視するようにもなる。実際に契約違反があれば、追及もしなければならない。つまり、取引費用がかさみ、資源を浪費する。ただし、機会主義的な違反者は早晩退場を迫られることになろう。

　注意したいのは、アメリカの理論では3番目の効率的契約違反（efficient breach of contract）を資源の浪費とは考えていない点である。したがって、初めの契約が非効率になり、もっと効率的な取引の相手が現れた場合には、前の契約を一方的に破棄してよいとする。たとえば、売買物品の市場価格が極端に

下がると、買主は割高の契約価格を支払いたくないので、契約を一方的にキャンセルして、他から安く買う。もちろん、損害賠償責任は負うが、賠償額は被害者の損害を適正に反映していないことが多い。シーバートはいう——「契約違反の被害者を過剰に補償すると、資源の効率分配を害すると考えられた。この懸念から被害者は必ずしも完全に賠償されないのである」9)。

契約違反とクレーム

　"We have signed the contract." と "We signed the contract." という英語の表現は、契約の効力について明確に意味が異なる。現在完了形は、過去の行為の結果（効果）が現在も続いていることを示すので、前者の意味は「われわれは契約書に署名している。（したがって、それを破棄するというなら責任を追及される）」である。一方、後者の意味は「過去に契約書に署名したことがある」程度で、それ以上の含意を持つものではない。

　取引上のトラブルが生じたときも注意が必要である。第2章3節で見たように、英米人には契約違反に対して道徳的なプレッシャーがない。契約違反はあるべきものとした前提で取引をしている。したがって、日本人としても、配達されてきた商品に欠陥などがあっても、感情的になるのは得策ではない。冷静に苦情（complaint）を述べて改善策を要求し、それが叶えられない場合には、損害賠償などの正式な請求・クレーム（claim）をすべきである。

　逆に相手から苦情を受けても、こちらに非があることを前提として謝るのはよくない。日本社会では謝罪することで調和が維持され、諍いが回避される。しかし、この習慣を英語の世界に持ち込んで、自分の側に責任があるかどうか事実確認もしていないのに、直ちに "We are sorry that the product we sent for you was seriously damaged in transit." （運送中に損害を与え申し訳ございません）などとすると、その後の交渉で不利になることがある。ただし、相手に損害を与えたことが明白なら、"Thank you for contacting us about the problem you experienced with the delivery of your product. We apologize for any inconvenience caused." などと切り出すことは礼儀にかなうであろう。

契約違反と資源の効率分配

　アメリカ法では、社会的な富の最大化のため、資源を最適に分配できる契約が生き残るべきで、非効率な契約は一方的に破棄されても仕方ないとする。これが効率的契約違反の法理で、契約を破る当事者は当然に損害賠償をしなければならない、として公平が図られる。果たしてそうだろうか。

　物品売買を例に、契約違反による資源の適正分配とは何かを考えてみよう。いま、売主の前に物品を契約価格（120万円）よりも高く（150万円で）買ってくれるという第3者が現れたとして、そちらに売ることで得られる余剰利益をA（30万円）とする。この契約違反で、本来の買主と訴訟になったとして、判決で命じられると予測される損害（通常損害または予見可能な損害）の賠償額をBとする。アメリカの理論では、履行利益（契約どおりの履行がなされたなら得られたはずの利益）が賠償額算定基準とされる場合（一般にそうである）、「A－B＞0」（ただし、左辺はゼロよりかなり大きい）であれば、契約違反をする可能性が高まるというような説明がされる。

　被害者が適正に賠償されるという前提で（前述のとおり、そうならないことも多い）、このとき「契約を破る自由」を認めれば、資源はより高い効用を感じる第3者の手に渡るので、効率的な分配がなされると説かれる。しかし、これは完全競争市場での机上の理論であり、現実社会ではこれで当該資源が効率的に分配されるかはかなり疑わしい。まず思い出そう。効用とは買主や消費者が資源の消費から得る個人的な満足度をいうが、それは主観的なものである。そして、契約交渉が完全競争市場のような状態で行われることはまずないのである（第3章102頁で見た）。

　これまで見たように、契約価格はパワーバランスなどさまざまな要因に基づいて決まり、必ずしも目的物の本来の価値を反映していない。つまり、120万円で買うという買主と150万円出すという第3者のどちらが本当に効率的に資源を利用できるかは分からない。むしろ、こうした場合に契約違反が起こるのは、売主が正当な価値を反映しない価格で買い叩かれたと感じたところに、高い値を付けてくれる者が現れるからかもしれない。

契約違反のコスト

　効率的な違反者は賠償責任だけを考慮すればよいのであろうか。コスト計算をすると面白い。アメリカの原価計算理論では、企業の負うコストを内部失敗コストと外部失敗コストに分ける。内部失敗コストは工場の内部において発生する費用である。一方、外部失敗コストは市場で生ずる損失として把握され、①訴訟費用（監視・統制の費用）、②損害賠償金、③逸失利益などを指す。

　契約違反により利益を得るというとき、企業として期末の損益計算でプラスになる必要がある。効率的契約違反の法理では外部失敗コストのうち賠償額だけを考慮し、訴訟費用や弁護士報酬、逸失利益を無視している。これでは引き合わないであろう。とくにアメリカは訴訟社会であり、訴訟費用・弁護士報酬は企業家の考慮すべきリスクである。もちろん、売買契約に違反して最終的に損害賠償をする場合でも、当事者間の交渉に委ね、実際に訴訟にならないこともある。しかし、その場合でも事務の手間暇、弁護士費用は必ず発生してくる。しかも、逸失利益は一度にとどまらない。故意に契約を破ることにより顧客を喪失し、市場の信用を失うからである。現実に、売上高に及ぼすこのコストの影響は極めて大きいであろう。かりに違反者が新たな顧客を開拓できるとしても、契約を一から交渉しなければならないため、探索・情報、交渉・意思決定といった取引費用を負担しなければならない。

　効率的契約違反という理論は、ほとんど影響力を持たないことが分かる。良識ある企業家は契約を誠実に履行する心理を持っている。良い評判が立てば売上げは伸びる。故意に契約を破ることは引き合わないこと、契約を守ることが利益であることを知っているのである。

契約不完備性

　人は取引の利益と損失を完全には予測できない。まず、相手が手の内を明かさなかったり、信頼を裏切って契約違反をしたりする。これは相手の信用に関する情報が相手と自分で非対称になっているためである（情報非対称性）。信頼できる取引相手かどうかを判断するためには探索・情報の費用がかかる。

　さらに、相手の契約違反を防止するには監視しなければならないし、最終的

に損害について訴訟に持ち込んで勝訴しても相手が従わなかったり、立証不十分や誤判というリスクもつきまとう（監視・統制の費用）。不確実要因はこれだけではない。当事者の責めに帰せない不測の事態（不可抗力など）で契約が無に帰したり、客観情勢の変化で利益が減少・費用が増加したりする。

確かに、これらの可能性を考えてあらかじめ契約書に対応を規定しておく試みは有効である。しかし、そのためには交渉・意思決定の費用がかかる。完全な契約書を起草するためには天文学的な費用がかかってしまうであろう。契約相手を拘束し（コミットさせ）裏切りを抑止する条項を入れておくとしても、契約書は常に不完備にならざるを得ない。市場は完全で資源は効率的に分配されるとする伝統経済学の影響を受け、英米の理論では取引も契約締結時に完了し、すべての状況は確定していることを前提とする。しかし、市場が失敗し効率的な分配がなされないように、契約も完全ではないのである。

経済学ではこれを「契約不完備性」と呼ぶ。取引費用と契約書充実度はトレードオフ（一方を重視すれば他方を軽視せざるを得ないジレンマ）にかかる。一般に契約が不完備になる理由は、①完全な契約書を起草できない、②情報非対称性により損失が出る、③契約締結後に不測の事態・状況の変化が起こる、④トラブルまたは紛争発生時に被害者が損害を十分に回収できない、がある。情報非対称性は、市場の失敗の原因でもある（第3章で見た）。ただし、相手との信頼は情報非対称性を解消して、上記の損失や契約違反さらに損害賠償請求を回避することを可能にする。つまり、取引費用のすべてを低減させるのであり、不完全な契約の欠点を補うものといえる。

相手の行動や考えについての情報が乏しいと、どのようなことが起こるのであろうか。経済学では、契約締結前には逆淘汰という問題になり、契約履行中にはモラルハザードという問題になるとする。以下、順次検討する。

逆淘汰と保険業

契約締結に際して、情報非対称性があることを察知する情報劣位者には、不利益のリスクを回避しようとする心理が働く。結果、せっかくの良品が駆逐されるという逆淘汰または逆選択（adverse selection）が生ずる。淘汰とは自然

に適応できない種が消える現象であるが、逆淘汰では適者の方が消滅する。たとえば、中古車市場で良車が明らかにならないと、客は疑心暗鬼になって高い値札の車の購買意欲が減退し、採算の悪化した業者はますます良車を仕入れられなくなるという循環である。最終的には商売そのものが淘汰される。

　もともとは中世イギリスでこれが起きた（悪貨は良貨を駆逐する）[10]。1520年代と1540年代に毛織物の輸出が急増したヘンリー8世（位1509～1547）の治世である。イギリスは16世紀初めまでは工業において後進国であった。このため、重商主義政策をとり、国内産業を育成して、輸出を増加させるよう努めた。実は、輸出拡大の背景にはポンドの価値の下落もあった。ヘンリー8世は国際紛争の戦費を賄うため1520年代から貨幣悪鋳を繰り返し、これが主因となってポンドが値を下げていたのである。

　しかし、ポンドの下落は輸入品の価格を高騰させ、市民生活を圧迫することにもなった。このため、エリザベス1世（位1558～1603）の治世には、国際情勢が落ち着いたこともあり、ポンドは全面的に改鋳された。逆淘汰を回避する1つの方法が政府の介入であることが分かる。現代では法により粗悪品の流通を規制したり、情報開示をしたりすることになる。

　逆に、技術革新などで情報非対称性が解消されると情報優位者は利益を失う。江戸時代後期から明治10年代にかけて物品の運送で巨利を上げた北陸地方の廻船問屋・北前船の例を見てみよう。北前船は、往航では越後米や材木を北海道や東北地方に運び、復航では北海道からニシンや昆布を持ち帰って売った。ニシンは相当な吹っ掛け売りをしたとされる。大漁・不漁の情報を持たない消費者は心理的に弱い立場に置かれる。しかし、明治半ばになると、大型蒸気船の登場や鉄道輸送（明治23年に東京／横浜間で初開通）への切り替えで商売は苦戦する。これに追い打ちをかけたのが電話の普及であった。船の到着より前にニシンの仕入れ値が伝わり、吹っ掛け売りができなくなった。

　インターネットの検索機能も、情報劣位者である消費者・買主の情報収集能力を改善しつつある。たとえば、家電製品の種類や性能、価格を簡便・迅速・安価に調べられるようになった。さらに、各店の家電製品の販売価格が時々刻々と比較表示されるサイトも登場している。

保険契約においても逆淘汰が起こる。ただし、ここでは攻守が入れ替わり、保持している情報量の多い情報優位者は被保険者の方になる。つまり、高リスク者ほど（情報を伏して）保険加入を選択するため、保険者にとっての適者とは逆のタイプの加入者が多くなるのである。予想外の高リスク者ばかりが加入すると、その保険商売は成り立たなくなり、淘汰される。

そこで、情報劣位者の保険業者は、事故発生（保険金支払い）のリスクの高い契約を事前に察知しようとする。方策として、①損害率に連動して保険料を引き上げることで、高リスク者による保険金請求あるいは保険加入そのものを抑制する、②多くの人がいて、高リスクと低リスクの平準化が見込めるグループ保険に力を入れる、③自動車保険などで、年間走行距離や運転者の年齢に応じたリスク率・保険料を設定し、低リスク者を取り込む一方で、高リスク者の行動を抑制する、④実績や事前の調査で信用度を把握する（スクリーニング）、などがある。①の対応として、2013年10月から多くの損害保険会社は前年1年間に事故などで保険金を受け取った被保険者の保険料を引き上げた。

モラルハザード

契約履行中の情報非対称性はモラルハザードを引き起こす。保険契約では、保険により損害が填補されるからと粗暴な行動をしたり、誰も見ていないからと注意を怠ったりしやすい。結果、高リスク者でも低リスク者でも損害を回避する心理が希薄になる。事故が起きれば、保険金支払いがかさむ。

同様に、雇用契約では、企業側は面接の結果や履歴書だけでは、候補者が誠実な労働者かどうかは分からない。実際には本人しか知らない情報であり、確認することは困難である。結果、給料の割に実績が上がらないということが起こる。このように、契約締結後に一方当事者の未確認の情報により問題が生じ、当事者の利害に影響が出る現象がモラルハザードである。

1980～90年代に米金融機関S&Lが破綻したが、投資に失敗しても政府によるベイルアウト（緊急救済措置）があったため、業務遂行が甘くなっていた（2008年の金融危機も同様）。対策の1つとしてペイオフ制度を導入し、預金者にチェック機能を預けた（わが国でも2005年4月導入）。また、大きな政府に

より失業者保護政策がとられると、失業保険の支給により労働者にはモラルハザードが起こる。たとえば、2010～12年のユーロ危機（とくにギリシャの債務不履行問題）である。この時期は欧州で100％に近い失業保険が支給された。

　似た状況としてエージェンシー問題がある。経営者は株主の代理人として行動するべきだが、ときとして株主の利益を最優先せずに、その他のステークホルダーである従業員や取引先、顧客との関係を重視する。結果、株主に損失が発生するのがエージェンシー問題である。これを解消するため、株主は経営者にアメとムチを与えるべきと考えられ、1970年代後半から、株価が経営者の報酬に連動するストックオプション制度が導入された。

　しかし、ここにもモラルハザードが追い打ちをかける。つまり、株価の変動は、実際には外的要因に左右されがちで、経営陣の手腕とは無関係のことが多い。好況時には黙っていても株価は上がる一方、経営環境が厳しいときには何をしても食い止められない。結果、経営陣は易々とストックオプションを使って利益を享受したり、逆に株価を意図的につり上げたりする。後者の例が2001年に起きた米エンロン不正会計事件である。

3．商売の心理テクニック

　第2章で見たように、法と心理学では、無実の人が犯行を自白してしまう心理や、歪められた記憶に基づいて証言してしまう心理の研究が進む。一方で、心理テクニックが商売に悪用され、人々はそれと気づかずに購買意欲を喚起させられたり、信じ込まされたりしている。本節では、まず、さまざまな商売に応用されている心理テクニックを研究する。また、消費者の錯覚を誘ったり、契約を結ばせたりする詐欺や悪質商法の心理手法を分析する。つぎに、この危うい現状に対して、法がとる消費者保護対策を解説する。

　ただし、自由主義社会では当事者の自由意思を尊重するため、商売への法の介入は今ひとつ鋭さを欠く。これを踏まえると、消費者が不要・不当な契約の

締結を自ら回避することが最大の対策になる。教育の重要性がそこにある。

アメリカ理論の影響

　消費者心理をくすぐり売上げを伸ばすテクニックで気になるのは、その分野で先行するアメリカの理論の汎用性・信頼性である。遺伝子と文化の共進化により、異なる国の文化の下で生まれ育った人々は、互いに行動心理も異なっているはずで、万能の説得術があり得るのかという疑問が湧く。アメリカで培われた心理研究が実際に商売に生かされている例で考えてみよう。

　たとえば、文章が横書きか縦書きかという文化の違いである。本や新聞が横書きの文化では、読むとき目線はまず左上に置かれ、右ついで下方向へと動く習慣が形成されるであろう。一方、縦書き文化では、目の動きはまず右上から下ついで左へと動くよう習慣づけられる。2つの文化では最初の目の位置とその後の動きがまったく逆になる。そして、横書き文化を持つアメリカの販売促進理論では、「買わせたい商品を陳列棚の目線の高さに左から置き、右方向へアクセントを付けろ」などと指南する。これ自体はいいとして、その方法を縦書き文化の日本に、そのまま導入して通用するだろうか。

　このほか、アメリカの交渉テクニックも、そのままビジネスで生かされていることが多い。たとえば、交渉では腕まくりをして親密性を出せとか、直接非難するより、「私は失望した（I was disappointed）」といえとか、相手の意見をまず肯定してから反論せよ（イエス・バット法）といった理論があり、ビジネスマンがそっくりの行動を取っているのを実際に見かける。だが、世界の人々はみなアメリカ人と同じ心理ではない。

　アメリカの理論構築方法は、たびたび述べているように帰納を使う。個々の現象を観察して、背後にある法則を推論し、現実に当てはめて検証してみる。検証の結果が満足いかない場合にはフィードバックして理論の確立を目指す。この手法が有益であることは疑いの余地がない。問題は、近視眼的な解釈を基にした法則が万能であるかのように信奉されたり、検証が不充分なうちに一人歩きしたりする場合である。理論を適用する前に、再検証が必要であろう。

欺しの心理術

　人は部分の情報から全体をイメージして、せっかちに判断する性質を持つ。人類は誕生以来数百万年にわたって、素早く食料を確保することで、飢餓との戦いを勝ち抜いてきた。食料を探すときには、全体を把握してから行動するより、部分から全体を推論して素早く動く方が成功する確率が増す。たとえば、木の実を探すのに、青い木を見るのではなく、赤い色のものを見るといった具合に。この性質は今もまだ残っているはずで、人は全体を見ないで動こうとするし、先入観で判断しがちになる。また、人の多く集まる場所には良いことがある（食料がある）と思い、そこを素通りすることは難しい（同調行動）。

　このことが錯誤を生むことは容易に推測がつく。たとえば、マジックで半分に切ってあるリンゴを深い皿の中に立てて観客に向け、丸ごと1個あるように思い込ませたあと、ハンカチを被せてから、切った面を下にして伏せる。すると深い皿の中では、あたかもリンゴが消えたように見える。トリックやマジックは、現象に着目して本当の原因を帰納することが苦手な人間の盲点をつく。

　こうした錯覚に付け込んで生き残ろうとするのは人間だけではない。動物も擬態で欺す。保護色などを使う防衛的な欺しと、獲物をおびき寄せて捕食する攻撃的な欺しがある[11]。アメンボウを餌に魚を釣るサギや疑似餌を振るアンコウなどが後者の例である。しかし、これらは単純な錯覚、とくに視覚に基づく「思い込み」を利用している。動物の欺しは、防御であろうと攻撃であろうと、自然淘汰の結果に他ならない。

　しかし、人類は文化の進化にともない、より複雑な2つの「欺し」を故意に付け加えて、人の心理に付け込む。娯楽の欺し（マジックや推理小説）と、心理的な疑似餌を用いた欺しである（悪質商法など）。前者は欺される方も承知の上で、欺されることを楽しんでいるので、法に触れることは少ない。ただし、占い師が占いの結果を信用させ売上げを伸ばすために、相談者がめくるカードを欺しのテクニックを使って事前に言い当てるような手法は、行き過ぎると法に触れうる。後者の代表は霊感商法や催眠商法で、追及されている。しかし、人の原始的な錯覚を利用しているので、なかなか未然には防ぎようがない。

消費行動に関する分析

　商売に一般に活用されている心理テクニックは、そのほとんどがアメリカの学問に基づくものである。心理学だけでなく、経済学、行動経済学などにわたる。違法な商売について検討する前に、これらの知見を見ておこう。

　消費者がモノへのこだわりを示す現象を経済学では消費の外部性と呼ぶ。ヴェブレン効果は、価格が高いこと自体が消費者の満足にプラスの影響を与える現象で、見せびらかし（見栄）のための消費を指す。たとえば、高い宝飾品や庭付きの家である。スノッブ効果は、ヴェブレン効果の衒示的消費が希少品に対して現れる現象を指す。高いブランドもののバッグが売れるのは、限定生産のため市場への供給量が少ないという希少価値に理由があるとされる。これとは逆に、流行にこだわる現象がバンドワゴン効果と呼ばれる。

　これら3タイプの購買意欲をくすぐるキャッチフレーズとしては、「他の人に大きく差を付けられます」（ヴェブレン効果で高級感に焦点）、「限定商品です」（スノッブ効果で希少性に焦点）、「今、売れてます」（バンドワゴン効果で流行に焦点）といったことになる。バンドワゴン効果は「皆が買っているなら間違いない」と思わせるので、客は同調行動を取りたくなる。

　世界一安い自動車「ナノ」を開発して、2009年4月にインドで16万円弱（10万ルピー）で売り出したタタ・モーターズだが、発売2年半の売上累計は13万台だった（年間目標は50万台）。不振の一因として、ステイタス・シンボルを求める大衆の上昇志向があるとされる。ただ、真因は、2008年のリーマンショック後の世界不況で、金融収縮・事業収縮・マインド収縮が起こり、広い家や新しい車をステイタス・シンボルと思わなくなったためともいえる。

好感度と購買意欲

　一般には、消費者の意思決定は、商品価格と商品から得られる満足（効用）を比較してなされるのが普通であろう。原価に対する性能がコスト・パフォーマンスであるが、商品価格に対する効用も同様にコスト・パフォーマンスといえる。これが高い商品が購買意欲をくすぐるであろう。

　では、消費者はコスト・パフォーマンスが高いかどうかをどのように判断す

るのであろう。「価格が安く良いもの」がベストといっても、「安い」とか「良い」は常に相対的である。このほか、ダイヤモンドや中元・歳暮など価格が高いこと自体が消費者の効用に影響を与えることもある（ヴェブレン効果）。そうすると、消費者は市場に出回るすべての同類商品の価格と性能を完璧に調べた上でないと、購入を決定できないことになる。

　現実には、それは不可能である。そこで、一般にはヒューリスティクス（heuristics）やヘイロー効果（halo effect: 光背効果）によって探し出そうとする。ヒューリスティクスは、経験に基づく単純な問題解決の方法の意で、端的にいえば生活の知恵や諺である。「安物買いの銭失い」とか「急がば回れ」といった具合に。同様に「高価だから良いものだろう」「ブランド品だから品質が良いはずで、安心だ」「売り切れ寸前だから人気があり、良いものだろう」と判断する。とくに、IT（情報技術）の進展で情報過多になった現代、消費者は情報疲労を起こしがちで、商品の売れ筋情報や利用者の評価・口コミといったヒューリスティクスは重宝である。消費者はこうしたことを頼りに、それなりの価格の中から、満足を得られそうな商品を選好すると考えられる。

　ヘイロー効果は、絵画で天使などの後ろに描かれる光背がその人物を気高く見せるように、著名な人物や社会的に地位の高い人、あるいはそうした事柄がからむと商品もより良く見える現象を指す。「あの著名人も使っているから」買おうといったことに現れる。ちなみに、自分の勤めている店にタレントなどの著名人が来たとき、その様子を動画にとってネットに投稿してしまう心理は、投影と呼ばれる。これは、自分と著名人が共通点を持った（この場合は時間と空間を共有した）ことで、自分が著名人に同化したように思う心理で、それを誇示する。母国人がオリンピックで勝つと誇らしく思うように。

　また、商品に対する好感度は、商品を見たり触ったりする頻度にも影響を受ける。熟知性の原則と呼ばれる。アメリカの心理学者ザイアンスの実験によると、人に会った回数に比例してその人への好感度が増すとされた。

売り手企業の対応

　消費者の購買意欲をくすぐり、自社の売上げ増を目指す企業は、消費者の行動心理を分析し、宣伝や販売戦術に生かす。宣伝の効果を基礎づけているのが上記の熟知性の原則である。この理論によると、同じCMを繰り返しテレビ・ラジオで見たり聞いたり、雑誌・新聞で読んだりすると、消費者の好感度が上がると考えられる。あるいは、同じ登場人物による物語をシリーズにして見せる手法もある。その際、著名人を登場させたり、放送局や新聞、雑誌などのメディアにビッグ・ネームを選んだりすると、ヘイロー効果により、著名人物やメディアの社会的地位・信用・権威がメーカーや商品に投影されて、好感度がさらに高まる。この過程を経て、ブランド・イメージも高まるのであろう。

　熟知性とは逆に、企業と顧客との接触頻度が下がると、顧客は苦情すらいいたくなくなる。顧客を頻繁に訪れて、ちょっとした要望に迅速に応えることは、商品やサービスを改善し、ファンを増やす絶好の機会と捉えられる。

　また、何を買おうかと迷う消費者は、手っ取り早いヒューリスティクスとしてブランド・イメージに頼ることも多い。ブランド・イメージは人に好印象を与え、他社製品との差別化をもたらすので、企業が生き残っていくために重要と考えられている。同じ値段や機能の商品なら、迷わずイメージの良い方に惹かれる。ブランドが消費者を引き寄せる力はヘイロー効果の一種でもある。従来は品質やデザインがそれを支えた。イメージ広告では、そうした企業やブランドのイメージをPRする。

　販売促進ではマッカーシーの４Ｐ理論がある。自ら変更できる要因として、①製品（product）、②場所（place）、③販売促進（promotion）、④価格（price）の４つを上げる。消費者が持つ商品についての知識や情報は限定されるので、販売促進がそのきっかけとなる。ガルブレイスはいう――「企業は宣伝や販売戦術によって、情報や知識がなく何が欲しいのか分からない消費者の消費意欲を作り出している（欲望の依存効果：dependence effect）」。

　マズローのレベル１の欲求を満たすためには安ければ安いほどよい。比較されるのは２つの価格である。しかし、レベル３や４では、安い物では満足できない。参照点が高止まる。安くは手に入らない物を所持することでレベル４の

自尊心が満たされる。それがブランド品である。

　ただし、情報化社会では、企業がブランド・イメージを損なうリスクも高まる。店員や客、競争相手が情報を簡単にデジタル化して、匿名でウェブ上に流せるからである。2013年、スーパーの客がアイスクリームの冷凍ケース内に寝そべっている様子や、レストランの店員が冷蔵庫内に入って顔を出している様子、宅配ピザの店員がピザの生地を顔に押し付ける様子、お好み焼き店で客がソースの注ぎ口を鼻の穴に入れている様子などが次々とネット上で流通した。店員が体の一部を食器洗浄機に入れている写真が流通したそば店は、売上減で倒産した。口コミサイトで情報戦が高ずると、相手の負の情報と自社の虚偽の正の情報を流してPRするステルス・マーケティング（ステマ）になる。

人の心理と営業テクニック

　モノを売り込む営業テクニックは、購買意欲そのものを高めるタイプと自分の商品を買わせるタイプに分かれる。前者は比較的穏やかな作用を持つが、後者は利益を得る欲求が強いため、ともすると悪質商法に陥りがちである。

　まず、前者の購買意欲を高めるアプローチで、すでに検討した以外のものを見ることにしよう。「大義名分の原則」は、高額なものを買うのは自分のためではなく、たとえば配偶者のためだという大義名分が購入を決意させる。宝石や毛皮の売り込み文句で、「美しくなられると、ご主人もきっと喜ばれますよ」などと誘う[12]。豊臣秀吉が刀狩りで農民から武器を没収する際、大仏の建立に使うので、来世まで供養されると説得したのと同じである（これは第3章で検討したナッジに通じる）。似ているが、がんばった自分へのご褒美（成功報酬あるいは反動形成）でモノを買うという心理もある。

　つぎに、人は損失回避性により、現在所有しているものを手放すときには、買ったときより高い値段でないと躊躇する。保有効果と呼ばれる。つまり、手に入れた商品はめったに手放さないと考えられる。これを化粧品の販売などに応用して、「無料お試し期間中」「効果がなければいつでも返品可」と銘打つ。実際には保有効果が働いて、化粧品が返却されることは少ない。この心理は、後で見る返報性の法則（自分が相手に好意を示せば、相手もそれに返礼する）

に基づいて、返品を躊躇しているとも説明できる。

　また、商品の売り込みで、良い面（長所）しかいわないのが片面提示、長所も短所も両方述べるのが両面提示である。一般には両面提示によると商品の評価に客観性を持たせられるので、相手を説得できると考えられる。

　フット・イン・ザ・ドア法は、セールスマンが訪問した家のドアに足を踏み込んで粘るといった技法から名付けられた。人は恒常性維持から一貫性を保とうとする。たとえば、最初に少額の借金を申し込まれ承諾すると（足を踏み込まれた状態）、その後は高額になっても断りにくくなる。消費者では試しに低価格の商品を注文して、きちんと納品され品質にも問題がないと安心する。次第に高額商品を注文するようになるといった具合である。同じくローボール法は、初めに食い付きやすい餌を差し出し（たとえば、アンケート調査と偽って警戒心を解かせ）、次第に誘いをエスカレートさせる。同様に、街頭で無料の景品を配り、その後の有料の勧誘を断りにくくする。これは返報性の法則を応用しているともいえる。

　似ているが、ドア・イン・ザ・フェイス法は、訪問した家の住人に、顔の前でドアをバタンと閉めさせるといった技法から名付けられた。あえて門前払いをさせ、相手に多少なりとも呵責の念を持たせることが目的で、次のチャンスを狙う。たとえば、情報誌購読の勧誘である。誕生日のプレゼントをねだるときは、まず高額なアイテムをリクエストして断らせ、本命をゲットする。

参照点依存性の効果

　参照点依存性は、現状を基準として、そこからの得失で新たな選択をするかどうかを決める性質であった。この性質を利用して、さまざまな販売方法が研究されている。たとえば、宝石店やブティックでは、あえて値の張る商品をショウウィンドウに飾る。この値札を見た客が店内に足を踏み入れると、ショウウィンドウの商品に比べて、見かけは似ているが相当安い値札の付いた品を見付けることになる。客は先ほど見た高い値札を基準に意思決定しようとするため、店内の品を「安い」と感じる。購買意欲が促進される。住宅や自動車のセールスにも応用されている。船の動く範囲を制限する錨にたとえたアンカリ

ング効果（投錨効果）やコントラスト効果と同義である。

同様に店員は初めに高価なスーツをあえて勧めて断らせた後、値頃なシャツで客の購入を誘う。似ているが、シャツを見ている客に「そのシャツにはこのネクタイが合いますよ」と勧める販売方法には、クロスセルという心理手法が用いられる。ネット販売ではレコメンド技術として応用されており、「この商品を買った人は、こんな商品も買っています」と表示して購入を促す。

また、人には真ん中を選ぶという極端回避性がある。そこで、それまでの二者択一に、あえて第3の選択肢を加える。2つのうち、それまで選択してきた方に基準があるところに、さらに上位の商品が登場すると、最下位品は相対的に魅力を失い、決定が上方に誘引されると考えられる（誘引効果）。本章1節では、ファースト・フード店のドリンクのラインナップの例を挙げた。ほかにも、中級機と低級機の2種類のカメラだけだと、人の選好は半々に分かれるが、最上位機種を加えると、中級機の選択が半数を超えたという実験結果がある（低級機22％、中級機57％、高級機21％）。

こうした知見は、レストランでワインリストに特上ワインを加えたり、自動車メーカーが各車種に最上級グレードを加えるといった販売促進方法に応用されている。また、結婚披露宴の選択肢では、松竹梅の3タイプをそろえるが、これは誘引効果に両面提示を組み合わせるため、もう少し洗練されている。販売員は「松は高すぎてお勧めできません」と述べたあと、「竹が手頃で一番お得です」と、本命の竹コースを売り付けることがある。「担当者が損をするような提案をするはずがない」と思わせて客の信頼を得ようとする。

損失回避性とフレーミング

損をしたくない人の性質をくすぐって、この商品を逃したくないと思わせるには、商品の組成や成分について表示を工夫する（フレーミングする）という手法がある。たとえば、人は「綿20％混紡のカシミヤセーター」より「カシミヤ80％のセーター」の方に魅力を感じる。同様に、「脂身20％」より「赤身80％」の肉の方が良い。ただし、実際にカシミヤが入っていないのに、こうした表示をすると不当景品類及び不当表示防止法（以下、景品表示法）に触れる。

2009年12月、消費者庁は、三陽商会が「カシミヤ25％」と表示して販売していたセーターが、実際にはカシミヤをまったく含まず「綿25％」だったとして、景品表示法違反（優良誤認）で再発防止策を求める措置命令を出した。同セーターをめぐっては、同庁が先に家庭用品品質表示法に基づき適正な表示をするよう同社に指示していたが、十分でなかったと判断されたという。

　2009年6月、公正取引委員会は、旺文社が「実用英語技能検定」の受験用参考書の販売で、実際には統計がないのに、本の帯などに「英検合格者の80％以上が使っている」と表示していたとして、同法違反（同）で警告した。担当者が「英検用参考書の8割程度は旺文社刊」という大手書店のデータを、「合格者の80％が使っている」と早合点して使ったという。合格を目指す利用者は明らかに購買意欲が高まったはずで、一種のフレーミング効果を生んだ。

　2011年4月、消費者庁は、予備校の「市進教育グループ」が公表した2010年春の出身校大学別合格者数で、同グループ出身の合格者数を水増ししたとして、同法違反（同）に基づき再発防止を求める措置命令を出した。

　あるいは、家庭で安い洋酒でも高級酒のラベルを貼ると、なんだかうまく感じる。また、同じワインを飲むのでも、高価なグラスに注いで味わうと楽しくなるかもしれない。ラベリング効果と呼ばれる。表面的なラベルによって物や人物を判断してしまう現象である。

買わせる販売テクニック

　買わせるテクニックは、①誤前提暗示、②同調性の法則（集団性の法則）、③希少性の法則、④返報性の法則、⑤権威性、の5タイプになる。せっかちな遺伝子を持ち、二者択一で生き残ってきた人類にとって、2つの選択肢を示されると、急いでどちらかに決めなければならないと思い込みがちである。これを営業に利用して、店に入ってきた客に、「今日はバッグですか、クツですか」と問う。二者択一話法または誤前提暗示と呼ばれる。すでに選択することが決まっているかのように、または自由意思で選択したかのように錯覚させる。

　なお、かつて、ソクラテスは正面から相手の誤りを指摘するのではなく、相手がイエスといわざるを得ないような質問を続けて、最初は否定していたこと

も肯定するように仕向けたという（ソクラテス式問答法またはイエス誘導法）。これを応用して、「はい」といい続けるような状況をつくって、肯定的なメンタルセット（心構え）を相手に作り出し、商品を買わせるのがイエス誘導法である[13]。根底には、一貫性を保ちたいという恒常性維持が働いている。

これが行き過ぎると、悪徳商法の催眠商法（またはSF商法）になる。まず、ローボール法により街頭で食パンなどを無料で配り、客を建物内に誘導する。中では業者が「これ欲しい人」と呼びかけ、サクラの会員が「はい、はい」と手を上げ次々に無料で製品をゲットする。これを繰り返して、本当の客にもらわないと損という心理を植え付ける。楽しい話術などで気持ちも高ぶった客は、多数者効果により集団思考に陥り、最後に「80万円する布団を本日は特別30万円で」と持ちかけられ、「はい、買います」と手を上げてしまう[14]。

つぎに、人には他の人と同じことをして安心したいという心理、あるいは流行に後れてはならないと思う心理がある。同調性の法則である。「皆さん買っていらっしゃいます」などといわれると、つい買いたくなる。そこで、飲食店などにアルバイトのサクラを大勢雇って並ばせ、行列のできるほどおいしい店だと装う。後に見るが、これが高ずると、事実ではないのに「みなさん購入されています」と偽って販売する商法になり、法の追及を受ける。

社会心理学者のチャルディーニは、他人の意思決定に影響を及ぼす心理として、①返報性、②一貫性、③社会的証明、④好意、⑤権威、⑥希少性の6原理を上げた。社会的証明の原理とは、世間の人々のしていることが誤っているはずはなく、何か良いことがあるはずだという原理である。集団性の法則、同調行動を指すともいえる。経済学ではこうした群集心理をハーディング現象と呼ぶ。たとえば、オイルショック時や東日本大震災後にトイレットペーパーがなくなるのではないかとの不安から、多くが買い占められた。

「ベストセラー」とか「売れ筋」の文句で売るのはバンドワゴン効果（または同調性の法則）に基づく。逆に「本日限り」「限定20個」「レアもの」などと謳い、買わないと損だと思わせるのが希少性の法則の応用である。これを逃したら二度と手に入らないのでは、という損失回避性が働いている。ただし、それらの謳い文句が事実に反すると、法の追及を受けることになる。

返報性の法則は、こちらが相手に好意を持てば、相手もこちらに好意を示すという法則である。これを応用したのがローボール法で、「無料お試し期間」の実施や「試食・試供品」の提供で客の好意を得ようとする。さらに、「１週間試用無料」「いつでも返品可」などと謳って購入を促し、ありがたいと感じた客に返品やクレームを思いとどまらせる効果があると考えられる。これらの文句が事実に反すると、同様に法の追及を受ける。

　返報性の法則が、消費者のクレームへの対応で有効と考えられるのには別の理由もある。相談係が高圧的に対応すれば、客は懲らしめてやろうという気持ちにもなるが、低姿勢であっさり非を認めると、それに返礼しようとする。「分かってくれればそれでいいんだよ」といった具合に。

　なお、一般に、客に店側の意図する行動を取ってもらうには、さりげない依頼の形式を踏むと、抵抗なく聞き入れられることが多い。自分の決定に干渉されたくないという心理的リアクタンスの働きを抑えるためである。たとえば、ショッピングモールのテナントは、客がモール出口に向かって店内を気軽に横切ることができるようなフロア・プランにすると、入店を押し付けられたくないという心理を抑えられる。これは、自由意思を尊重しつつ法令遵守に導こうとする行動経済学のナッジの考えと同じである（第３章で見た）

　権威性の法則とは、権威者に追従すると得になると思う心理である[15]。同調性の法則の一種で、商売ではブランド力を背景にした波及効果ともいえる。権威性に基づく販売促進にも、権威を偽る「欺し」が潜んでいることがある。商標法違反の偽ブランド品はいうに及ばず、公務員などの権威をかたる点検商法などがある。当然に法の追及を受ける。法の追及例は次項以降で検討する。

広告・表示と法の規制

　このように、心理テクニックが用いられるのは、販売の広告・表示や口頭説明（セールストーク）のときである。つまり、客との交渉時に申込や申込の誘引として用いられる。それらが法の追及を受けるのは、大別して①不公正な競争をもたらす場合、②事実と誤認した消費者が契約を締結させられた場合、③消費者が困惑して契約を結ばされた場合、に分かれる。以下順次検討する。

第1の場合を規制する法の代表が景品表示法である[16]。他の商品に比べて広告主の商品が優良であるとか（4条1項1号優良誤認）、価格等の取引条件が有利であるように見せかける（同2号有利誤認）場合には、消費者の不利益につながり、不公正である。たとえば、先に、ショウウィンドウの大きな数字の値札に縛られ、後から目に入る少額の値札のついた商品を魅力的に感じる現象について述べた。この心理を応用して、値札の通常価格に赤字などで「×」（バッテン）をして、その上に値引き後の新価格を書く手法は要注意である。

　つまり、通常価格で販売されていた期間が一定期間以上なかったり、高い価格を通常価格と偽って表示していると、同法に違反する不公正取引（有利誤認）に当たり、監督官庁の行政処分等の対象となる。2010年9月、北海道は、家電量販店大手コジマがパソコンの保証制度や価格について消費者の誤解を招く不当表示をしていたとして、改善指示をした。値引き後の価格を表示する際、通常の販売価格より数千円高い価格を通常価格のように表示することで、消費者に値下げ幅を過大に認識させていた（有利誤認）。2013年11月、インターネット通販の「楽天市場」で、プロ野球の東北楽天の日本一を記念したセールに参加した店舗が通常価格を不当に引き上げて、値引き率を高く見せかけた。

　2011年2月、消費者庁はインターネットの共同購入サイト「グルーポン」で販売されたおせち料理が見本と違っていた（優良誤認）として、飲食店経営の外食文化研究所に再発防止を求める措置命令を出した。2013年5月、同庁は、KDDIがiPhone5の高速通信LTEの広告で、通信速度と人口カバー率について事実に反する表示をした（優良誤認）として再発防止などを求めた。2013年11月、同庁は、携帯電話などに使うソーラー式充電器について、充電に必要な時間を実際より短く表示していた（優良誤認）として、メーカー5社に再発防止などを求めた。2013年10月、同庁は、肩こりなどを緩和する家庭用治療器の販売で、「腰痛や糖尿病が治る」などと根拠のない口頭説明をしたとして、販売会社「ヘルス」に景品表示法違反（優良誤認）で再発防止などを求めた。

　事後の救済手続きには時間も費用もかかるので、未然防止が最良の対策である。法的制裁には①刑事、②民事、③行政、の3つがあるが、①と②は裁判等による公正手続を要し、時間もかかる。検察あるいは原告が証明責任を果たせ

ないと、加害者は制裁を逃れ、被害者は救済されない。一方、③は監督官庁により比較的簡便に行われ、不公正取引を直ちにやめさせるのに有効である。なお、行政的制裁は一般に警告、改善指示、措置命令、業務停止、課徴金、刑事告発と重くなる。景品表示法では、4条に基づく措置命令に違反すると、事業者は2年以下の懲役または300万円以下（法人には3億円以下）の罰金が科せられる。ただし、調査権限や罰則をともなう措置命令が消費者庁に集中するため、他省庁や地方自治体に権限を拡大する法改正の動きがある。

不実告知・威迫と法の規制

第2の誤認類型と第3の困惑類型を規制する法の代表が、消費者契約法と特定商取引に関する法律（以下、特定商取引法）である。消費者契約法は、不適切な勧誘によって、消費者が誤認をしたり、困惑したりして契約を結ばされたときには、消費者は契約を取り消すことができるとする。併せて不法行為に基づく損害賠償の請求も可能である。特定商取引法は、取引形態別に不実告知と事実不告知を禁ずる（本書では訪問販売、通信販売、電話勧誘販売の3形態を中心に解説する）。これにより消費者は契約解除もできる。また、威迫行為を禁ずる。加えて、事業者の当該行為の排除や営業停止などの行政的制裁が迅速に行われる点でより強力である。禁止事項の違反には刑事的制裁もある。

2008年3月、東京都は、エステのラ・パルレが商品販売で特定商取引法と東京都生活消費条例に違反したとして、業務停止命令を出した。同社は「絶対にきれいになる」「必ず痩せる」などの事実に反する過大広告（同法6条1項1号の「効果・効能」に関する不実告知）や、契約しないと帰れないと思わせるような勧誘（6条3項の威迫し困惑させる行為）などをしたとされる。

2008年7月、経済産業省は、ベルーナが着物や宝石の展示会販売で、特定商取引法に違反したとして、半年間の業務停止命令を出した。違反は、①販売目的の展示会なのに、「ファッションショー」などと告げて客を会場に誘った（6条4項の販売目的を告げずに営業所以外で勧誘、公衆の出入りしない場所での勧誘）、②客が「帰りたい」といっても強引に引き留めた（6条3項の威迫し困惑させる行為）、③クーリングオフ期間なのに「有名な先生の着物なの

でキャンセルできない」と偽った（6条1項5号の不実告知）、とされる。

　なお、販売者側にも同調性の法則は現われる。ベルーナでは、強引な勧誘などのマニュアルがあり、ある社員は周りの者がみな悪質な方法で販売していると、いつの間にか自分も悪質販売への抵抗感が薄れていったと証言した[17]。

権威性と法の規制

　自尊心をくすぐったり、同調性の法則や権威性の法則を悪用したと見られるのがラフ21である。同社は電話勧誘で事実に反する説明をして高齢者に新歴代天皇大鑑を販売したとして、2008年4月、経済産業省から特定商取引法に基づき、1年間の業務停止命令を受けた。同社は、大鑑と請求書を全国の高齢者に送り付け、電話で「これは誰にでも販売するものではなく、当地区では2人にしかパンフレットを送っていません」などと事実に反する説明をして勧誘したとされる。これは、消費者の自尊心をくすぐる手法といえる。

　また、「何人中何人が申込済み」とか「（著名人の）何々様から賛同を得た」などと、事実に反する話を電話で告げて消費者に商品の購入を促したという。同調性の法則や権威性を悪用しているといえる。これらは、いずれも電話勧誘販売の不実告知（同法21条1項）に当たる。さらに、買わない場合は「罰当たり」などと困惑させていた（21条3項の迷惑勧誘）。

　権威性が自分に向けられると消費者は自尊心をくすぐられる。ただし、そうした売り文句が事実に反すると、消費者を誤認させ不当に契約締結に導くことになる。2011年7月、東京都は、美術イベント業の遊美堂が、絵画を趣味にする高齢者に電話をかけ、著名な評論家が本人の絵画を絶賛していると偽って、展覧会への出品や画集の掲載契約を迫ったとして、特定商取引法（21条1項の不実告知）に基づき6か月間の業務停止命令を出した。

　なお、先に述べたとおり、特定商取引法では、不実告知と事実不告知があれば消費者は契約を取り消すことができる。消費者契約法では、不実告知と事実不告知に加えて、迷惑行為でも契約を取り消すことができる（4条）。

　商売人の迷惑行為が度を超し、違法利益を得る頻度と額が高くなると、社会秩序を揺るがすので、法の追及も厳しくなる。悪質商法のレッテルも貼られる

ことになろう。2009年5月、福岡県警は、サンジャスト福岡の元社員が印鑑や水晶の購入を執拗に迫ったとして、特定商取引法違反（6条3項の威迫・困惑）の疑いで逮捕した。「購入しなければ地獄に落ちる」などと告げて困惑させ、約650万円分の水晶玉や水晶彫刻を購入させたとされる。

2011年7月、埼玉県警は、インターネット上の仮想空間で「不動産投資」を謳い、「確実にもうかる」「大手企業も参加している」などと事実と異なる説明で会員を募らせたとして、ビズインターナショナル社長を特定商取引法違反（連鎖販売取引34条の不実告知）の疑いで逮捕した。2007年6月から2年間で、延べ2万5,000人から約91億円を集めたという。

近年は、ネットの出会い系サイトも悪用される。2013年6月、警視庁は、エステサロン「フランチェスカビアンキリミテッド」の経営者らが、会員制交流サイトSNSで会員らに「友達になりたい」と近づいた後、目的を告げずにエステサロンで高額なエステ契約の締結を勧誘したとして、同法違反の疑いで逮捕した。その際、「正規価格は20回で450万円だが、親戚価格の150万円でいい」などと特別な値引きを装ったとされる（特定継続的役務44条1項の不実告知）。被害額は、若い女性約400人の約5億円に上るという。悪用された手法は、①フット・イン・ザ・ドア法（「出会い」で足を踏み込まれた）、②参照点依存性（正規価格との比較）、③返報性の法則（値引きに返礼）である。

グレーゾーンの商売テクニック

ここからは、背景にある心理テクニックを知ってしまうと、何とも後味の悪い商売方法を指摘してみよう（多くは違法ともなる）。ローボール法は、初めに食い付きやすい餌を差し出し、次第に誘いをエスカレートさせる手法である。「はい」と答えやすい質問をし続け、いつの間にか面会する約束を取り付けるのもこの手法の応用である。商品販売では、主催者として採算の合わないほど格安の海外旅行ツアーで誘い、高額のオプショナルツアーや土産店訪問で搾取する。車販売のディーラーでは格安の本体価格で誘い、高額のオプション装備で帳尻を合わせようとする[18]。

無料商法では、着物の着付けを「ただ」と誘い、結局は帯などの商品を売り

付ける。これは、返報性の法則の応用といえる。試着するだけはただといわれても、試着すると迷惑をかけたと思い、買わなければならないと思いがちになる。一般のセールスでも客の「イエス」を引き出すテクニック（勧誘の法則）があるとされる。まず、他人から物を受け取ると、お返ししたくなる、借りを返すという、返却性である。心理学の返報性の法則に該当するであろう。たとえば、原野商法で、主催者が招待客の滞在費を持ち高価な宴会で接待をして、原野を高値で買わせる[19]。なお、原子力発電の黎明期には電力会社は電力記者会の記者を原発見学ツアーで接待したとされる[20]。

　また、一貫性を利して、客に「いつがよろしいですか」と聞き、「来週なら」との返答を得て、「来週ならいいといったではないか」と面会を迫る。また、大勢で取り囲んで、脅したりすかしたりして買わせる。親しい人が寄り集まってきて「みんな買っているわよ」などと同調性の法則を応用して買わせるのがパーティ商法である。警戒心を解かれ、虚栄心や競争心もあおられ、「あなたが契約しているなら私も」と思ってしまう[21]。

　デート商法では、たとえばドア・イン・ザ・フェイス法を用い、最初はとても飲めない高額な要求をわざと突き付けて断らせ、後の提案を飲ませる。デート商法は悪質商法とされることが多い。人は、費やした時間を惜しいと感じる性質を有する（サンクコスト）。まず、共通の話題で話しを盛り上げ、デートの約束をさせる。業者は待ち合わせの時間にわざと遅れてきて、「ごめん、ごめん。遅れてしまって。申し訳ない」と誠実にわびる。ターゲットの客は、これまで待った時間を無駄にしたくない（楽しい時間を過ごすために待ち合わせた）。時間を先行投資したと思い、待つだけの価値や意義を見いだして、自分の行動に一貫性を保とうとする[22]。業者はこの後、好きになった相手を喜ばせてあげたいという客の返報性を悪用して、高額商品を買わせる。

　こうした心理は、フェスティンガーの認知的不協和によっても分析できる。人は、①信念・願望、②行動・立場、③外部の認知状況の3つが協和しないと不快感を覚える。心の安定を保つために、いずれかを変更して協和を保とうとする。ここでは、①信念・願望（楽しい時間を持ちたい）、②行動・立場（待ち合わせして大分待った）、③外部の認知（現れた人物への評価）を調和させ

たい。信念を変えるのは無理だ。立場を変えて別のことをするのは惜しい。残るのは、認知を協和させて（時計が狂っていたとも思えないので）、「この人には待つ価値がある」。結果、相手を受け容れて楽しもうとする。

詐欺と悪質商法のテクニック

　振り込め詐欺などの特殊詐欺はさまざまな人間の弱点をつくが、とくに①身内が事故や事件に巻き込まれたと危機意識をあおる、②権威者（警察官や弁護士）を装い信用させる、③解決策を提示して安心させ、早急に行動を起こすしかないと錯覚させる、④このため、辻褄の合わない情報を無視してしまう（確証バイアス）。確証バイアスとは、自分に都合の良い情報を周囲から集めて、先入観を固定させてしまう現象である。恒常性維持が根底にある。

　息子などの本人へ連絡がつかないようにするために、犯人はあらかじめ本人にいたずら電話や迷惑電話をかけ続け、本人に携帯電話の電源を切らせることもある[23]。また、ターゲットのお年寄りには冷静な自分に戻らせないように（疑念を抱かせないように）、たとえば（息子が起こしたとする）交通事故の被害者の安否を「祈っていて下さい」などと告げる。悪質商法で契約させた商品をクーリングオフされないように、当該期間中は何かと注意をそらせる（親切な）対応をするのも同様で、頼みもしないのに訪問してくる[24]。

　還付金詐欺では、権威性の法則を悪用し、公務員（市役所職員・税務署員・警察官）などを登場させて信用させる。加えて、「民事不介入」などの専門用語（権威性の要素）を使って信用させる。架空請求詐欺では金額が少額なため、温厚な人は面倒なことに関わりたくないと思って、振り込んでしまうことも多い。アダルトサイトを見たというような、証明されていないことを正しい前提として支払いを迫るので、誤前提暗示の応用ともいえる。

　点検商法では、シロアリがいるなどと不安をあおる。また、消防署や市役所から来た、大家の代理人だなどと権威者を装い、「〜の点検や設置が義務づけられた」とウソを述べ、大型消火器などの高額で不要な商品を購入させる[25]。リフォーム詐欺では、ターゲットのお年寄りなどと馴染みになり、親切にしてから欺す。これは、熟知性の原則と返報性の法則を応用している。

こうした悪質な訪問販売では、消費者を威迫・困惑させて契約を結ばせることも多い。たとえば、2012年6月、京都府警と東山署は、浄水器のある高齢女性宅を訪問して威圧的な態度で浄水器の購入契約をさせたとして、訪問販売業者を特定商取引法違反（6条3項訪問販売の威迫・困惑、同1項不実告知）の疑いで逮捕した。その際「フィルターを点検するだけ。金はかからない」と偽って勝手に浄水器を交換し、睨み付けながら購入を迫ったとされる。
　2010年5月、大分県警は、先に見た催眠商法（またはSF商法）をした寝具・日用雑貨販売会社の元従業員らを特定商取引法違反（6条4項販売目的を隠した勧誘、同1項不実告知）の疑いで逮捕した。大分県臼杵市のスーパー駐車場で、「洗剤を無料で配る」と告げて市内の女性らをテントに誘い込み、8万5,000円で仕入れた布団を39万8,000円で売り付けたとされる。
　欺されて買ったような商品（御利益のある壺）でも、良い面ばかりに目がいってしまう（確証バイアス）。高額な商品では、後悔したり（自己否定）、欺されたとは思いたくないので、自分の行動や最初の判断は正しかったと自己弁護・正当化したくなる。これは、社会心理学では「後悔回避」と「後知恵」のトリックと呼ばれる[26]。一貫性を保つ恒常性維持が根本にある。
　また、これから起こることはこれまでより良いと思い込む性質は楽観主義バイアスと呼ばれるが、被害や事故にあった人にはこの傾向が認められる。詐欺にあった人の話を聞いても、なんとなく「自分だけは大丈夫」と思ったという。2001年の9.11テロで九死に一生を得た人々も、旅客機突入の直後、総じて反応はゆっくりで、生存者の70％もの人が悠長に会話をしていた。みなが慌てていないので大丈夫だと思う同調性が生じていた。われ先にと非常階段を争って駆け下りる人も少なかったという。2011年3月に発生した東日本大震災後の津波被害でも同様のことが起きたとされる。

非対称性と正義の法
　以上の事例から、消費者契約法と特定商取引法の制定趣旨を考えてみよう。コースの定理の意義（第3章2節）で見たが、当事者は「自由意思」に基づく取引を許され、争いが生じたときは裁判所が正義の理念から当事者の合理性に

事後的に解釈を加える。ここでは、①事実を誤認した消費者が契約を締結させられた場合（誤認類型）、②消費者が困惑して契約を結ばされた場合（困惑類型）、である。これは、①′自由な意思で選択したと思い込んでいる場合、②′自由な意思とはいえない選択をさせられた場合、と言い換えられる。

これらは、これまで民法の錯誤（①′の場合で無効）および詐欺（①′の場合で取消）・強迫（②′の場合で取消）で対応してきた。しかし、心理テクニックで契約を締結させられた場合には、これらの救済はほとんど無力であった。つまり、詐欺・強迫、錯誤等の規定は、対等な関係にある当事者が締結する契約を前提としているため成立要件が厳しく、事業者の不適切な行為で消費者が契約を結ばされた場合には、直ちには適用されなかったのである（信義則違反や公序良俗違反による契約解除はいっそう難しい）。

錯誤無効（民法95条）では、①法律行為の要素の錯誤があること[27]、②表意者に重過失がないこと、という成立要件がある。詐欺取消（96条1項）では、とくに①欺罔者に消費者を錯誤に陥らせようとする故意、②その錯誤によって意思表示させる故意、という二段の故意を要件とする。詐欺取消では動機の錯誤も認められるが、一方で相手の行為の違法性と二段の故意の要件が厳しい。強迫取消（96条1項）では、表意者の認識と表示された意思の間に齟齬はないが、自由な意思による表意ではないため取り消しうる。しかし、強迫とは、相手に害悪を告知して畏怖させ、意思決定の自由を奪って意思表示させることなので、表意者の意思がほぼ完全に抑圧されることを要件とする[28]。

なお、契約解消の困難さについては別の説明をすることもできる。民法上の錯誤の要件である法律行為の要素とは、通常は契約の重要な内容を指す。しかし、心理テクニックを悪用した表示や口頭説明は契約を誘引する目的でなされるので、契約内容となっていないことが極めて多い。したがって、誤認等により契約を締結しても、それらを誘導した告知は契約の内容には存在しない。このため、錯誤の成立を立証することは困難になるのである。

つまり、巧みな心理術によって契約締結に導かれている場合には、対等の関係にある当事者が自由意思でした取引とはいえないのに、これまでの法では正義を実現できないのである。このような事情から、消費者契約法は、その目的

を「消費者と事業者との間の情報の質及び量並びに交渉力の格差にかんがみ…………消費者が誤認し、又は困惑した場合について契約……を取り消すことができる……」と規定した（1条）。当事者間の情報非対称性および交渉力非対称性による問題点を解消すべく、契約解消の根拠を一新したのである。

情報非対称性の解消

　こうして、消費者契約法（2001年施行）と特定商取引法（2000年大改正）が制定された。情報非対称性に対応して、誤認類型に「不実告知」などの概念、交渉力非対称性に対しては、困惑類型に「強迫」より緩い「威迫・困惑」という概念を創出して、契約解消などを容易にする。ただし、悪質業者が倒産・夜逃げ・改名していると対応できないという問題は残る。

　情報非対称性の解消から見ていこう。特定商取引法3条（訪問販売での氏名等明示）などは、契約の締結を勧誘する事業者に氏名・会社名・訪問目的・勧誘内容の明告義務を課して、事業者が素性や目的を明かさないという情報非対称性を解消しようとする。違反者には行政処分がある（8条）。消費者にはまじめな人が多いので、知らずに親切に話を聞いてしまうと、一貫性を保つために断れなくなるからである。契約したのは自分の責任とも思ってしまう[29]。事業者から目的や内容を聞けば、消費者はそれ以上関わらないという選択をしやすくなり、不要・不当な契約締結を未然に回避しうるであろう。

　消費者契約法は、事業者が契約条項を定めるに当たって、その内容が消費者にとって明確かつ平易なものになるよう配慮する義務を課すとともに、勧誘に当たっても、消費者が契約内容の理解を深められるように必要な情報を提供する努力義務を課す（3条）。特定商取引法では、申込の内容を記載した書面の交付義務（4条など）と契約書の交付義務（5条など）を課す。こうして消費者は契約内容を十分に確認できるので、情報非対称性の解消に役立つ。

　事実に反することを述べたり、事実を隠したりすると、事業者の売り込む商品が他の類似品より優れていると消費者は信じ込んだり（優良誤認）、価格や支払条件が有利と思い込んだりする（有利誤認）。景品表示法4条や特定商取引法12条（通信販売）がこうした広告を禁じ、情報非対称性の弊害を取り除く。

特定商取引法の不実告知に当たれば契約解消が可能である。

　消費者契約法は、契約締結の際に不適切な勧誘によって、消費者が事実と異なる誤認をして（４条１項重要事項の不実告知および断定的判断の提供・２項不利益事実の不告知＝誤認類型）、契約を結ばされたときには、契約を取り消すことができるとする。不実告知は消費者を誘引して契約を結ばせる目的でなされる、事実に反する表明である。事業者の損害賠償の責任を免除する条項、その他消費者の利益を不当に害することとなる条項の全部又は一部を無効とする（８条～10条）。2006年の改正で12条に適格消費者団体による事業者への差止請求権が追加された（対象は４条の禁止行為と８条～10条の不当条項）。

　特定商取引法でも、2004年改正で、９条の３（訪問販売の不実告知・事実不告知による誤認）、24条の２（電話勧誘販売について同様）が新設され、消費者は不実告知や故意による事実不告知に基づき意思表示（契約）を取り消すことができる（ただし、それを知ってから６か月以内で、契約締結から５年以内）。さらに、解釈により消費者の動機の錯誤として、意思表示の無効を主張できるとされる[30]。消費者契約法にも増して、情報非対称性による意思表示の不一致に基づき、契約の取消が容易になった。なお、訪問販売の過量な販売で契約を取り消すことができる期間が１年間に延びた（９条の２）。

　なお、これら２法には、取消の要件として「不実告知」という概念が取り入れられているが、その背景には英米法の影響がある。もともと英米法では、契約締結前に相手方を誘引する目的でなされ、それによって実際に相手方が契約の締結を誘引された、事実についての誤った声明を不実表示と呼んで、相手方を救済する。日本でもアメリカの心理テクニックの影響で、契約締結時の問題が表面化し、同様の法的手段の導入を余儀なくされたと見るべきである。

交渉力格差の解消

　交渉力非対称性（強引な勧誘）に対しては、まず、消費者契約法や特定商取引法の「威迫・困惑」類型が該当する。威迫（不安を生じさせる行為）・困惑はいずれも強迫より緩い概念である。消費者契約法は、不退去・退去妨害により困惑して契約を結ばされたとき（４条３項困惑類型）には、消費者は契約を

取り消すことができるとする。つまり、交渉力非対称性による意思表示の不一致に基づき、契約や条項の不成立を認める。特定商取引法では、消費者を威迫し困惑させる行為が禁じられる（訪問販売では6条3項）。さらに3条、3条の2第2項、4条～6条の違反に業務停止命令等が課せられる（8条）。

最大の防御策は不当な契約締結を未然回避することである。悪質業者の倒産・夜逃げ・改名を考えるととくにそうである。特定商取引法では、消費者がいったん拒絶すると業者は再度勧誘することを禁じられる（電話勧誘販売17条）。2009年の改正で訪問販売にも同規定を追加し（3条の2）、通信販売・連鎖販売・業務提供誘引販売では消費者の承諾のない電子メール広告を原則禁止とした（12条の3第1項など）。これらは、とくにドア・イン・ザ・フェイス法を封じる効果がある。

また、販売目的を伏せて公衆の出入りしない場所で勧誘することを禁じる（訪問販売6条4項）。営業所以外の場所（街頭や喫茶店）で勧誘するキャッチセールスやアポイントメントセールスも訪問販売として規制される。違反者には行政処分がある（8条）。これらは心理テクニックに影響されやすく、交渉力の弱い消費者に望まない契約の締結を回避させるのに役立つであろう。

なお、クーリングオフ制度は両方の非対称性に事後対応する（後述）。

電子契約法（2001年12月施行）は、民法の錯誤の規定に特例を定める。民法95条但書（表意者の重過失の場合）にかかわらず、表意者が消費者の場合には特定の事由（意思表示を行う意思がなかった場合など）で無効を主張できる（3条）。誤って、マウスをクリックしてしまった場合（いわゆるワンクリック詐欺）などでも、業者が契約締結の際に意思確認の画面を表示するなど誤りを防止する措置をしていない場合、無効を主張できる。特定商取引法14条（意に反する契約申込の強要）に基づき行政指示の対象となる。意思確認の方法について、経済産業省は①入会申込の操作時に入会となる行為を明示（利用規約にあるだけでは不十分）、②消費者が申込内容を確認・訂正することが可能、というガイドラインを示す。交渉力格差を是正するものといえる。

法規制の目指すもの

　特定商取引法では民事上の救済（契約取消や賠償請求）のほか、禁止事項を規定して、行政処分や差止命令で違法行為をやめさせる。さらに刑事罰を加える。行政処分は、訪問販売の7条～8条、通信販売の14条～15条、電話勧誘販売では22条～23条に規定される。適格消費者団体による差止請求は58条の4～9がある。6条や21条の禁止事項の違反には罰則で3年以下の懲役または300万円以下の罰金が科される（70条）。適格消費者団体による事業者への差止請求権は景品表示法10条にも規定される。差止めや行政処分は、消費者への最終的な救済の裁判より取引費用を低減できる。将来の被害も防止できる。

　さらに2009年9月に消費者庁が発足し、消費者を保護する動きは強まっている。ただし、被害額と訴訟費用との見合いから、たとえばエステ費用の支払等で被害にあった消費者が個人的に損害賠償や代金返還請求をすることは躊躇される（泣き寝入りしてしまう）。このため、特定適格消費者団体が代わって請求する訴訟手続を定めた「消費者の財産的被害の集団的な回復のための民事の裁判手続の特例に関する法律」が、2013年12月に成立した。

　ただし、コースの定理の観点からは、罰則は合理性を有する潜在的な違反者に損得勘定をさせることで、違反行為を抑止する目的を持つ（行政処分や差止め、訴追・救済の裁判では取引費用が発生してしまう）。ところが、人は現在志向バイアスにより、将来のリスクを軽視するので、法の抑止効果で違法行為・犯罪を減らす（取引費用を低減する）のは容易ではない。

　そこで、クーリングオフは有効である。消費者は契約締結後、一定期間であれば、理由を問わず一方的に申込の撤回や契約の解除ができる（訪問販売9条、通信販売15条の2、電話勧誘販売24条など）。訪問販売および電話勧誘販売では契約書面を受け取った日、通信販売では商品の引渡・権利移転の日（ただし、15条の2第1項クーリングオフできないことが広告に明示された場合を除く）から起算して、原則として8日以内なら書面により取り消すことができる。商品・権利の返還費用は訪問販売と電話勧誘販売では販売業者の負担だが（9条4項、24条4項）、通信販売では購入者の負担となる（15条の2第2項）。

　ただし、クーリングオフ制度は便利な制度ではあるが、契約取消を申し出る

(損害賠償請求する）相手の悪質業者がすでに存在しなかったり（倒産）、姿を消したり（夜逃げ）、社名を変えていたりすると、実効が上がらない。さらに、消費者は一貫性を保つ性質から契約解消が躊躇されることもある。欺されたことに気づいていない場合もある。正義を実現するためには、やはり不当な契約締結そのものを回避することが最大の対策になるであろう。

法改正の動向

　未然回避が最良であり、上で見たとおり、法はその方策を講じている。しかし、心理テクニックの商売への悪用は日常的に変化し、そのスピードも速い。一方、制定法は、社会情勢の変化に合わせて制改定される必要があり、迅速さに欠けるきらいがある。現行法で行う行政処分や訴追・救済の裁判にも取引費用（監視・統制）がかかる。「自由意思」の尊重の理念から、そもそも強引な介入は躊躇されるであろう[31]。事業者の倒産・夜逃げ・改名にも対応できない。そうすると、自立的な消費者の行動により、不当・不要な契約締結を回避することが最大の対策といえる。その際には、消費者が事業者の悪用する心理テクニックや法の規定について十分な知識を持つことが必須である。それを支えるのが教育を含む社会規範であり、法の欠点を補うことになる。

　まず、新たな悪質商売を取り上げ、それを規制するために制改定された法の内容を見る。それは「押し買い」という商売で、事業者が消費者宅を訪れて、消費者の所有物（貴金属など）を不当に買い取る。その際、業者は長時間居座ったり、しつこく勧誘したりし、買取り価格も極めて安いことが多い。また、消費者が契約を解消しようとしても、社名も連絡先も分からないといった情報非対称性の弊害も起きている。こうした「訪問購入」を新たな取引形態として規制する改正特定商取引法が成立、2013年2月に施行された。

　それまで特定商取引法では、①訪問販売、②通信販売、③電話勧誘販売、④連鎖販売取引、⑤特定継続的役務提供、⑥業務提供誘引販売取引、の6形態について、それぞれ業者の義務と禁止行為、行政処分と差止請求、罰則、消費者の救済等を規定した。「訪問購入」は規制対象外であった。ただし、送り付け商法（ネガティブオプション）は規制対象になっていた（59条1項）。改正法

では、58条の4〜58条の17に「訪問購入」を入れ、他の取引形態と同等以上の規定を置く。まず、改正法は訪問購入を公正なものとする。一方、消費者の利益の保護を図るため、物品の訪問購入を行う購入業者に対して、営業所等以外の場所で不当な勧誘行為をすることを禁止する等の規制を設けるとともに、消費者による契約の申込の撤回を認める等の措置を講ずる。

とくに、契約を締結しない意思を表明した消費者に業者が再勧誘することを禁じる規定では、訪問販売3条の2第1項は、まず消費者に勧誘を受ける意思があることを確認するよう業者に努力義務も課す。訪問購入の58条の6では、契約を締結しない意思を表明した消費者への再勧誘を禁ずるとともに、3条の2第1項の業者の努力義務を絶対義務とした（58条の6第2・3項）。さらに踏み込んで、業者は勧誘の要請をしていない者に対し、営業所等以外の場所において契約締結の勧誘をし、または勧誘を受ける意思の有無を確認してはならないとする（同1項）。従わない場合には行政処分される。契約締結の回避に並々ならぬ意欲を示しているといえる。

社会規範との相乗効果

また、消費者安全法は2009年に消費者庁が発足した際に施行され、業者への勧告や命令といった総理大臣の権限等を定めるが、「消費者事故等」として、使用安全性を欠く商品・役務の使用により消費者の生命・身体に生じた被害を主な対象にしていた（2条5項）。つまり、消費者の生命・身体に危険が及ぶ重大事故を防ぐ目的に限られ、財産被害の防止には対応ができなかった。しかし、そうした法の盲点を突くように、日本で換金困難な途上国の通貨とか、実態のない有料老人ホームの利用権などの権利とかを、事実に反する売り文句で押し売りする商売が横行し（たとえば、「いずれ数十倍に値上がりする」等）、高齢者等に被害が増えている。これらは、特定商取引法の対象とする「商品」とみなされないため、規制できないからである。

こうした事態に対応するため、2012年、消費者安全法が改正施行された。改正法は、事業者が虚偽や誇大な広告等で消費者の利益を不当に害し、または消費者の自主的・合理的選択を阻害するおそれのある行為を「消費者事故等」に

含めた（2条5項3号）。この事故の概要や事業者名を公表できる（38条）。さらに、この事故で不当な取引を行って多数の消費者に財産上の重大な被害を生じさせる行為を規制する（2条8項「多数消費者財産被害事態」）。この事態が発生した場合、被害の発生・拡大の防止を図るため、内閣総理大臣は、当該事業者に対して当該不当な取引を取り止めるよう勧告することなどができる（40条）。これに従わない事業者には刑事罰も科す（51条）。

　一方、不当・不要な契約締結を回避するための知識を消費者に提供するのが教育である。この目的から、消費者教育の推進に関する法律が2012年12月に制定施行された。消費者基本法は、必要な情報及び教育の機会が提供されることを消費者の権利と位置づける（2条1項）。これを受けて新法は、消費者教育が「消費者と事業者との間の情報の質及び量並びに交渉力の格差等に起因する消費者被害を防止するとともに、消費者が自らの利益の擁護及び増進のため自主的かつ合理的に行動することができるようその自立を支援する上で重要である」と位置づける（1条）。その上で消費者教育を国や自治体の責務とし（4・5条）、消費者団体や事業者の協力を仰ぐ（6・7条）。不当な消費者契約の回避のためにも、具体的施策の早期実施を期待したい。

　また、教育などの社会規範には、事業者団体の分別のある行動規範も含まれるであろう。この例として、2012年5月に消費者相の示唆に応えたゲーム業界の対応が上げられる。消費者相は、携帯電話で遊べるソーシャルゲーム「コンプリート（コンプ）ガチャ」で未成年者を中心に高額課金されていた問題で、「極めて射幸心をあおる」と指摘し、「一定の抑制的な方向性を打ち出すことが必要」と述べた（その後、消費者庁はコンプガチャが景品表示法で禁ずる「カード合わせ」に該当するとの見解を示した）。これに即応して、翌日には、主なゲーム会社6社はコンプガチャを同月中に中止すると表明した。

信頼の法と心理学

　ここまで検討したことに基づき、売り手と買い手の両者が納得できる、より良い取引を考えてみたい。その基本にはモラルがあるといえる。モラルとは人として果たす義務のことである。第2章5節で法と心理学に3分野あることを

見たが、たとえば、契約締結前の情報非対称性をモラルの問題と把握して、より良い取引を考えることは、これらの範疇には収まらない。そこで、契約の当事者が手の内を明かして信頼を築き、戦略的合意を目指すための研究を、第4分野の法と心理学と位置づけ、信頼の法と心理学と呼ぶことにしよう。

まず、信頼に基づいて説得する方法について考える。心理学の説得に関する知見に予防接種理論がある。アメリカの社会心理学者マクガイアーが実験により明らかにした。情報非対称性を利するアプローチとはまったく逆に、情報を開示（または共有）するアプローチである。契約締結に当たり目的物のマイナス面をあらかじめ伝えておく。相手が最終的にその事実を目の当たりにしても、すでに免疫ができているのでショックが和らぎ、契約関係は良好なまま維持されると期待される。契約キャンセルや損害賠償請求を未然に防止できそうである。先に見た両面提示の理論をさらに深めたものともいえる。

応用例を考えてみよう。たとえば、消費者がスーパーで安いが味の良くない果物を（それと知らずに）買ったとする。消費者は多少安いと思って買ったものの、家に帰って食べてみて美味くないと、割に合わないと感じられる。情報非対称性（味が良くないこと）を利した商売に反発も高まる。消費者の口コミは早く広がり、影響力もある。こうした商売は淘汰のリスクが高くなるであろう。ブランドは企業が情報を一方的に流して作るが、評判は消費者が主導するので、企業は大衆心理を的確に捉えて、対応しなければならない。レピュテーション・マネジメントと呼ばれる。

そこで、スーパーはあえてその情報を開示して非対称を自ら解消し、消費者に納得ずくで買ってもらう。「時期より早めに入荷したので多少味が落ちますが、安くしました。よろしければご賞味ください」といった具合である。正に、信頼関係を構築して戦略的合意をすることに他ならない。同様に、商品の定期配達でも情報を開示して、トラブルの芽を摘む。たとえば、天候の影響で小振りの果物しか入荷しないときは、出荷前に連絡して確認を得る。

ただ、賞味期限を偽装すれば法に触れるが、同様の目的を持って賞味期限の早く来る商品を陳列棚の前方に置いて売る行為は法には触れない。情報を隠すあるいは偽ることが法に触れ、情報をこの程度見えにくくすることは今のとこ

ろ法には触れないのである。ある別のスーパーでは、牛乳パックの棚に「賞味期限が先のものから取られると、牛乳が売れ残ってしまいます。互いの利益のために、手前の品からお取りください」と掲示していた。客の心理的リアクタンスを逆なでしている（もっとも、翌日には掲示は撤去されていたが）。なお、食品に表示される賞味期限は目安であって、これを過ぎると食べてはいけないというものではない。こだわりが強いと廃棄が増えてしまう[32]。

顧客満足度と販売方法

信頼関係は当事者が手の内を明かすことで達成できる。規格外の果物や割れせんべい（訳あり商品）が格安で売り出され、実際によく売れている。消費者は不況という時節がら節約もしたいが、惨めな生活はしたくない。この二律背反する心理を、情報を開示することでうまく調和させた。もともと品質の良いものが割れたり、規格外だったりしているだけなので、消費者の抵抗感が和らぐのであろう。予防接種理論のもう1つの応用例といえる。

スターバックス・コーヒーは、1994年にブラジルの霜害でコーヒー豆の価格が3.3倍になった際、質の劣る安い豆を使わずに（信頼を裏切らない）、原価上昇分の10%を価格に転嫁した。その際に、客にその理由を正直にはっきりと説明することで、支持を得たとされる。品質の良い食品で賞味期限の迫ったものを割引して売るのもそうである。製造者は廃棄ロスを低減できる。一方、消費者も良い商品が安くなっている理由を知り、納得・安心できるのである。

消費者の得をしたい心理とエコに配慮したい心理に同時に訴えかける商品が2010年に売り出された。すすぎを1回にできる洗濯用洗剤で、すすぎを1回にすることで、電気と水を節約し、しかも時間も短くできる。2013年には、さらに洗浄時間も半減できるタイプが発売された（値段も上がったが）。

通信販売を手掛けるメーカーは、返報性の法則を利用して「返品可」と謳い販売を促進したいが、一方で実際の返品率の上昇が気にかかる[33]。しかし、大手下着メーカーのセシールは通販の返品送料の無料化で顧客満足度を上げた。これは、商品の不備だけでなく、サイズや色の違いなど顧客側の都合による返品でも無料としたことにある[34]。このように相手の快を満たすと、同じ返報性

の法則から、返品率も下がる可能性がある。

　参考データとして、アンケート調査のお礼として先に少額の商品券を付ける方が、あとから10倍の謝礼を送るより返送率が2倍高いという結果がある[35]。また、返品業務の迅速化ではなく、注文した商品を翌朝に届けるという迅速サービスで、顧客の返品率が激減したという報告もある。日本通信販売協会の2013年の配送満足度調査では、客の要望が高いのは、①配達時間帯指定68％と②配達日指定62％が高く、翌日配送9％と当日配送4％は低かった。つまり、顧客の求めに迅速対応すれば（快を満たせば）、それに対する返礼として、企業に負担をかける行動も減ると考えられる。

【注】
1 ）中嶋洋介『交渉力』（講談社、2000）22, 43〜45頁参照。
2 ）ジョン・ノフシンガー（大前恵一朗訳）『最新 行動ファイナンス入門』（ピアソン・エデュケーション、第3版、2009）61頁参照。
3 ）同上61頁参照。ピッツバーグの観光客91人に聞いたもので、うち84％が後者を選択した。
4 ）同上参照。60％が前払いを選択。
5 ）同上62頁参照。66％が後払いを選択。
6 ）C. Shapiro and H. R. Varian, *Information Rules* (1999) at 71.
7 ）モートン・ドイッチ（杉田千鶴子訳）『紛争解決の心理学』（ミネルヴァ書房、1995）53頁参照。
8 ）William Dodge, "The Case for Punitive Damages in Contracts," 48 *Duke L. J.* 629 (1999).
9 ）John Sebert, Jr, "Punitive and Nonpecuniary Damages in Action based upon Contract; Towards Achieving the Objective of Full Compensation," 33 *UCLA L. Rev.* 1565 (1986).
10）これは1558年王室財務官グレシャムの名言。マクロウドにより、グレシャムの法則（Gresham's Law）と命名された。
11）安斎育郎『だます心　だまされる心』（岩波書店、2005）119頁参照。
12）多湖輝『多湖輝の心理学教科書』（KKロングセラーズ、1999）138頁参照。
13）樺旦純『ビジネス最強の心理術』（三笠書房、2001）42頁参照。
14）紀藤正樹『悪徳商法　詐欺と騙しの罠』（日本文芸社、2000）168頁参照。
15）権威者に対しては同調効果とともに追従効果がある。米テキサス州オースチンの横

断歩道で身なりが良く、地位の高そうな紳士が信号無視すると、追従されやすいという実験結果が得られた（レフコヴィッツの研究）。ただし、権威（法律・実績・前例）への同調効果で意思決定した場合、決定者は責任を追及されない（同調の責任回避）。
16）なお、特商法11条に通販の広告内容の規制、同12条に通販広告の禁止事項があり、同条は不実表示、優良誤認や有利誤認を扱う。
17）『日経ビジネス』2008年12月15日号108頁参照。
18）西田公昭『だましの手口』（PHP研究所、2009）149, 150頁参照。
19）日名子暁『振り込め詐欺師の正体！』（廣済堂あかつき、2009）156, 157頁参照。
20）『日経ビジネス』（2011年8月29日）70頁参照。
21）村千鶴子『消費者はなぜだまされるのか──弁護士が見た悪質商法──』（平凡社、2004）70, 86, 84頁参照。
22）西田・前掲注（18）91, 95頁参照。
23）日名子・前掲注（19）126頁参照。
24）西田・前掲注（18）240頁参照。
25）村・前掲注（21）33, 51頁参照。
26）西田・前掲注（18）58頁参照。
27）動機の錯誤（たとえば土地や株の値上がり）については、その動機が明示的または黙示的に表示されて法律行為の内容になっている場合のみ考慮され、かつそれが法律行為の要素に関する場合にのみ認められる（大判大3.12.15）。
28）梶村太市・石田賢一『特定商取引法』（青林書院、2006）567, 569, 570頁参照。
29）村・前掲注（21）34, 51, 133頁参照。
30）梶村・石田・前掲注（28）568〜570, 91頁参照。
31）たとえば、ビールなどの販売で仕入れ値を下回る価格で大手スーパー・イオンに卸した（独占禁止法違反の不当廉売）疑いがあるとして、公正取引委員会は2012年8月、大手卸売3社に違反につながる行為を改善するよう警告した。公取委は当初はイオンが優越的地位を乱用して値引きを迫ったとの構図を描いたとされる。しかし、取引を止めた卸業者もいたため、この違反による行政処分を見送った。
32）賞味期限の3分の1ルールもそうである。この商慣習は、製造日から賞味期限までを3等分し、最初の3分の1までが小売り業者への納品期限、次の3分の1が店頭での販売期限とするもの。対策として、2013年8月、メーカーやスーパーなど40社が2分の1ルールを試験的に実施した。
33）売買物品の配送を「動脈物流」というのに対して、返品は「静脈物流」と呼ばれる。
34）『日経ビジネス』2012年7月30日号41, 43頁参照。
35）トルステン・ハーフェナー（福原美穂子訳）『心を上手に操作する方法』（サンマーク出版、2012年）160頁参照。

第5章
紛争解決と人の心理

○ ● ○

【この章では】
　商取引でトラブルが発生すると、たいてい損害が発生する。その損害の負担割合を決めるのが損害回収交渉である。しかし、損をしたくないという欲求（損失回避性）が衝突すると、当事者間の交渉では解決できなくなる。この状態が紛争であり、中立な第3者に解決を委ねることになる。本章では、損害回収交渉と紛争解決手続を心理的に分析する。
　第1節では、損害回収交渉を取り上げ、欲求が衝突してしまう原因を分析する。それに基づいて、効率的で有効な交渉とは何かについて考える。われわれの日常生活は国際的な原材料の調達や製品の販売を抜きに考えることはできないので、他国人とくに英米人の考え方を研究する必要がある。たとえば、輸入牛肉がBSEに汚染されていた問題である。
　第2節では、紛争解決手段として商事仲裁を研究する。まず、仲裁をめぐる東洋と西洋の心理の違いを述べる。つぎに、欲求の衝突ゆえに、手続きが非効率になってしまった現状とそれを修正する流れを解説する。最後に、申立人と被申立人の賠償額に対する期待額が相違する理由、心理的葛藤ゆえに取られる法的手段などを分析し、両者共に納得できる解決策とは何かを考える。

1. 損害回収交渉の心理

　商取引上のトラブル（主に契約違反）で損害が発生した場合、通常は損害の負担について交渉が試みられる。初めから訴訟や仲裁という正式な請求を起こすことはない。これは、交渉の方が安くつくためで、すでに営業で使っている交渉チャンネルが使える。取引関係を維持するというメリットもある。第4章1節で見たとおり、心理学上の契約の調整（再交渉）は時期により3つに分けられ、3番目が損害発生時であった。このとき、紛争解決条項が抑止力となって、交渉を促進させる。まず、トラブルの原因について考えてみよう。

欲求衝突の発展

　トラブルは、人が快を得たい欲求（恒常性維持）を衝突させたときに生ずるともいえる。欲求には低次元の欲求と高次元の欲求があるが、同次元間の欲求の衝突は直接的で分かりやすい。たとえば、マズローのレベル1同士の衝突は食料確保の問題である。レベル2同士の衝突は安全確保の問題、レベル3同士の衝突は最愛の者の安全に関する問題、レベル4同士の衝突はプライドの問題という具合である。アメリカ流の平面的な解決策では、①話し合い、②ルール化（法）、③第3者の介入、④武力、⑤泣き寝入り、などが考えられる。

　一方、異次元間の欲求の衝突は、たとえば、古代ではレベル1と2の欲求を脅かされた奴隷の市民に対する反乱、近代にはレベル2の所有権を保障されない市民の君主に対する革命、現代ではレベル3の家庭を犠牲にさせられた労働者の企業に対する抵抗とか、レベル4の業績を正当評価されない部下の上司に対する敵意、などとして現れる。これらは、「持つ者」対「持たざる者」という構図になるが、同様に平面的な解決策が模索できる。ただし、表面的なアプローチでは本質的な解決にはならないことも多い（第1章3節で見た）。本書では、東洋流の統合型・アナログ型の分析でトラブルを捉える（次図）。

　人間社会では、ほとんどの欲求の対立は社会規範により回避され、円滑な経済生活が営まれる。それだけでは不十分な場合には、権利義務を定める契約条

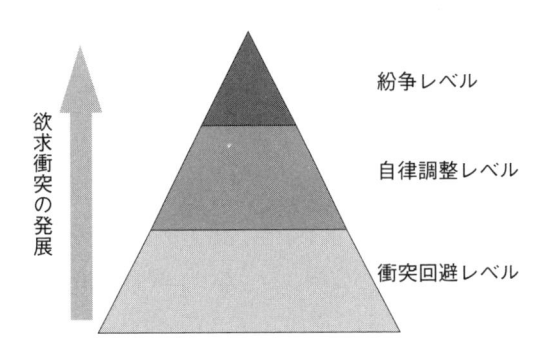

ピラミッド図：
- 上部：紛争レベル
- 中部：自律調整レベル
- 下部：衝突回避レベル
- 左側の矢印：欲求衝突の発展

項や民商法などの法規範が抑止力となって、不必要なトラブルの発生を防ぐ（衝突回避型の法規範）。これは衝突回避レベルで、グリーン・ゾーンである。

　つぎに、自分の欲求が強くなると摩擦が増すが、この段階でも交渉によりトラブルの解消が試みられる。自律調整レベルで、イエロー・ゾーンである。具体的に進められるのは「法の影での交渉」といわれる。これは、権利義務について法的な解釈が強く意識され、それをバックグラウンドに交渉が行われるという意味である。ここで参照されるのは、権利義務を定める契約条項、民商法、判例や仲裁判断などの先例である。これらは自律調整型の法規範として機能する。先例に基づけば、現下の争いはほぼ確実にこういう解決結果になるであろうから、それに基づいて和解しようではないか、と説得を試みる。

　ここで威力を発揮するのが、DRM（ディスピュート・リスクマネジメント）である。先例や仲裁判断を類型別にデータベース化しておき、相手を説得したり、損害を填補させたりする目的に使う。権威や多数派に対する同調性の法則により、事例は代表的で量的に多いほど説得力が増すと考えられる。結果、裁判や仲裁で争うことは無意味という現実感が生まれ、和解も進む。

　そして、まれに交渉によって自律調整できなくなった場合が紛争レベル、レッド・ゾーンである。こう考えると、まず欲求の衝突を回避すること（予防法務）が、ひいては紛争を防ぐことになる点が明白になるであろう。

相手に付け込む行動

　日本人とアメリカ人の欲求の衝突具合を見てみよう。日本とアメリカで行われた実験によれば[1]、日本人は25％の参加者が相手の好意に付け込んだが、アメリカ人は39％であった。この実験は、「順序付き囚人のジレンマ」と呼ばれ、2人のプレーヤーは実験に参加すると報酬として500円（5米ドル）もらえる。内容は、自分の報酬を相手に差し出すかどうかを交互に決めるもので、差し出す決定をすると自分の報酬はなくなり、それが倍になって相手に与えられる。先番のプレーヤーは、後番のプレーヤーの取る行動（報酬を相手に差し出すかどうか）を予測して自分の行動を決定する。後番のプレーヤーは、先番のプレーヤーの決定を見てから自分の行動を決めることができる。

　つまり、後番のプレーヤーは相手が500円を差し出す決定をした後、自分は差し出さないことにする（非協調）と、計1,500円という最大の利得を手に入れることができる（相手の好意に付け込むこと）。この場合、相手との利得の和は1,500円である（ゼロサム・ゲーム）。もし、自分も500円を差し出して協調すれば、自分の取り分は1,000円でまずまずだが、相手も1,000円受け取ることができるので、両者の和は2,000円と最大になる（プラスサム・ゲーム）。

　冒頭の数値は、先番のプレーヤーが協調したのを見て、後番のプレーヤーが裏切った割合である。なお、相手の行動を予測するしかない先番プレーヤーの選択はどうだったかというと、協調（500円を差し出す）したのは日本人83％、アメリカ人56％であった。また、先番プレーヤーが非協調の決定をしたにもかかわらず、後番プレーヤーとして協調した聖人のような参加者が日本人にだけ1割程度いた。一方、アメリカ人はゼロだったという。

　こうした意識の差は当然ながら契約履行にも現れ、裁判件数にも影響する。日本とイギリス、アメリカの民事第1審訴訟新規受理件数を比較すると、少し古いが1997年の統計で、日本の42万2,708件に対し、イギリス233万8,145件、アメリカ1,567万573件であった。2001年に米連邦地裁に提起された民事訴訟件数は1,556万件に上る。一方、2012年のわが国の民事1審通常訴訟新受件数は56万4,621件であった。他の大陸法系国を比べても、第1審（地裁・簡裁）の訴訟件数は2000年統計で、フランス162万件（人口1万人当たり270件）、ドイ

ツ148万件（同180件）、日本47万件（同37件）である。

　2007年から影響が出ているサブプライムローン問題では、アメリカ人の住宅ローンの踏み倒しが横行しているという（ウォーク・アウェー）。これは、ローンで購入した物件が銀行から差し押えられる前に、近隣の価格の安くなった宅地を購入するために新たなローンを組んでしまうことである。ローンが借りられたら、現在の物件を手放せば前のローンの返済義務はなくなる。銀行は、現在の住宅ローンについて、担保割れのリスクを銀行が負う「ノンリコースローン（非遡及型融資）」を組んでいるので、現在の宅地は差し押えられても、新たな住宅と土地に対しては法律上、差押えの権利がないからである。なお、日本では遡及型ローンが一般的なので、こうしたことはできない。

　このように、取引の仕方は遺伝子と文化の共進化により、民族としての歴史的・遺伝的要因と、取り巻く環境（法制度や経済・金融事情）が複合して独自に形成され、国際的に異なる。これは契約の締結や履行、さらに紛争発生時や紛争解決においても同様である。ただし、リーマンショック後は徹底した合理主義に対する反省から、欲求の衝突が弱まっているともいえる。2010年、アメリカ人が世界15か所で大規模実験をした結果、人類は分かち合った[2]。10ドル札10枚のうち自分はどれだけ取り、赤の他人である相手にどれだけ差し出すかを実験した。分配比率はアメリカでは53対47になり、世界では少なくとも2割は差し出された。日本では56対44だったという。

トラブル解決の理念の相違

　つぎに、交渉の仕方について見る。トラブルが発生したとき、一般に強気人間は（自分の弱気を隠すためにも）自分の言い分が正しいと思い、弱気人間は相手の言い分が正しいと思う傾向があるとされる[3]。こうした性格の形成に遺伝および環境の要因が影響することはすでに見た。いずれにしても、取引上のトラブルで損害が生じても、東洋と西洋では、回収方法について根本的に異なった嗜好を示す。両者はまず交渉を試みることでは一致するが、交渉方法にはそれぞれの特徴が顔を出す。

　まず争わないという習慣が東洋にはある。さらに、大きな長期的な利益の視

点に立ち、相手方との取引関係の維持を重視するため、契約書条項や法の規定に基づいて権利義務を厳格に主張することはまれである。良好な関係と権利義務の主張は相反するからである。したがって、損害の原因がこちらにあると相手が主張する場合はもちろん、客観的に見て原因は相手にあると見られる場合ですら、可能な限り譲歩するという心理が働く。

交渉における日本人の特徴として、①執着性格のため自ら決めたくない（内的要因）、②このため、仲裁になった場合でも、仲裁人の提案や職権探知を好む（同）、③裁判や仲裁を始めるためには、ふつう代表権を持つ担当重役の決済を要する（外的要因）、④このため、交渉で解決できないと上司から無能の烙印を捺されかねないと懸念する（内的要因）、⑤公開裁判による内情・秘密の暴露を極端におそれる（同）、などが上がる。

一方、西洋型の問題解決は議論によって白黒をはっきりさせることを旨とする。このため、権利義務を主張し、相手を説得するという敵対構造に慣れ親しんできた。また、短期的に利益を得ればよいと考えがちである。交渉段階では、本来的に東洋の人々は不利な立場に立つことになろう。ただし、実際のビジネスでは、日本人も交渉において権利義務を主張することも増えている。これも、遺伝子と文化の共進化といえる。

損害発生時の心構え

契約違反についてわれわれと考えの異なる英米人と交渉するに当たって、まず肝心なのは、冷静になることである。日本人は契約の履行を前提とするためか、契約に違反することを是としない面があるが、相手方の契約違反によって損害を負ったとしても、感情的にならないことである。また、相手の契約違反を道徳的・倫理的な問題にしても仕方ない。

たとえば、アメリカ産牛肉のBSE問題を考えてみよう。2003年12月にアメリカでBSEが疑われる雌牛が見つかったのを受け、わが国はアメリカ産牛肉の輸入を停止していた。アメリカ側の検査態勢などが整い、2005年12月に輸入が再開されたが、2006年1月に特定危険部位の脊柱が混入していた。米政府の証明書が付いていたが、もともと検査を行う米当局者が輸入再開の条件を理解し

ていなかった。日本政府は急きょ輸入を再禁止したが、その際、「なぜそのようなことになったのか問い合わせる」（ある日本政府高官）というのは効果的ではない。約束を破ることはありうることと構えるアメリカ側にとっては、これだけでは困惑してしまう。別の高官のいったように「原因を調査・解明して改善するように求める」というのが冷静で良い対応になる[4]。

また、中国戦闘機と米偵察機の接触事件でも見たように、英米契約法の因果関係の理解は、一般的な日本人の因果関係の理解とは異なる。2006年にマイク・ジョハンズ米農務長官は牛肉の早期輸入再開を求める発言の中で、アメリカのBSE感染牛の発生が日本より少ないことなどを上げた上で、日本車を引き合いに出し、「アメリカは日本製輸入車の1台にブレーキの欠陥が見つかったとしても、日本車全体の輸入を止めることをするだろうか」などと主張した。

一見すると、BSEも車のブレーキの欠陥も人の生命に関わるという点では同様に重大な原因である。車1台の欠陥（違反・原因）が全体の輸入差止（結果）につながらないとする因果関係は理解できる。しかし、これをBSE問題に当てはめるのは表面的すぎる。直接的な因果関係のみを判断する英米法らしい考え方といえる。日本法的な考えでは、もっと広く因果関係が判断される。

つまり、BSEの問題では、「危険部位を除去することをあらためて約束したのに、それを守らなかった」という特別な原因（違反）が重要である。とくに、牛肉の輸出業者だけでなく、それをチェックすべき政府の検査官もこの点で重大な違反をおかした。これをめぐっては、英米人としては、「約束に反したことは認めるが、完全な契約履行などあり得ない。過剰反応だ」というのが本音になる。一方、日本人としては、まず「そのような重大な約束を破る相手を信頼することはできない」ということになるであろう。

ただし、2011年3月の東日本大震災で、東京電力福島第1原子力発電所事故が発生したとき、日本から慌てて脱出した外国人や、日本食品を一律輸入規制した外国に対し、日本政府は非難を向けた。この感情はBSE問題を生んだときのアメリカ人の気持ちと共通する点があるのではないだろうか。

損害回収交渉のジレンマ

　契約交渉が将来の関係構築（将来の権利義務）のためにするものであるのに対し、損害回収交渉は過去の権利義務を清算するものといわれる。ただし、この交渉は紛争を回避するために、損害の負担について合意しようとする試みであり、将来の関係維持のためでもある。紛争となれば、時間と費用が膨大となるため、これが抑止力となって、当事者を交渉のテーブルに付かせる。契約交渉は決裂すれば、取引をしなければよい。損害回収交渉は自主的な交渉ではあるが、その場を去る動機は弱い。実際には、当事者はまだ良好な（対等な）関係にあるので、過去の取引実績や将来の取引見通（損害の埋め合わせを含む）といった状況と、一方に違反があったのか、他方に損害が生じたのか、両者に因果関係があるのかといった条件を基に交渉することになる。

　そもそも、契約交渉では自分一人の労力（信頼利益）では得られる利益に限度があるので、相手と組んで協力し、より大きな利益（履行利益）を目指す。契約交渉では両者とも参照点からさらなるプラスを考える。したがって、ふつうは契約履行が現状より損になるような交渉は妥結しない。これに対して、損害回収交渉では、当事者の立場はこれとは正反対になる。損害を負った当事者の参照点はマイナスで、それをいかに減らすかで行動し、違反をしたとされる当事者の参照点はプラスでも、それをいかに減らさないかを考える。取るか取られるかのゼロサム・ゲームであり、双方共に契約履行の状態より得をすることはない。人の損失回避性により、この交渉は辛辣なものになる。

　より本質的なことを考えると、相手を出し抜いて生き残ってきた遺伝子を持つものとして、「比べる理性」があるため、交渉の結果相手の得る利益がどうしても気になる。つまり理性と感性の葛藤が起こる。損害を少しでも回収または防御できればよしとする感性と、当事者間の負担割合を比べる理性である。

　ここは、損害の負担について交渉する段階であるが、権利義務を主張する法的アプローチ（法の影での交渉）ではなく、契約交渉のときのように、戦略的合意を目指す心理学的アプローチを試みる価値はありそうである。そうすることで、快を求める恒常性維持も満たされるであろう。

紛争の回避策

では、損害を与えた当事者が相手の信頼を回復して、取引を継続する方法を考えてみよう。これは誠実履行ということである。例として2005年11〜12月に発生した松下電器産業（当時）のFF式石油温風機の事故がある。製品の欠陥により人身事故が発生したので、同社の売上高は相当減少すると見込まれた。しかし、実際には2005年10〜12月期の売上高と営業利益は逆に伸びた。この理由を考えると、事故について本心を明かし、誠実な対応策を講じたことに思い当たる。新聞・雑誌での回収告知やテレビCM、折り込みチラシ、ハガキ送付など多くの対策をとった。これは、戦略的合意をしたことに他ならない。

精密機械メーカーが印刷機の納入・稼動までに1週間余分にかかり、購入企業から2,000万円の損害を請求された場合を考えてみよう。販売会社の社内的な影響（責任問題、印刷機事業への影響、士気低下）を考え、代替案で第3の道を探ることが考えられる。たとえば、次回の設備増強時に印刷機の価格を2,000万円値引くとか、部品・消耗品代を減額するといったことである[5]。いきなり賠償請求されるようでは信頼関係がないので、常日頃からコミュニケーションが必要となるゆえんであろう。

また、交渉が長引くと、交渉結果の予測と時間・費用を比較する理性が再登場し、妥結に進むことも多い。そのほか、理性が比べるのは、取引の継続（企業の安定）や、担当者の責任問題・士気低下の懸念（育成指導）、担当部署としてのプライド（「名誉ある撤退」）などである。賠償額で譲っても、これら優先度の高い要素が満たされるのであれば、妥結の可能性が増すであろう。これらは、理性だけでなく感性も納得する合意といえる。

一方で、感性を満たせないと交渉を阻む要因になる。これを取り除くことも重要である。感性を納める方法を上げてみよう。感性の特徴的な現れに怒り、好き嫌い、快不快がある。契約締結で欺されたと感じ、違反による損害発生で裏切られたと思えば、怒りや嫌悪感が邪魔をして交渉すら持ちにくくなる。時間をおいて冷静な理性を呼び覚ますか、代理人を介した交渉を考える。

また、契約交渉では互いにSAL（Seller's Acceptable Level：売主希望価格）とPAL（Purchaser's Acceptable Level：買主希望価格）を明かさないが、仲

介入・代理人を通じて探ることが多い。損害回収交渉でも両者はWTA（受取意思額）とWTP（支払意思額）を伏せる。こうした情報非対称性の下では、敵対的な関係がさらに悪化することも多い。譲歩しない相手のエゴや交渉戦術に嫌悪感が募り、膠着状態に陥ったときには、調停人や和解斡旋人といった第3者を入れる手がある。彼らは両者の本音を探る役割を演じるほか、戦略的合意を促進する役（facilitator）も担う。当事者に愚痴をいわせるガス抜きの機会も有効である。

ただし、人には自分を受け容れてほしいという受容欲求がある。そのため、自分を認めてくれる相手でないと、その説得には応じにくい。調停人や和解斡旋人などの第3者は、当事者の話をよく聞き、信頼関係を築くことを役割の基本とすべきである。

2．紛争解決の心理

欲求の衝突が自律調整できないと、いよいよ紛争レベルに突入する。交渉による意思決定では、互いに妥協できなかったことになる。主な原因として、契約違反または賠償責任に関する法の結論について、両者の見解が一致しないことがある。互いに相手の主張が認められない。人は、長い飢餓との戦いを独力で勝ち抜いてきたので、成功したのは自分の努力の賜物と考え、その力を過信しがちである（レイク・ウォビゴン効果）。自分の主張を正当化し、自尊心を保とうとする（セルフ・サービング）。ここでは「比べる理性」は傍らに追いやられ、自分と相手が説得しようとする法の結論を冷静には比較できない。ただし、その根底には損をしたくない人の損失回避性がある。

これまで機能した法規範は、衝突回避型と自律調整型であったが、これら法規範の示す結論に関して、当事者間で2次的な衝突が生じた状態といえる。そうすると、解決手続を定める民事訴訟法や仲裁法（紛争解決の法規範）が主役となり、中立の第3者に法の指し示す結論を決めてもらうことになる。しか

し、ここでも紛争当事者の欲求は衝突し、効率的な解決手続は阻害される。契約の交渉・意思決定の費用を節約して、効率的な解決手続で正義の実現を期待しても、結局は監視・統制の費用が嵩んでしまう。その意味でも、欲求の衝突を回避または自律調整することが重要である。

こうした事情から、有効な手続きへの修正が行われつつある。最後に、両者共に納得できる解決策を探るため、申立人と被申立人の賠償額に対する期待額が相違する理由、心理的葛藤ゆえに取られる法的手段などを分析する。

紛争解決の理念の相違

紛争解決でも東洋人と西洋人は異なる理念を持つ。一般に、東洋型では和解や仲裁人の積極的関与を好む。調和を重んじて対立を回避し、権威者の意見を受け容れるといった文化が影響している。一方、西洋型では仲裁人の役割を制限し、当事者同士が権利義務を主張して黒白を付けることを望む。敵対構造のなかで意見を戦わせてきた伝統が影響しているといえる。

東洋型で仲裁人に求められる積極的な役割は、職権主義（inquisitorial approach）をとることである。これは、仲裁人が真実解明のために質問し、主張や証拠の提出を求めること（釈明権の行使）はもちろん、自ら職権により調査することを指す。一方、西洋型では当事者が権利義務を主張し合う当事者主義・論争主義（adversarial approach）に意義があるので、仲裁人の積極関与は制限される。このため、東洋型仲裁人が職権主義的な手続きを指揮すると、西洋型当事者（代理人）は当惑するといわれる。

職権主義では、当事者への和解斡旋（以下、調停ともいう）も増えるが、こ れついても反応は根本的に異なる。東洋型では、当事者の良好な関係を維持し長期的な利益を確保できるのであれば、仲裁人による和解斡旋はむしろ歓迎される。否、争いの審理を尽くしてきた仲裁人だからこそ、当事者の納得のいく和解を取り持つことができると感じられる。また、長期的利益の視点から、結果が妥当で納得のいくものであれば、手続的公正にはあまりこだわらない。

これに対し西洋型当事者（代理人）は、東洋型仲裁人が手続きの初期の段階で和解の可能性を示唆すると、激しい拒絶反応を示すことがある。また、西洋

型では対審構造において中立の役割を演ずべき仲裁人が、和解斡旋手続において当事者から個別に意見を聞くなどはもってのほかと感じられる。これでは、公正な手続きまたは正義の実現は叶わないと考えられる。さらに、斡旋が不成功に終わった場合、仲裁人は仲裁判断をするに当たり、斡旋手続中に知った事柄によりバイアスがかかると懸念される。この裏返しとして、西洋型では、手続きが公正であれば、結果が不利でも受け容れる傾向がある。

私的自治のパラドックス

ところが、1980年代に英米で盛んになった市場原理主義の影響を受け、西洋型仲裁では論争主義と手続保障（当事者を平等に扱い、公正な手続きをすること）が行き過ぎた。当事者（代理人）が際限なく主張立証を繰り返し、手続きが長期化・高額化してしまったのである[6]。つまり、自由放任主義が資本主義経済に致命的な欠陥を生んだように、当事者自治に委ねる紛争解決方法も大変な非効率をもたらした（私的自治のパラドックス）。

そこで、1990年代後半からは手続きを効率化するために、論争主義と手続保障が見直され、手続中の和解や仲裁人の積極的関与（pro-active role）が世界的に好まれている[7]。当事者まかせの非効率な手続きを改善し、迅速・効率化が図られるからである。積極的関与とは実質的に職権主義を意味し、仲裁人が調停人を兼ねる調停人兼任制も一定の条件の下で世界的に認められる傾向にある。仲裁人の積極的関与を許容する法制や仲裁規則の導入も世界的に進んだ。イギリス法系国で具体的立法が進んだ例として、1996年香港仲裁令と1994年シンガポール国際仲裁法がある。

ただし、西洋型の理念の本質が変わったわけではない。仲裁人の積極的関与が受け容れられたのは、以下に見るように当事者の主張立証を尊重し、手続保障に配慮したからである。

職権主義が効率的な理由は、①手続きの効率性が高まる、②仲裁途中の和解の頻度が高くなる、という2つである。①では、仲裁人が指揮権を行使して不必要な申立てを封じ、合理的な主張立証の後で手続きを打ち切り、自らも質問して調査する。②では、仲裁人は真実究明のために独自に調査し、審理を尽く

した上で、当該事案にとって正義に適うと判断される場合、当事者の同意を得て和解で早期に解決することを取り持つ（仲裁人調停人兼任制）。その意味では、最良の調停人・和解斡旋人となれるのは仲裁人であるともいえる。別の調停人が一から審理するより非常に効率性が高くなる。さらに、和解を通じて賠償額で歩み寄ることで、当事者は良好な取引関係も維持できる。

　認知的不協和に基づいて、西洋型当事者が東洋型仲裁を受け容れた（立場を変えた）理由を考えてみよう。当事者主義・手続保障（信念）と、西洋型仲裁手続への参加（立場）との協和状態は、手続きの長期化・高額化という認知で崩れた。そこへ、仲裁人の積極関与する東洋型手続が信念を尊重しつつ、経済効率を実現したため、立場を変更して参加を決めたのであろう。

仲裁人に対する信頼

　西洋型当事者が仲裁人の積極関与を歓迎できない理由には、信用・尊敬の問題もある。タイラーの「関係モデル」によれば、手続的公正の重要な要因として、①権威者の中立性（neutrality）、②権威者の信頼性（trustworthiness）、③権威者の当事者尊重（status recognition）、がある[8]。欧米の仲裁では、当事者自治の原則により、当事者は自らの代理人として仲裁人を選任するという感覚が強い。第1と第2の要因を欠いていることになる。仲裁が商売として成り立つ欧米ならではのジレンマといえる。一方、わが国の伝統的な仲裁では、仲裁人は社会奉仕の一環として職務を引き受ける伝統がある。仲裁機関が仲裁人を選任する場合には中立・客観的な立場を貫く。こうした制度の下では仲裁人に対する信頼があり、調停人兼任制は容認できるのである。

　仲裁と調停は技術的に違うので、同一人が手がけるのは難しい、という反対論もあるが、東洋型の伝統的仲裁では、もともと仲裁人が調停人を兼ねてきたので、双方の手続技術に精通・熟達している。仲裁人調停人兼任制は、わが国の仲裁法38条4項（仲裁人の和解勧試）により、当事者双方の承諾があれば認められる。この規定はわが国仲裁の伝統を成文化したものであるが、その有用性が世界で広く認められるところとなり、世界の仲裁機関の仲裁規則に規定されるようになった。アメリカ仲裁協会の仲裁人・調停人の近年の論文でも[9]、

仲裁人の調停人兼任を積極的に効率的と評価し、これを推薦する。これは、調停から仲裁に移行する際に、調停人が仲裁人となる仕組みであるが、仲裁移行後に再び調停に戻ることにも言及しており、趣旨は同様である。

積極関与の注意点

　仲裁人の職権主義と調停人兼任制で注意すべき点は、そうした手続きを経て出された仲裁判断の執行が英米法系国で不安定になることである。まず、手続保障を確保するために、①当事者の同意がなければ和解斡旋を行わない、②通常、和解斡旋では和解額や賠償責任について歩み寄られるが、不調に終わった場合、仲裁人は斡旋中に当事者が明かした意向または情報を仲裁判断の材料としない、③和解を試みる際に、仲裁人は仲裁判断をすることになれば認定するであろう賠償額について不用意に心証を明かさない、ことが求められる。

　また、仲裁判断が確実に執行されるためには、当事者は仲裁人が職権主義をとることに合意しておくべきである[10]。つぎに、仲裁人が自ら調査し情報を得たり、または自らの判断で専門家の鑑定をとったりした場合には、それを改めて当事者に開示して意見を求めるべきである。仲裁人が職権調査した結果、当事者の主張しない損害の原因を見いだし、これに基づいて判断する場合も、その前に当事者にその事実を開示して意見を聞くことになる。当事者に反論の機会を与えることなく判断すると、自然的正義（natural justice）や正当手続の保障（due process）に反するとして、承認・執行が拒否されることがある[11]。

仲裁途中の和解交渉

　つぎに仲裁手続中の和解交渉を考えてみよう。第3章3節で金銭以外の条件が少ない交渉では権利者が優位に立ち、支払額が権利者の希望額に偏向する現象（WTAシフト）を分析した。仲裁では請求権について申立人のWTA（受取意思額）と被申立人のWTP（支払意思額）が乖離する（WTA＞WTP）。和解交渉では、請求権が正当であることを前提に金銭を支払うものになるが、金銭以外の条件が果たす役割はそれほど残されていない。商事仲裁では正当な請求がなされることが極めて多く、請求者が優位に立つであろう。よって、被申

立人が請求の正当性や申立人の本気度を思い知るなどし、手続きの初期の段階で和解するとすれば、和解金額は申立人のWTA側にシフトすると考えられる。

仲裁申立は有効な戦術である。世界的に仲裁手続の開始に時効中断効が認められている（わが国では仲裁法29条2項）。トラブルを作った当事者は仲裁を申し立てられることはないと高をくくっていることも多い。請求権の時効を中断する目的と併せて、仲裁を申し立て、相手の目を覚まさせる。

事実、仲裁申立書が被申立人側に送付されると、一気に和解が進むことが多い。これは、会社代表者宛に仲裁申立書が送付されるためである。リスクマネジメントが、交渉を行っていた取引の第一線から経営サイドに移ったことになる。経営者としては、紛争解決に要するであろう時間と費用と、取引関係の継続というメリットを比較して、対立を避け友好的な解決を考える。経営者が自ら取引実務をしている場合には、この段階で相手方が本気であることを認識し、本腰を入れて問題解決に臨むようにもなる。申立人として、ときに「求める感性」で動くこと（仲裁申立）が相手への抑止効果を生むといえる。

ただし、仲裁手続が始まっても、まだ申立人に損害賠償請求権があると確定したわけではない。申立人の「比べる理性」も、いざ手続きとなると、得るものと失うもの、主張が認められる見込みなどを冷静に比較して、途中で矛を収めることがある。申立人には証明の難しさも問題となる。契約損害の賠償請求を認められるためには、一般に①相手との契約関係、②相手の負う義務、③その義務の違反、④損害の予見可能性、⑤損害額、を証明しなければならない。証明ができないと請求は認められず、損害を回収できない。かりに請求が認められても、相手が任意に従わない場合には、強制的な手続きでさらに時間と費用を要する。逆に、誤判を確信して争えば、最終的な解決にさらなる時間と費用がかかる。これが契約不完備性の原因の1つであった（4章2節参照）。

このため、主張立証をある程度進めて、権利の所在を見極めることが多くなる。その間には時間と費用の負担（またはその見通し）が高まったり、取引関係を再考したりすることにもなるので、当事者の置かれた状況は変わる（WTAとWTPも影響を受ける）。世界的に、そうした段階で和解を選択する比率は高い（この点については後述する）。逆にいえば、それらが和解のカギに

なる。この段階では、まだ請求が正当かどうか確定はしていないので、権利者が圧倒的に優位に立つ状況ではない。そうした中で、支払額を申立人のWTA側にどの程度シフトさせるかの交渉になるといえる。

引き延ばし戦術

こうした申立人を見透かして、被申立人は引き延ばし戦術（dilatory tactics）をとることがある。資力や証拠を握る当事者が、申立取下げや和解申入れを狙うためである。または不利な仲裁判断が出されると会計報告や取引に悪影響を及ぼすと考えて、タイミングを遅らせようとする。このように、一般には被申立人側に動機があるが、申立人側にメリットがあることもある[12]。ただし、仲裁費用が増加してしまう懸念や代理人弁護士の本案審議に集中したい性向、仲裁人の積極関与（手続指揮権の行使）、によってある程度は防止される。

遅延戦法は手続きの段階に応じて3つに整理できる。第1が仲裁人選任前後で、①仲裁申立により時効中断した後、代理人弁護士同士が実際の手続きに進まずに和解を延々と試みる、②各当事者が仲裁人を選任すべき場合に仲裁人を選任しない[13]、③仲裁条項の成立・有効性・適用範囲、仲裁地の不記載を争う、④答弁書を提出しない、⑤裁判所や別の仲裁機関に請求する、⑥選任された仲裁人を忌避する、⑦多忙な著名仲裁人を選任して時間を稼ぐ、などがある。

第2に仲裁手続中で、①不必要な証人を申請する、②延々と主張立証や証人尋問を繰り返す[14]、③審尋の期日を延ばす、④過大な反対請求をして相手方の納付すべき仲裁費用や保証金をかさ上げする、⑤仲裁判断する際に、当事者の選任した仲裁人が、その当事者の利益に反する事項についての決定を遅らせる、などがある。最後が仲裁判断の執行時で、①仲裁判断に関する質問や訂正を求める、②仲裁判断取消の訴えを裁判所に提起する、③仲裁判断に従わない（賠償金を支払わない）、などがある。

内容別に見ると、①仲裁人の選任、書類の提出など義務や期限を守らない、②法律問題や手続問題について、仲裁人や裁判所に不合理な異議申立（motion）をする、③議論自体を長引かせる[15]。①は説明不用であろう。③では、(a) 特定の話題についての議論を延期する、(b) 特定の問題の解決を遅らせる、(c) 本

案について仲裁人を混乱させるような議論をする、などがある。大問題は②で、(a)仲裁条項の成立・有効性や仲裁人の仲裁権限に対する異議、(b)ディスカバリーに関連する申立て、(c)その他手続上の異議申立て、に分けられる。

具体的には、(a)では、(i)本案に適用される実体法、(ii)仲裁手続の準拠法、(iii)適用される仲裁規則、(iv)仲裁条項による仲裁可能性、(v)仲裁合意の成立・効力などを争う。これらの問題が裁判所に申し立てられると、遅延はさらにひどくなる。(b)では、(i)現場に出向く都合がつかないという、(ii)相手から開示を求められた書類が存在しない、または紛失していると主張する、(iii)証人が長期にわたって不在と主張する、(iv)時間とコストのかかる膨大な資料の提出を相手に求める、(v)すでに共有する情報の提出を新たに求める、などがある。(c)では、(i)情報非開示、非中立性、不公平な扱いを基に仲裁人を忌避する、(ii)仲裁費用や仲裁人報酬を支払わない、(iii)鑑定人の選任や現場調査を申し立てる、(iv)代理人を交代させる、(v)不必要な証人の審尋を申請する、などがある。

仲裁条項と転成

このように、問題解決中に別の解決すべき問題が発生し、交渉の対象が後の問題の解決に移る現象を、筆者は転成（transmutation）と呼んでいる。その主因が前項で見た引き延ばし戦術である。つまり、仲裁条項の履行時に、その履行義務を怠るというトラブルである。これは、本契約履行のサイクル（契約交渉 → 契約履行 → 問題発生 → 再交渉＝152頁の図参照）の中で、仲裁条項の履行 → 問題発生 → 再交渉という問題がネストとなって発生する。これは、心理学上の調整（再交渉）であるが、仲裁条項の条件を見直すのではなく、結果的に本契約の条項を見直すことになる。つまり、損害賠償額について和解することを意味する。そして、和解交渉が成功しないと、再び仲裁手続に戻る点がユニークである。

一方、これらを防ぐために有効な手立てはあるのか。まずは、良い仲裁条項を起草しておくこと（仲裁条項をめぐる争いが減る）、手続きを効率的にしてくれる仲裁法や仲裁規則を選ぶこと（懈怠する当事者に代わって仲裁人を選任

したり、仲裁人が積極関与したり、不必要な申立を封じたりする）である。権限の範囲内で適確に指揮権を行使できる仲裁人を選任することも重要である（審理時間と仲裁人報酬がリンクする仲裁規則では、仲裁人には手続きを効率化するインセンティブが乏しいので、モラルハザードが問題となろう）。

和解の意義

　このように、紛争解決にはさまざまな困難がともなう。とくに、時間と費用（統制の取引費用）が嵩むことと、最後まで争うと取引関係が台無しになることが大きい。このため、当事者は正式な解決策が提示される前に和解を試みることが多い。当事者は一般に仲裁の「一審限り」の性質を恐れるといわれるが、だからこそ、仲裁において和解することに意義があるといえる。その際には、手の内を明かし、相手の信頼を得ることにより、両者共に利する合意（戦略的和解）をするのが最も好ましい。賠償額で譲っても、そのほかに得るものがないのか。とくに、相手方との取引継続の重要性が考慮されるであろう。費用を最小限に抑えるために、仲裁手続で得た情報を基に、調停手続で両者とも利益に与る途を探るという手法もある。

　たとえば、建設会社と未払保険料で争いとなった保険会社の和解事例がある。建設会社はワンマン社長の死後、アスファルト事業を中断していたが、解決手続中にこの事業の高収益性が明らかになった。そこで両当事者はジョイントベンチャーを立ち上げてこの事業を継続し、保険者はその事業収入から未払保険料を回収した（もちろん、建設会社も利益に与った）[16]。

　事実、世界の代表的な仲裁機関の案件のうち相当数が、申立直後あるいは手続中に和解によって取り下げられる。わが国のTOMACでは[17]、1990年4月～2010年3月の間に計279件の仲裁案件が終了したが、内訳は仲裁判断交付が119件（42.7%）、和解等取下げ160件（57.3%）であった[18]。手続中の和解は全体の約2割であるが、取下げ案件のうちのほとんどは、当事者間で和解が成立して取り下げられているもので、これが4割近くある。したがって、両者を併せて6割近くが実質的に和解によって決着している。

　JCAA（日本商事仲裁協会）では、和解内容を仲裁判断とする割合が5割と

いう時期があったが[19]、近年は2割程度とされる。また、仲裁手続中に取り下げられる割合は2002～2006年の5年間で29％（うち68％が和解）である。アジアではJCAAと同様の傾向にある。たとえば、CIETAC（中国国際経済貿易仲裁委員会）では、和解は2割程度とされる[20]。KCAB（大韓商事仲裁院）では、和解（仲裁判断）が2～3割という[21]。世界の仲裁機関を見ると、ICC（国際商業会議所）国際仲裁裁判所では、全体の42～55％が取下げにより終了している[22]。このほか和解内容を仲裁判断にする比率が2割ある。AAA（アメリカ仲裁協会）でも、国際仲裁案件のうち45～48％が仲裁人による審問の以前に和解で解決している[23]。なお、アメリカの商事訴訟で公判まで進むのは3％未満である[24]。

取下げは経営判断

当事者が和解を決断する時期について、ICC仲裁の取下げ案件の統計を基に考えてみよう（下図参照）。取下げ件数自体は、年度によってばらつきがあり、1990年代後半からは特に目立った傾向はないように見られる。しかし、取下げ時期別に見た構成比には変化があり、仲裁手続が進んだ中後期にも取下げが目立ってきた。なお、請求の根拠を欠いていたために取り下げられる場合もないわけではないが、ほとんどは当事者間の和解によるものである。

仲裁廷の構成前に取り下げるというのは、手続きのかなり初期の段階である。しかし、この時期の取下げ比率は減る傾向にある。一方、仲裁廷が構成され、

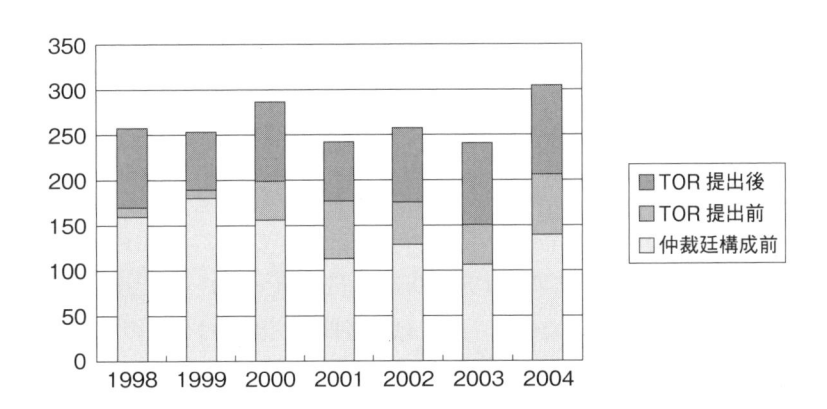

TOR（terms of reference：仲裁付託事項）を作成する前までに取り下げられる比率は2000年以降かなり増えてきた。さらに、TORを作成・提出した後になって取り下げられる案件も増加傾向にある。

　これは、理由を知って納得したいという恒常性維持の性質から説明できる。つまり、和解の決定を下すためには、勝つ可能性の情報や合理的な根拠が必要である。とくにTORが作成され、当事者の請求や主張が整理されると、争いの全体像や請求の認められる可能性がかなりはっきりする。また、この段階の近辺で和解を選択する比率が以前より高くなっているということは、当事者が経済的利益から和解の意義や必要性を認識するようになっていることを示唆する。そして、上層部や株主の承認を得るために、和解の決定を正当化できる合理性も求められる。和解の妥当性は株主への説明責任に基づく。

　ただし、当事者が和解の判断情報や妥当な根拠を求めるといっても、米訴訟のようにディスカバリーによるのはコストが高すぎる。効率的な情報収集の手続きが存在価値を増すであろう。つまり、①調停前置仲裁、調停と仲裁を組み合わせたMed-ArbおよびArb-Med、②部分的制限的なディスカバリーの後に調停を行う手続き、③仲裁手続中の情報をもって調停を試み、そこで未解決となった争いを再び仲裁に戻って決する仕組み、などである。

損害賠償額と満足度

　最後に、和解によって決着することなく手続きが進み、最終的に仲裁人が申立人に請求権（被申立人に賠償責任）があると認定したとする。この後、賠償額が算定され仲裁判断で支払いを命じられることになるが、ここでも申立人の希求する金額（WTA）と被申立人の許容する金額（WTP）は乖離する（WTA＞WTP）。しかも、被申立人には積極的に賠償金を支払う動機はほとんどなくなっている（仲裁途中の和解では、和解金を支払う便益があった）。

　つまり、いかなる賠償額が算定されるにせよ、それに対する両者の満足度は異なることになる。当事者は実際の賠償額を評価するが、満足度は参照点依存性の影響を受ける。ただし、ここは両者間の交渉ではないので、「WTA＞WTP」という不等式が問題になるのではなく、それぞれの期待額（WTAまた

はWTP）を参照点として、命じられた賠償額は損なのか得なのかを判断することになるであろう。それがプラスなら利益として、マイナスなら損失として評価されるが、損失の方がより強く感じられる（ILM＞IGM）。

　仲裁人としては、当事者双方の潜在的な不快感を解消するために、十分に納得のいく説明を展開する必要がある（賠償責任の認定理由や賠償額算定の根拠）。とくに、被申立人が納得しない場合には、上記の仲裁判断の執行時での引き延ばし戦術を取ることがある。申立人としては、ここまで時間と費用を費やしたにもかかわらず、仲裁判断の承認・執行手続の申立等で、さらなる取引費用（監視・統制）がかかることになる。これを回避するために、仲裁規則で当事者に最後の和解の機会を提供することは有益ともいえる。たとえば、仲裁人が賠償責任の認定と賠償額の算定を分け、前者を中間判断として出す制度である。この役割を持つのが仲裁鑑定である。

　ただし、賠償責任の範囲（賠償額算定基準）が異なると賠償額も変化し、当事者の満足度に影響する。英米ではこのような法律問題について仲裁判断からの上訴が認められるので、不満のある当事者はこの行動を起こすであろう。

予見可能性と当事者自治

　賠償責任の要件として、加害者は損害を予見できたとする予見可能性があるが、これはいわば裁く側から見た基準であり、商取引の当事者にとって合点がいかないこともある。仲裁で予見可能性に基づいて賠償額が算定されると、納得できない当事者が上訴できる制度では、時間と費用が増大してしまう。現に、*The Achilleas* 上訴審判決でそれが起こった[25]。ロンドンで出された海事紛争の仲裁判断の上訴審で、最終的に最高裁は予見可能性の基準の適用を排斥し、当事者が契約で引き受けた債務を基準として選択した。しかも、賠償額は大幅に縮小した。

　賠償責任の認定に当たっては、イギリスの *Hadley v Baxendale* 事件判決が[26]、長きにわたって世界の裁判所や仲裁廷のよりどころとされてきた。同判決で示された法理（以下、ハドレイ法理）は、当事者が自らの違反により他方当事者に生ずることを契約締結時に予見し得たとされる損害のみが賠償範囲となる、

というものである。「予見可能性による責任制限の源泉」[27]ともいわれ、損害賠償額を制限するデフォルト・ルールともされる。逆にいえば、たとえば、売買物品の引渡遅滞で失われた再販売利益（派生損害）について買主が売主に賠償請求する場合、売主に予見可能性があったことが証明されれば、請求は認められる[28]。その際には、再販売契約の存在という特別の事情について、売主がどのように理解したかがポイントになる。

　しかし、人は、契約締結の時に自らの行動の影響を予見できる、あるいは予見すべきだったといえるのであろうか。いえないとすれば、商取引の当事者自治に基づき、当事者が自ら約定した基準を賠償額算定方法として認められることで、当事者は納得しやすい。本上訴審の判決理由の中には、この考えを伺わせる箇所がある。とくに、ホープ卿は「責任の引受の判定には、契約締結時の合理的予見可能性では不十分である。損失を予見可能であったという事実は基準とはならない。より正確な基準が必要となる」と述べた。

　本書では、人は将来のことを完全には予見できないとする行動経済学や心理学の疑念（限定合理性）に基づいて、ホープ卿の見解を敷衍してみたい。

予見可能性の危うさ

　人は将来のことを見通すことはできない。この命題を突き付けたのが第3章1節で見たゲーム理論である。人は将来を見据えて完璧に合理的な選択をすることができるとする経済学の仮定に反して、目前の利益のために合理的に振る舞うと、結果として非効率な（悪い）状況に陥ってしまった。人はいまが一番大事（現在志向バイアス）だからといえる。上で見たとおり、紛争解決でも同じことが起きた。仲裁手続で当事者主義の名のもと際限なく主張立証が許された結果、費用と時間が肥大化した。

　前述のとおり、こうした背景から1990年代以降は揺り戻しが起きている。すなわち、行動経済学や進化心理学において、人は必ずしも合理的な判断をすることはできず、合理性は制限されているという前提が主流となった（限定合理性）。仲裁手続でも、当事者の主張立証を制限したり、仲裁人が職権探知や釈明権を行使できる法制が進んだ。近年は、人は利益の最大化を目指しても、近

い将来すら見通せないため、最適な選択ができないという前提で行動経済学などの理論化が進む。つまり、一般に、いま自分の取る行動が周囲の人や環境にどう影響し、やがてどのような利益・不利益につながるのかは完全には予測できない。とりわけ、行動の影響の仕方や影響を受けやすい周囲の事情に関する情報が不完全では、最適な選択は極めて難しいのである。

これを、賠償責任の要件である予見可能性に当てはめると、影響を受ける事情のすべてを知り得ない以上、違反者が自らの行為により損害の生ずることを予見できたかどうかは疑わしい。しかも、ハドレイ法理において加害者が予見可能性を有したとされる時点は契約締結時である。その時には、現在志向バイアスにより将来の訴訟リスク（賠償責任）は過小評価される。

一方で、それを裁く側の裁判の立証は、仮説（見立て、構図）を証拠（間接事実を含む）によって帰納することであるが、証明されたか（弁論に説得されたか）どうかは、裁判官の主観（心証）による。その意味では、科学の証明とは次元が異なる[29]。よって、予見可能性の判断も担当判事の裁量によるところが大きく、極めて不安定な概念と酷評される。認知心理学の分析では、結果を知っている裁く側が、後知恵バイアスによって、結果は事前に予見可能であったと断定してしまうリスクがあるとされる[30]。その際、裁判官は自分の心証とは異なる証拠を無視しがちにもなる（確証バイアス）。

本人ではない第3者（裁判官や仲裁人）が、このような不確実な方法で加害者は予見可能だったと判断することには疑問の余地が残る。確かに、刑事裁判であれば、被告人は予見すべきであったとして、社会秩序を守ろうとするのも頷ける。しかし、商取引は私的自治に基づく活動で経済発展に寄与している。そのような商取引から生じた契約損害の賠償については、当事者の取り決めたリスクの分配方法を尊重することで、解決策は説得力を持つといえる。

なお、当事者間で特別の事情についての情報を交換することにより、ハドレイ法理の適用を回避できるが、これにも落とし穴がある。たとえば、物品売買では、売主が買主の特別の事情（たとえば相当な利益の上がる再販売契約の存在）を知らされれば、契約履行義務と不渡しによる賠償責任とを比較し、それなりの価格引き上げを迫るであろう。売主の履行を欲する買主は、割高の価格

を飲まざるを得なくなるので、特別の事情を明かさない衝動に駆られる。つまり、ある当事者が特別の事情を通知しないのも無理からぬことであり（賠償額を制限されることになるのだが）、その理由は余剰利益を独り占めにしようとするからに他ならない（限定合理性または現在志向バイアス）。

当事者の納得できる解決手続

　まとめとして、公平性を保障しつつ、当事者の満足が得られる解決手続を考えてみよう。その要素は2つ、すなわち感性を満足させる手続きと、冷静な理性を呼び覚ます手続きに分かれる。まず感性は、自分たちの争いに関係のない第3者が介入する（第3者が知る）ことを嫌悪する。人は自分のことは自分で決めたいという欲求を持ち、その自由を奪われることに抵抗する（心理的リアクタンス）。自己決定権として認識され、基本的人権の幸福追求権（わが国では憲法13条）から導くことができる。私的自治を最大限に認められるべき商取引の当事者は、強制的な紛争解決手続を窮屈に感じがちである。

　このため、公開を原則とし、裁判官の指揮権の強い裁判より、プライバシーや企業秘密が守られ、当事者本位の手続きが可能な仲裁は存在価値が高い。仲裁では、法の許す範囲内で当事者の合意または仲裁人の裁量により解決策を導くことができる。たとえば、当事者の合意した賠償責任の範囲を認めることである。また、手続中にいつでも当事者自治を回復できる（当事者で和解交渉をし、不調なら戻る）制度は受け容れられやすい。つまり、上で見た仲裁と和解交渉の柔軟な双方向性を持つ手続きである。さらに、裁判官や仲裁人から、手続き中に主張を頭ごなしに否定されたり咎められたりすると反発したくなる。自分を認めてくれない人の指図には従いたくもないだろう。公平性を保障するとは、当事者の主張に真摯に耳を傾けることが含まれるべきである。

　一方で、紛争を裁く者が両当事者を公平に扱い主張立証が進むと、感性は次第に静まり、冷静な理性が優勢になることも多い。双方の主張立証が出そろうと、勝つか負けるかを客観的に見られるようになるからである。最後まで争うより、途中で和解して損失を減らし、取引関係も維持しようと判断する。和解の決定を下すための情報や妥当な根拠が得られるので、納得できる。その決定

を正当化し、上層部や株主の承認を得ることもできる。つまり、理由を知って納得したいという恒常性維持がここでも機能する。実際に、この時点で和解へと進む率は、上で見たとおり世界的に例外なく高い（ほぼ半分以上）。つまり解決手続に入ってからも、当事者が自律交渉との間を行き来できる、前述の双方向性のある柔軟な手続きは利用価値を高めるはずである。

　最後に、仲裁判断を示す場合の心理的側面を考える。仲裁判断では、解決結果である主文について必ず理由を記述する。理由を付すのは、まずは社会への公正性の証明である。心理的には、人は恒常性維持を満たすために、理由を知って納得したい。そうすると、理由を付けるのは、勝った当事者のためというより、負けた当事者の感性を納得させるためともいえる。見落とされがちなのは、負けた当事者の感性である。主張が認められずに損失を負うことになったという落胆で、判断の公正さにまで理性の目は向きにくい。この問題を回避するために、少なくとも、商取引の私的自治を尊重し、その主張に敬意を表した上で、なお認められない理由を説得的に論じなければならないと考える。

【注】
1) 山岸俊男『社会的ジレンマ』（PHP研究所、2000）155, 157, 160, 162頁参照。
2) NHKテレビ「ヒューマン なぜ人間になれたのか」2012年2月18日放送。
3) 宮城音弥『新・心理学入門』（岩波書店、1981）156頁参照。
4) 2006年7月に輸入を再開したものの、2008年4月に再び禁止部位の脊柱が混入しているのが見つかった。このときは、出荷工場の単純なミスだったとされる。このアメリカ側の条件違反は2009年7月までに12例に達した。
5) 佐久間賢『交渉力入門』（日本経済新聞社、第2版、1997）233～235頁参照。
6) 立石孝夫『国際取引の法と交渉』（大学教育出版、2011）332～333頁参照。
7) 商事仲裁の国際大会で、参加者は手続効率化のために仲裁人の積極関与を強く支持した。立石孝夫「経済システムの転換に見る紛議解決方法の変容」『海運』893号72頁（2002）；立石孝夫「日本発（?）『グローバル・スタンダード』の紛争解決」『海運』899号72頁（2002）参照。
8) 菅原郁夫ほか編『法と心理学のフロンティア Ⅰ巻』（北大路書房、2005）87～88頁〔今在慶一朗〕参照。
9) Gerald F. Phillips, "Same-Neutral Med-Arb: What Does The Future Hold?" *Dispute Resolution Journal*, May/July 2005, at 24.

10) See *Fox v Wellfair Ltd.* [1981] 2 Lloyd's Rep. 514 (CA).
11) ニューヨーク条約5条に違反するとされた。See *Paklito Investment Ltd. v Klockner East Asia Ltd.* [1993] 2 HKLR 39, [1995] ADRLJ 210.
12) たとえば、民法404条（別段の意思表示なき場合の法定利率5％の規定）を逆手にとり、損害金の額をかさ上げする。
13) こうした事態に対処するため、仲裁規則や仲裁法が第3者による仲裁人の選任について規定することが多い。
14) 英1996年仲裁法33条1項はこれに歯止めをかける規定を置く。
15) See Alain Frecon, "Delaying Tactics in Arbitration," *Dispute Resolution Journal*, November 2004/January 2005, at 40.
16) Alexandra Alvarado Bowen, "The Power of Mediation to Resolve International Commercial Disputes and Repair Business Relationships," *Dispute Resolution Journal*, May/July 2005, 58 at 64.
17) 日本海運集会所海事仲裁委員会（Tokyo Maritime Arbitration Commission of Japan Shipping Exchange）。1921年設立、1926年仲裁開始。
18) 谷本裕範『海事仲裁がわかる本』（成山堂書店、2013年）116～117頁参照。
19) 中村達也「仲裁手続と和解について（上）」『JCAジャーナル』第47巻1号41頁（2000）参照。
20) CIETAC副会長王成長氏の日本商事仲裁協会主催「国際商事仲裁セミナー」（2005年10月25日）における口頭によるコメント。
21) KCAB理事長Sam-Kyu Park氏の同上セミナーでの口頭によるコメント。
22) 同裁判所ブレティン16巻1号（2005）。取下げ件数のグラフもこれによる。
23) 前掲注(20)のセミナーでのアメリカ仲裁協会CEOのSlate II氏の報告11頁。
24) Bowen, *supra*, note 16 at 62.
25) *Transfield Shipping Inc. v. Mercator Shipping Inc. (The Achilleas)* [2008] UKHL 48. 英1996年仲裁法69条に基づき、ロンドンで出された仲裁判断が上訴された。
26) *Hadley v Baxendale* [1854] 9 Exch. 341, 156 Eng. Rep. 145. 運送品の延着により貨物の利用者が喪失した利益について判断したリーディング・ケースである。
27) E. Allen Farnsworth, *Contract* (4th ed., 2004) at 792.
28) 通常損害については常に予見可能性があり、派生損害については被告に予見可能性があったことを原告が証明することになる。
29) 池谷裕二・鈴木仁志『和解する脳』（講談社、2010）78, 81頁参照。
30) 平野晋『アメリカ不法行為法』（中央大学出版部、2006）118, 121頁参照。

索引

【A～W】
contra proferentem　*107*
IGM／ILM　*118, 217*
IPCC　*124*
PAG　*3*
PAL／SAL　*205*
WTA／WTP　*117, 148, 206, 210, 211, 216*
WTA シフト　*119, 210*

【あ行】
アイデア自由の原則　*135*
アグロフォレストリー　*146*
後知恵バイアス　*219*
アドレナリン　*3*
アポイントメントセールス　*188*
アラブの春　*101, 144*
アンカリング効果　*110, 173-174*
イースタリンのパラドックス　*15*
イエス誘導法　*176*
遺伝子と文化の共進化　*8, 167, 201*
威迫・困惑　*179, 181, 184, 186, 187*
因果関係　*36, 37, 57, 67, 74*
インスリン　*5*
インセンティブ　*142*
インセンティブ論　*136*
インプリント　*22*
ウィン・ウィン　*125, 142, 152*
ヴェブレン効果　*169*
ウォーク・アウェー　*201*
ウォーレン・ハーディング効果　*94*
運動法則　*34, 42*
エージェンシー問題　*166*
エストロゲン　*129*
エディプス・コンプレックス　*111*
エピゲノム　*8*
冤罪　*91, 93*
王権神授説　*24, 51*
応報刑論　*61, 63*
オキシトシン　*7*
送り付け商法　*190*
オプトアウト・オプトイン　*120*

【か行】
概念法学　*70*
外部効果　*121, 133*
　　心理的外部効果　*122*
外部失敗コスト　*162*
拡散効果　*41*
確証バイアス　*94, 183, 184, 219*
獲得経済　*17, 20, 31*
過失責任主義　*25, 26, 28, 78, 109*
課徴金減免制度　*82, 104*
貨幣経済　*20, 24, 32, 51, 112*
貨幣の時間価値　*147*
眼窩前頭皮質（OFC）　*43, 113*
環境税　*123*
関係モデル　*209*
完全競争市場　*102*
機会費用　*84, 111*
希少性の法則　*176*
帰責事由　*26, 108*
帰納と演繹　*33, 39, 57*
基本的帰属錯誤　*75*
基本的人権　*25, 50, 59, 61*
逆淘汰　*163, 165*
キャッシュバック　*114*
キャッチセールス　*188*

ギャンブラーの幻想　40
ギャンブラーの誤謬　129
鏡映効果　128
極端回避性　150, 174
クーリングオフ　183, 188, 189
比べる理性　31, 145, 204, 206, 211
クリアランス・セール　110
グレシャムの法則　195
クロスセル　174
景観利益　80
契約違反
　機会主義的違反　159
　効率的違反　159, 161, 162
契約自由　25, 28, 71
契約の調整（再交渉）　152, 155, 159, 198, 213
契約の適応　156
契約不完備性　155, 156, 163, 211
契約を破る自由　77, 159, 161
ゲーム理論　103, 218
権威性の法則　41, 97, 177, 180, 183
限界効用逓減の法則　116
厳格責任主義　78
言語　7, 8, 9, 17, 42
現在志向バイアス　83, 85, 92, 107, 110, 111, 114, 147, 148, 149, 157, 158, 189, 218, 219, 220
現状維持バイアス　110, 113, 120, 130
限定合理性　103, 218, 220
原野商法　182
交換経済　24
交感神経　3
恒常性維持　3, 4, 14, 15, 29, 31, 32, 35, 40, 41, 42, 55, 63, 86, 91, 92, 95, 103, 109, 110, 111, 113, 115, 130, 133, 153, 173, 176, 183, 184, 198, 216, 221

交渉力非対称性　186, 187
公正手続の保障　70, 74, 127, 208, 210
衡平理論　130
功利主義　53, 72
効率化のパラドックス　102
合理的選択理論　55, 100
コースの定理　105, 106, 117, 119, 189
顧客満足度　194
国際司法裁判所　134
国民総幸福　15
コスト・パフォーマンス　102, 169
誤前提暗示　175, 183
コルチゾール　3, 7
混合動機　13, 142, 144
コンコルドの誤り　114
コンテクスト　10, 44
コントラスト効果　174

【さ行】
最安価事故回避者　106, 108
罪刑法定主義　61
債権　23
最後通牒ゲーム　47
最大幸福の原理　54
催眠商法（SF商法）　176, 184
詐欺
　架空請求詐欺　183
　還付金詐欺　183
　特殊詐欺　183
　振り込め詐欺　30, 183
　ワンクリック詐欺　188
産業革命　25, 125
サンクコスト　38, 114, 131, 182
参照点依存性　93, 109, 117, 128, 132, 173, 181, 216
自己決定権　220

事後情報効果　94
資産効果　120
市場原理主義　55, 101, 208
市場の失敗　122
自然権　53
自然淘汰　168
自然法　27, 52
自然法論・思想　25, 50, 51, 53, 71
事前購入割引　110
下取りセール　114
私的自治のパラドックス　208
私的録音録画補償金制度　137
司法取引　103
司法立法　70
資本主義社会　25, 26, 28
社会化
　人の社会化　56
　法の社会化　64, 71
　欲求の社会化　56
社会規範　56, 74, 78, 87, 123, 124, 190, 192, 198
社会契約論　27, 52
社会的感情　63
社会的ジレンマ　12, 18, 80, 87, 142
社会的制裁　56, 64
社会的責任投資　124
社会的手抜き　80
囚人のジレンマ　103, 104, 200
集団思考　36, 39, 176
自由法論　70
熟知性の原則　170, 171, 183
受容欲求　206
純協調　142
純相克　142, 144
商業革命　25, 112
消費の外部性　169

情報非対称性　81, 87, 104, 122, 143, 162, 163, 165, 186, 190, 193, 206
勝利者効果　43, 129
職権主義　79, 207, 208
所得効果　120
所有権　18, 25, 26, 28, 109, 135
自力救済　58
神判　19
心理的リアクタンス　120, 150, 177, 194, 220
スティグマ　134
ステルス・マーケティング（ステマ）　172
ストックオプション制度　166
スノッブ効果　169
生産経済　18, 20, 32
せっかちな遺伝子　36, 41, 175
セルフ・サービング　43, 206
ゼロサム・ゲーム　144, 152, 200, 204
セロトニン　5, 86
前帯状回皮質　43
前頭前野　2, 5, 14, 30, 43
戦略的合意　122, 145, 193, 204, 205
相関関係　36, 37, 39, 57
措置命令　179
損失回避性　109, 110, 118, 128

【た行】
大脳辺縁系　2, 30, 128
タイム・シフト　136
欺し
　娯楽の欺し　168
　防衛的な欺し　168
知性　14
知的財産権　27
仲裁鑑定　156, 217
仲裁人調停人兼任　209

賃貸借契約　　24
賃労働経済　　25, 26
デート商法　　182
適者生存　　2, 13, 14, 34, 71, 126
テストステロン　　3, 7, 46, 129
デフレスパイラル　　133
点検商法　　177, 183
転成　　158, 213
ドア・イン・ザ・フェイス法　　173, 182, 188
投影　　170
当事者主義（論争主義）　　79, 207, 208
同調行動　　93, 168, 169, 184
同調性の法則　　41, 176, 180, 182, 199
島皮質前部　　129
ドーパミン　　4, 15, 112
取調べの録音録画（可視化）　　96
取引費用　　105, 106, 159, 189
　探索・情報の費用　　105, 162
　交渉・意思決定の費用　　105, 106, 107, 152, 156, 162, 163, 207
　監視・統制の費用　　85, 87, 105, 107, 157, 158, 162, 163, 190, 207, 214, 217
トレードオフ　　110, 153, 163

【な行】
内部失敗コスト　　162
ナッジ　　86, 120, 172, 177
ナッシュ均衡　　104
二重自己モデル　　14, 109
認知的不協和　　92, 94, 130, 182, 209
値引きセール　　114
脳の報酬系　　4, 5, 15

【は行】
パーティ商法　　182

ハーディング現象　　176
バイスタンダー効果　　80
ハドレイ法理　　217
バランス理論　　139
パレート均衡　　105
パレート効率　　105
反動形成　　172
バンドワゴン効果　　169, 176
ピークエンドの法則　　42, 129
被害者参加制度　　64
比較優位論　　55
ピグー的補正策　　123
ビッグデータ　　38
必要原理　　72, 139
秘密の暴露　　93
ヒューリスティクス　　44, 129, 170
平等原理　　139
費用と便益　　110, 147
風評　　133
フェアユース　　136
ヴェブレン効果　　170
付加価値税　　132
福祉国家　　29, 54, 71, 132
服従の3原則　　92
腹側線条体　　112, 114, 128
腹側被蓋野　　2, 4
不実告知　　179, 180, 181, 184, 186, 187
父性推定　　68
物権　　17, 18, 23
フット・イン・ザ・ドア法　　173, 181
物々交換　　21, 31, 111
プライバシー権　　65
プラグマティズム法学　　70, 77
プラスサム・ゲーム　　145, 152, 200
ブランド　　171, 177, 193
プルキニエ現象　　6

索引　227

フレーミング　90, 95, 121, 174, 175
プロスペクト理論　109
ペイオフ制度　165
ベイルアウト　165
ヘイロー効果　170, 171
扁桃体　2, 3, 30, 113, 114, 128, 138
返品率　195
返報性の法則　42, 172, 173, 177, 181,
　　182, 183, 194
法規範　58, 84, 123, 199, 206
法実証主義　53, 71
法的制裁　58
法と心理学　90, 192
　信頼の法と心理学　193
法による社会づくり　29
法の適用解釈　67
法の下の平等　66
法律行為　148, 151, 185
捕鯨問題　134
保有効果　118, 172

【ま行】

マーケット・クレーム　159
マズロー欲求階層　16, 30, 32
無罪推定の原則　61
無主物先占の法理　18
無料商法　181
迷惑勧誘　180
メラービアンの法則　46
メラニン色素　8
メンタル・アカウンティング　114
申込と承諾　149
目的刑論（予防論）　61, 63
モチベーション　142
求める感性　31, 145, 211
モラル　88

モラルハザード　165, 166, 214

【や行】

夜警国家　28
誘引効果　150, 174
優越的地位の乱用　154
有利誤認　178, 186
優良誤認　35, 175, 178, 186
ユーロ危機　101, 166
欲望の依存効果　171
予見可能性　217, 219
欲求の偶然の二重一致　21, 112
予防接種理論　193, 194
予防法務　199

【ら行】

楽観主義バイアス　184
ラベリング効果　175
リアリズム法学　71
リーマンショック　102, 169, 201
利益の不等式　12, 13, 80, 82, 143
理性　14, 30, 43, 53, 54, 205, 221
利他　17, 29, 33, 113
立憲民主主義　25, 26, 50, 125, 126
リバタリアニズム　72
リバタリアン・パターナリズム　120
両面提示　173, 174, 193
ルーズベルト裁判所　71
レイク・ウォビゴン効果　36, 43, 206
レピュテーション・マネジメント　193
労働分配率　132
ローボール法　173, 176, 177, 181

【わ行】

割れ窓理論　97

■著者略歴

立石　孝夫（たていし　たかお）
富山大学経済学部経営法学科教授
専門は国際取引法、法と経済学、法と心理学
1954年5月長野県生まれ
1978年東京外国語大学卒業
1992年日本海運集会所香港事務所長
1998年日本海運集会所仲裁部長代理
2003年から現職
国際海事調停人パネル（IMCAM）発起会員
国際商取引学会会員、日本貿易学会会員

主な著書
『国際取引の法と交渉』（大学教育出版、2011年）
『法と経済の心理学Ⅱ』（大学教育出版、2010年）
『法と経済の心理学』（大学教育出版、2007年）
『国際取引の法と経済』（高文堂出版社、2005年）
『海上貨物クレーム』（共訳）（日本海運集会所、1983年）

法と経済の心理学Ⅲ
―― 快を求める人の行動 ――

2014年4月30日　初版第1刷発行

■著　者　――　立石孝夫
■発行者　――　佐藤　守
■発行所　――　株式会社 大学教育出版
　　　　　　　〒700-0953　岡山市南区西市855-4
　　　　　　　電話 (086) 244-1268(代)　FAX (086) 246-0294
■印刷製本　――　モリモト印刷(株)

© Takao Tateishi 2014, Printed in Japan
検印省略　　落丁・乱丁本はお取り替えいたします。
本書のコピー・スキャン・デジタル化等の無断複製は著作権法上での例外を除き禁じられています。本書を代行業者等の第三者に依頼してスキャンやデジタル化することは、たとえ個人や家庭内での利用でも著作権法違反です。

ISBN978-4-86429-259-7